古典文獻研究輯刊

四　編

潘美月・杜潔祥　主編

第 18 冊

魏源《老子本義》研究

張 博 勳　著

國家圖書館出版品預行編目資料

魏源《老子本義》研究／張博勳著 — 初版 — 台北縣永和市：
花木蘭文化出版社，2007〔民96〕

目 2+176 面：19×26 公分
（古典文獻研究輯刊 四編；第 18 冊）
ISBN：978-986-6831-23-2（全套精裝）
ISBN：978-986-6831-11-9（精裝）
1. 老子－研究與考訂
121.317   96004466

ISBN - 9866831119

9 789866 831119

古典文獻研究輯刊
四 編 第十八冊   ISBN：978-986-6831-11-9

魏源《老子本義》研究

作　　者	張博勳
主　　編	潘美月　杜潔祥
企劃出版	北京大學文化資源研究中心
出　　版	花木蘭文化出版社
發行所	花木蘭文化出版社
發行人	高小娟
聯絡地址	台北縣永和市中正路五九五號七樓之三
	電話：02-2923-1455／傳眞：02-2923-1452
電子信箱	sut81518@ms59.hinet.net
初　　版	2007 年 3 月
定　　價	四編 30 冊（精裝）新台幣 46,500 元

魏源《老子本義》研究

張博勳　著

作者簡介

張博勳，國立臺灣師範大學中文系學士，國立中正大學中文所碩士，國立臺灣師範大學中文所博士班進修中，現任國民中學教師。

提　要

　　綜觀中國歷代研究與詮解《老子》諸家，其詮說方式隨著各詮說者的思想背景不同，有著多元化的展現。學儒者多賦新義、實義於其上，以求貫通儒道；修佛者以為老學虛靜，非佛理不能盡說道妙；神仙道家動輒賦予玄虛之言，好以養生為說；言境界者不拘文字，講究心靈的超脫與領悟；言貫通者出入諸家、會通諸說，欲建立客觀而周延的思想體系。在這當中逐漸形成各類的詮老體系，豐富了《老子》思想的發展面貌。清代魏源的《老子本義》，為一帶著經世致用理想的詮老之作，以現實觀點對於歷代被他所評為「泥其一而誣其全」的注家們作下種種批判，以期還原出一個他所認為的《老子》本義。其可謂是對《老子》玄虛境界詮解傳統的一種「反動」，對黃老現實運用的一種「發揚」。

　　本書乃欲藉探討研究魏源《老子本義》一書，期望能忠實而客觀地呈現其中的內容形式和思想理路，釐析出魏源老學特質與詮老體系，藉此為多樣化的老學詮釋增添新成分，並給予後續研究者一些方便，以期可以在義理性格上與歷來諸多的解老著作互相對比，而廣闊我們對老學詮釋的視野。

　　綜觀魏源所批判的歷代注家與他自己，皆可謂在有意為之或不知不覺中進行著一種詮釋上的再創造。或許本書之論述亦是逃不開此情形，帶有筆者某種未能為自我察知的主觀，但仍謹以淺薄之識見，嘗試釐析出魏源在詮解《老子》時所採取的態度與方向，以期能與那多如繁星般的種種《老子》思想詮解作一個對應。理解、詮釋或許是我們認知《老子》理念的一個過程，但非全部，也非唯一。重要的是我們要能放開對詮釋方式的執念，或者對詮釋者在價值上的好惡判定，雖然在認知上所接觸的只是具有侷限性的語言文字，但卻可以從中激發出無窮盡的體悟。

目錄

第一章　緒　論

第一節　研究動機

　　老子，在世人的觀感中似乎是個既神祕而又擁有崇高地位的人物，在《史記》中亦記有孔子以龍之神妙難測喻老子之言〔註1〕。縱使因未有完全確切的文獻記載，以致其身世如迷難考；由於五千言《道德經》「正言若反」〔註2〕的表達方式而

〔註1〕如《史記・老子韓非列傳第三》有載：

　　　孔子去謂弟子曰：「鳥吾能知其飛，魚吾能知其游，獸吾能知其走，走者可以爲網，游者可以爲綸，飛者可以爲矰。至於龍吾不能知，其乘風雲而上天，吾今見老子，其猶龍耶。」（見（日人）瀧川龜太郎考證：《史記會注考證》（臺北：宏業書局，1990年10月），頁833。）

而太史公此說可能源自《莊子・天運》：

　　　孔子見老聃歸，三日不談。弟子問曰：「夫子見老聃，亦將何規哉？」孔子曰：「吾乃今於是乎見龍！龍，合而成體，散而成章，乘雲氣而養乎陰陽。予口張而不能嗋，予又何規老聃哉！」（見（清）郭慶藩編：《莊子集釋》（王孝魚整理，臺北：群玉堂出版事業有限公司，1991年10月初版），頁524～525。）

且不論此段傳說於史實上之眞假，既然求是如太史公亦採記之，自有其時代價值存在，反應出斯時已爲許多人們所認定的一個概念的存在，即是將老子視爲境界崇高之至人。而就《史記》中相關老子記載看來（詳見《史記會注考證》（臺北：宏業書局，1990年10月），頁832～839。），當時對於老子生平的資料已經模糊，是以司馬遷採諸說並存的方式來處理各類資料。

〔註2〕如《老子・七十八章》：

　　　天下莫柔弱於水，而攻堅強者莫之能勝，以其無以易之。弱之勝強，柔之勝剛，天下莫不知、莫能行。是以聖人云：「受國之垢，是謂社稷主；受國不祥，是爲天下王。」正言若反。

這種「正言若反」的表達方式，乃爲破除人爲知識概念的限定，避免落入有限的存在，並以反邏輯去除執念，而得心靈之領悟。

－1－

充滿著不確定語言、詭詞及反詞〔註 3〕，致使其意義難以確切闡釋。卻也無法阻遏古今學者對其真義的探究，而也因此開展出眾多的詮說角度。

因此，在中國眾多的典籍之中，《老子》無疑是相當引人注目的著作。就今之通行傳本觀之，此書不過五千餘言，但當中涉及了形上學、人生哲學、人文觀、政治與軍事等議題。而當中特殊的概念與語言運用模式，打破了常人舊有思維模式，開啓了更多不同層面的思考方向。

就世人之常情而言，在求知解惑上，拘泥於語言文字上的邏輯概念；在人生目標上，執念於功名利祿之追尋。以致徒落世間紛擾，無可自拔於紅塵煩惱之中，一生乖迕苦惱。當其看到《老子》所揭示的人生境界與實踐方式時，或有覺得精妙而豁然開朗者，亦有覺得謬誤而無法接受者。再加上《老子》文中所用之文字，為了避免讀者陷於語言概念上的表面意義，常運用反邏輯、反現實的方式呈現，更讓人們覺得撲朔難懂。以致對於其中意涵有著不同的體悟，而在不同的體悟概念下又形成了不同的詮說方式，於是在《老子》的體悟和義理研究上產生了多樣性。

不只是義理上的理解，在關於老子其人與《老子》其書的研究上，由於缺乏明確的證據，而使學者各自就有限的資料推求，在各自的立場上推演出種種不同的立論。而各項立論歧義性之多，實不亞於義理詮解上之紛亂。近世以來，由於馬王堆帛書與郭店楚簡的出土，讓過去關於《老子》成書年代的問題得到比較確切的答案。但也顯現出今本《老子》的形成，恐非一時一地一人所成。如羅浩先生在其〈郭店《老子》對文中的一些方法論問題〉一文中提出了三種推測模型來表達傳世《老子》與郭店楚簡《老子》間的關係〔註 4〕：

而本論文相關《老子》文字乃以王弼注本為主（（魏）王弼注：《老子‧附帛書老子》（臺北：學海出版社，1989 年 9 月二版）），文字校詁上輔以《老子校釋》（編錄於朱謙之釋、任繼愈譯：《老子釋譯‧附帛書老子》（臺北：里仁書局，1985 年 3 月）中）、《老子正詁》（高亨校釋：《老子正詁》（北京：中華書局，1996 年））、帛書老子（見上引書所附）與郭店竹簡老子（出自丁原植：《郭店竹簡老子釋析與研究》（臺北：萬卷樓圖書有限公司，1998 年 9 月初版）中所附）。以下相關引用《老子》文字，除有需特殊說明部分，引處將不再贅述。

〔註 3〕 關於此類言語的表達方式可見岑溢成：〈詭辭的語用學分析〉（收於《邏輯思想與語言哲學》，香港科技大學人文學部主編，臺北：學生書局，1997 年 12 月初版，頁 59～80）一文中的舉例與說明。相關論述亦可見顏國明：〈朱子闢老子平議——以「老子即楊墨」與「老子是權謀法術」為例〉（收於《國立臺北師範學院學報》14 期，2001 年 9 月，頁 365～398）一文。

〔註 4〕 見（美）羅浩：〈郭店《老子》對文中的一些方法論問題〉（收於陳鼓應主編：《道家文化研究》第十七輯（北京：三聯書局，1999 年），頁 197～207），頁 201。

模型一（郭店老子對文是老子祖本的輯選，因此稱爲之「輯選」模型）

八十一章老子祖本

郭店老子　　馬王堆本　　河上公本　　傅奕本　　河／王合本

模型二（郭店老子對文是祖本老子的來源之一，因此稱之爲「來源」模型）

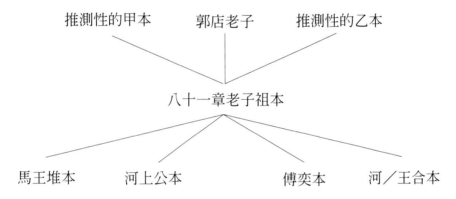

推測性的甲本　　郭店老子　　推測性的乙本

八十一章老子祖本

馬王堆本　　河上公本　　傅奕本　　河／王合本

模型三（郭店老子對文自身構成一種獨立的文本，同祖本老子及如從羅浩先生
　　　　研究中發現的管子內業篇等類似作品一樣來自更早的一種或多種原
　　　　始材料，因此稱之爲「並行文本」模型）

推測性的一種或多種來源

郭店老子　　八十一章老子祖本　　內業

馬王堆本　　河上公本　　傅奕本　　河／王合本

　　此些推論模型是否能確切成立，自是有待驗證，但我們卻可從中得見一些啓示。就《老子》的文本的起源與發展狀況而言，當中仍有許多未解之謎，而從古本到今本《老子》的形成過程也並不單純，顯現出多元化的趨向。或許我們可以這麼推論《老子》書的形成：是由老子著作了原始文本，開啓了方向，再加上道家後學增益而成。這個增補的過程大致到了漢初便告一段落，《老子》書的定本也大致形成，而後便是長達兩千餘年的註疏與詮解。在這當中，自王弼本出，由於其解精要，遂成最通行的《老子》文本。

　　然而，在中國眾多的哲學思想中，一向被視爲是充滿玄妙與智慧的《老子》思想，長久以來吸引了無數人們的閱讀與學者的研究。而他們在閱讀《老子》之後，自然會因個人思想性格而有各種不同的體會，甚至產生了種種詮釋。雖然《老子》僅有短短五千言，但卻能從中衍生出各種詮釋角度及詮釋結果。在這眾多的詮釋中，那一種才眞能解釋老子或符合老子原意？在中國傳統的《老子》詮解上，自韓非的〈解老〉、〈喻老〉起至清代爲止，注家可謂眾多，下引魏元珪先生對兩漢以來注老注家之統計以表其盛況：

> 最早解老、喻老者當以韓非爲主，但自兩漢以下以迄明清注老釋老之
> 輩不下三百三十餘家。據約略統計兩漢註釋家約十三家，三國兩晉六朝約
> 計七十七家，隋唐約計五十三家，兩宋約爲六十四家，元朝約計三十家，
> 明季約五十八家，而有清則約四十家，民國以來則猶未計在內。〔註5〕

綜觀這眾多的解老或闡老著作，自韓非的〈解老〉、〈喻老〉從《老子》中取其所需，爲其法家術勢作證言起。就可見眾注家們，各以己意比附，對原本不欲建立絕對定義的《老子》文字賦上新義，甚至另成一家之言。

　　就在人們爭相出奇詮解《老子》中那「甚易知、甚易行」〔註6〕的道理時，對於《老子》思想中言之所宗，事之所君者卻已可能忽略，恐怕也因極欲求「知」而落入了另一種「無知」，而開始離《老子》中想要世人體悟且無以言喻的「甚易知、甚易行」之理越來越遠了。

　　由於《老子》文本中所展現的義理性格與語言文字的使用問題，若從哲學上認識論與詮釋學的觀點而言，老子著作《老子》的原意或許是無法眞正認知與解釋的。

〔註5〕見魏元珪：《老子思想體系探索》（臺北：新文豐出版股份有限公司1997年8月初版），頁205。
〔註6〕《老子·七十章》：
　　　吾言甚易知、甚易行，天下莫能知、莫能行。言有宗，事有君，夫唯無知，
　　是以不我知。知我者希，則我者貴，是以聖人被褐懷玉。

除非老子一開始就運用邏輯化的語言將其所言做好定義，但若老子運用邏輯化的語言來訴說理念，那麼又將陷於語言文字的局限中，是以有時必需運用反邏輯的文字來破除迷思。但這種表達方式卻又帶來了無限的解讀空間。

那麼完全詮釋或認知老子既是不可能，難道要將視了解老子為不可能而放棄？當然不是如此，就如歷史上的種種事件，我們絕不可能完全得知，只能靠著文字記載甚至是經過主觀意識詮釋過的文字記載來認識，這種文字記載無疑是有所偏差的。所以我們甚至可以說：「在歷史發生的那一刻後，真相就已經湮沒了。」但只要我們在認知的過程中不被意識中的執念牽著走，那麼我們是可以藉此體會到歷史事件的概況而引以為鑑的。同樣地，就一個人生境界的層面來說，《老子》的境界是需經體悟而實踐出來的，並非文字所能描述，是人生的境界非是哲學上的理論。

就中國歷代研究與詮解《老子》諸家來看，其詮說方式隨著各詮說者的思想背景不同，有著多元化的展現。學儒者多賦新義、實義於其上，以求貫通儒道；修佛者以為老學虛靜，非佛理不能盡說道妙；神仙道家動輒賦予玄虛之言，好以養生為說；言境界者不拘文字，講究心靈的超脫與領悟；言貫通者出入諸家、會通諸說，欲建立客觀而周延的思想體系。在這當中逐漸形成各類的詮老體系，豐富了《老子》思想的發展面貌。在清代，我們或可言其為對《老子》玄虛境界詮解傳統的一種「反動」，對黃老現實運用的一種「發揚」，並帶著經世致用理想的詮老著作出現了。那就是魏源（1794～1857 年）的詮老之作——《老子本義》。魏源反對以愈趨玄虛之養生與心證來詮說《老子》，欲去《老子》的深奧神祕色彩。對於各注家所謂發揚己意或會通諸家的詮解，他亦覺得無法切中《老子》真義，而欲將《老子》思想以更具現實意義的層面來闡發，甚至用於經世致用之上。魏源對歷代注解《老子》者有著犀利的批評：

> 解老自韓非下千百家，老子不復生。誰定之？彼皆執其一言而閡諸五千言者也。取予翕闢，何與無為清靜；芻狗萬物，何與慈救慈衛；玄牝久視，何與後身外身；泥其一而誣其全，則五千言如耳目口鼻之不能相通。夫不得言之宗，事之君，而徒尋聲逐景於其末，豈易知易行。而卒莫之知且行，以至於今泯泯也。〔註7〕

因此對於歷代「泥其一而誣其全」的注家們，魏源認為他們在詮解《老子》時，在思想根本上便犯了曲解之過，以致多所誤謬。魏源指出他們的錯誤所在：

〔註7〕見《老子本義‧論老子一》（北京：中華書局，1985 年新一版），頁 1。

> 後世之述《老子》者,如韓非有〈喻老〉、〈解老〉,則是以刑名爲道
> 德,王雱、呂惠卿諸家皆以莊解老,蘇子由、焦竑、李贄諸家又動以釋家
> 之意解老,無一人得其眞。〔註8〕

否定法家刑名所述的《老子》,並爲《老子》釐清者,歷來多有。然《莊子》與釋家之說歷來廣爲詮老者引用作爲輔助,卻完全將之與《老子》撇清關係,這可是少有了,況且還說這些注家們「無一人得其眞」。這麼特殊的見解,不禁令我們對魏源的《老子本義》有所好奇,想要探求魏源究竟是以什麼立論觀點得出這種結論?而魏源這「解老自韓非下千百家,老子不復生。誰定之?」一句實頗深得詮釋概念要旨,但他卻又矛盾地自認可以定《老子》之眞,將自己的詮老著作命名爲「本義」。魏源究竟又探求到什麼《老子》詮說的眞諦?讓他能夠如此地作下種種批判,而自認自己能夠抓住了正確的《老子》詮說方向,可爲老子代言,以還原出一個被歷代注家們所曲解的《老子》思想。甚至產生如此深切的期許和自信:

> 著其是,舍其非,原其本,析其歧,庶竊比於述而好古者。〔註9〕

而魏源身在那個清朝由盛轉衰的混亂時代,其思想性格之形成除了自身天性之外,亦當受個人成學背景、時代環境所影響,這必然也會對魏源詮解《老子》時的態度產生影響。是以在此不吝學淺鄙陋,嘗試對魏源的《老子本義》進行解讀與研究,以期得見魏源在老子學上的研究以及他對《老子》思想的詮解立場。

第二節　前人研究成果與文獻探討

魏源一生治學範圍廣泛,對於經學、子學、史學、地學、小學、軍事、經濟與西方知識皆能虛心鑽研,且有豐富的著述傳世,然當中亦有不少佚失者。今日一般研究者常用的《魏源集》文本,是在 1976 年時,將《古微堂內外集》、《古微堂詩集》及魏源其它專著中的詩文與序文集結,由北京中華書局出版。而 1983 年北京中華書局再補編的《魏源集》中,又增收入了不少資料,其中包括許多魏源與友人的信件。此外,1989 年由何慎怡點校、湯志鈞審訂的《詩古微》〔註10〕出版;1995 年後在上海古籍出版社出版的《續修四庫全書》中,也陸續收入《元史新編》〔註11〕、《聖

〔註 8〕見《老子本義・老子本義序》,頁 2。
〔註 9〕見《老子本義・論老子四》,頁 6。
〔註 10〕何慎怡點校、湯志鈞審訂:《詩古微》(長沙:嶽麓書社,1989 年 12 月 1 版)。
〔註 11〕《元史新編》(續修四庫全書 314～315,史部別史類,續修四庫全書編纂委員會編,上海:上海古籍出版社,1995 年)。

武記》〔註12〕、《海國圖志》〔註13〕等魏源著作。減少了過去相關著作排印本分散零亂的現象，這些對研究者在搜集資料上帶來了一定程度的方便。而目前大陸方面正在將過去相關魏源的文獻整理成《魏源全集》〔註14〕，此工作若能完成，當對後續的研究者更增添不少便利。

關於魏源學術思想的研究專論，最早而有系統之學術著作當屬 1950 年齊思和先生於《燕京學報》所發表的〈魏源與晚清學風〉〔註15〕一文。對於魏源的生平、學術、思想與事功作了精要而深入的介紹，為後來的研究者奠定了良好的基礎並指引了方向。其後則有馮友蘭先生先後發表〈魏源底思想〉〔註16〕、〈魏源——十九世紀中期的中國先進思想家〉〔註17〕二文，對於魏源思想有著全面性的論述，並為魏源學術思想作了歷史定位。之後，大陸學者陸續發表許多相關的研究文章，當中吳澤先生〈魏源的變易思想和歷史進化觀點〉〔註18〕一文算是早期對於魏源思想研究方面頗見深度與全面性的文章，雖說仍不免流於其學術環境而形成的意識型態，不過仍可為後續學者在魏源思想研究上帶來了許多啟示。但早期關於魏源思想的研究，在其佛學思想方面一般著墨較少，而陳少明先生〈魏源哲學思想剖析〉〔註19〕

〔註12〕《聖武記》（續修四庫全書 402，史部紀事本末類，續修四庫全書編纂委員會編，上海：上海古籍出版社，1995 年）。

〔註13〕《海國圖志》百卷本（續修四庫全書 743～744，史部地理類，續修四庫全書編纂委員會編，上海：上海古籍出版社，1997 年）。

〔註14〕在 2003 年九月九日於湖南大學嶽麓書院文廟所舉行的「晚清『湖湘經學研究』座談會」中，嶽麓書社前社長夏劍欽先生曾說明相關工作的進行狀況，見〈晚清「湖湘經學研究」座談會紀錄〉（收於《中國文哲研究通訊》53，2004 年 3 月，該敘述見頁 8～10）中夏先生的說明。亦可見夏劍欽：〈魏源研究百年回眸〉（收於（大陸）《求索》2004 年 07 期，相關編纂狀況的敘述見頁 223）一文中的說明。

〔註15〕齊思和先生〈魏源與晚清學風〉一文原載於《燕京學報》39，1950 年。今於黃麗鏞、楊慎之：《魏源思想研究》（長沙：湖南人民出版社，1987 年 11 月 1 版，頁 1～50）以及《近代中國思想人物論——晚清思想》（臺北：時報文化出版事業有限公司，1985 年 11 月初版，頁 193～242）二書中均有收錄。

〔註16〕馮友蘭先生〈魏源底思想〉一文原載於《歷史與教學》（1953 年 8 月號），後收入《中國近三百年學術思想論集》二編（存萃學社編集，香港：崇文書店，1971 年 10 月初版，頁 75～80）。

〔註17〕馮友蘭先生〈魏源——十九世紀中期的中國先進思想家〉一文原載於 1957 年 3 月26 日《人民日報》，後收入黃麗鏞、楊慎之：《魏源思想研究》（長沙：湖南人民出版社，1987 年 11 月 1 版，頁 51～60）。

〔註18〕吳澤先生〈魏源的變易思想和歷史進化觀點〉一文原載《歷史研究》第 5 期，1962 年。今收於《中國近三百年學術思想論集》二編（存萃學社編集，香港：崇文書店，1971 年 10 月初版，頁 81～107）。

〔註19〕陳少明：〈魏源哲學思想剖析〉（收於《中國近代哲學史論文集》，中國社會科學院哲學所，天津：天津人民出版社，1984 年 10 月 1 版，頁 229～249）。

一文，除了對於魏源思想有著簡要而全面的論述外，在魏源的佛學思想上亦有著較深入的探討。另外，黃麗鏞先生對於魏源研究的相關資料收集甚勤，在他後來與楊慎之先生編著的《魏源思想研究》〔註20〕中收錄了不少相關魏源研究的文章，並就 1950 年至 1986 年間相關魏源的研究論文作了目錄。由於魏源能納現代新學並勇於打破傳統以提倡革新，深具指標意義，故大陸學者研究其學術者眾，論述甚爲可觀。大陸於 1994 年 9 月 21 日至 25 日，在魏源故鄉湖南省邵陽市舉行了一場「紀念魏源誕辰 200 周年國際學術討論會」。由來自大陸國內十七個省市以及台灣、香港、美國、日本、俄羅斯的專家學者共一百餘人共同研討，會議收到論文八十餘篇，合編爲《紀念魏源 200 誕辰國際學術研討會論文集》，而其主題多半圍繞《海國圖志》的時代意義及其影響這一主題進行探討〔註21〕。而就楊晉龍先生之概略統計，截至 2003 年 6 月爲止，大陸、港、澳學者涉及魏源的相關研究文獻資料，至少有：專書29部、博碩士論文9部、期刊論文371篇、專書論文與篇章109篇、會議論文75篇、網站論文2篇、報紙論文47篇等〔註22〕，以上可略見大陸學者對於魏源研究的概況與風氣。然大陸學者在分析上，多半受限於環境積習，動輒以偏狹之唯物、唯心觀點論證思想，以階級觀念評論事功，是我們在客觀看待他們各類研究成果時所必須釐清的。

就相關魏源身世、著述與事蹟的考證，主要爲年譜與傳記的編寫。1963 年王家儉先生撰寫碩士論文《魏源對西方的認識及其海防思想》〔註23〕爲其對魏源研究的開始，至 1967 年發表《魏源年譜》〔註24〕，對古今中外資料多所蒐羅，引證甚詳，爲魏源年譜之著作開了先河。李瑚先生在傳記上著有《魏源》與《魏源傳》〔註25〕，另有《魏源詩文繫年》與〈魏源事跡繫年〉〔註26〕則考證嚴密，能將魏

〔註20〕黃麗鏞、楊慎之：《魏源思想研究》（長沙：湖南人民出版社，1987 年 11 月 1 版）。

〔註21〕其概況可見漢林：〈魏源研究的新進展——紀念魏源誕辰 200 周年國際學術研討會綜述〉（收於（大陸）《求索》1994 年 6 期，頁 116～118）與張欽：〈魏源研究的新進展——紀念魏源誕辰 200 周年國際學術研討會綜述〉（收於（大陸）《歷史教學》1995 年 1 期，頁 54～55）二文中的說明。

〔註22〕見楊晉龍：〈臺灣學者「魏源研究」述評〉（收於《中國文哲研究通訊》53，2004 年 3 月，頁 43～82），頁 48 注解 11 中所述。其中並附有外國與華裔學者（僅日本、美國、韓國的資料）之論著統計：專書與博碩論文 3 部、期刊論文 42 篇、專書論文與篇章 8 篇。

〔註23〕王家儉：《魏源對西方的認識及其海防思想》（臺北：國立臺灣大學文史叢刊，1964 年）（臺灣大學歷史研究所 1963 年碩士論文）。

〔註24〕王家儉：《魏源年譜》（中央研究院近代史研究所專刊 21，1967 年 11 月初版）。

〔註25〕《魏源》與《魏源傳》收於李瑚先生所編之《魏源研究》（北京：朝華出版社，2002 年 5 月 1 版）一書。

源各項著述與事跡詳繫於生平。而 1985 年黃麗鏞先生的《魏源年譜》發表，後出轉精，較王書收集更多的資料，當中還將斯時所見之相關魏源研究資料編成索引。1988 年李漢武先生的《魏源傳》出版〔註27〕，由於李先生曾經親訪魏源曾孫女魏韜，因此獲得許多過去不爲人知的資料。

　　由於魏源的學術多元而豐富，所以可以切入的研究層面甚多。就一個全面性的研究而言，有香港學者陳耀南先生的《魏源研究》〔註28〕，論述層面廣泛而深刻。此外，在魏源「經世思想」上進行討論的，如劉廣京先生〈魏源之哲學與經世思想〉與王家儉先生〈魏源的史學與經世史觀〉二文〔註29〕，皆有所見地。2002 年李瑚先生將其過去多年所著有關魏源的傳記、論文與《魏源詩文繫年》、〈魏源事跡繫年〉二繫年之作合編爲《魏源研究》一書〔註30〕，則更顯資料上的豐富與完整。

　　再就臺灣當地學者有關魏源研究的著述來看，據楊晉龍先生之概略統計，截至2003 年 6 月爲止，共有：專書四部；學位論文（包括已改寫出專書者）七部，其中二部爲博士論文；學位論文中專章涉及魏源者有七部，其中一部爲博士論文；期刊論文四十二篇；專書中專章或論文十四篇；學術會議論文一篇；報紙文章四篇〔註31〕。在以魏源爲研究對象的學位論文爲範圍來看，關於魏源海防思想方面，除了王家儉先生的《魏源對西方的認識及其海防思想》外尚有林盛裕先生的《論魏源與佐久間象山的海防思想—兼論十九世紀中葉中日兩國的海防及海防思想》〔註32〕。在魏源政治思想方面有翁瑞廷先生的《魏源的政治思想》〔註33〕，在魏源史學方面有方淑妃先生的《魏源史學研究》〔註34〕，在魏源著作方面有林美蘭先生的《魏源詩

〔註26〕《魏源詩文繫年》（北京：中華書局，1979 年 3 月 1 版）與〈魏源事跡繫年〉（原載（大陸）《中國哲學》10、11、12（1983 年 10 月～1984 年 4 月））其後一同收入李瑚先生所編之《魏源研究》（北京：朝華出版社，2002 年 5 月 1 版）一書。

〔註27〕李漢武：《魏源傳》（長沙：湖南大學出版社，1988 年 1 版）。

〔註28〕陳耀南：《魏源研究》（香港：乾惕書屋，1982 年 11 月再版）。

〔註29〕劉廣京：〈魏源之哲學與經世思想〉（收於《近世中國經世思想研討會論文集》，臺北：中央研究院近代史研究所，1984 年 4 月，頁 359～392）。王家儉：〈魏源的史學與經世史觀〉（收於《國立臺灣師範大學歷史學報》21 期，1993 年 6 月，頁 155～172）。

〔註30〕李瑚：《魏源研究》（北京：朝華出版社，2002 年 5 月 1 版）。

〔註31〕見楊晉龍：〈臺灣學者「魏源研究」述評〉（收於《中國文哲研究通訊》53，2004 年3 月，頁 43～82）一文，頁 55 所述。

〔註32〕林盛裕：《論魏源與佐久間象山的海防思想——兼論十九世紀中葉中日兩國的海防暨海防思想》（淡江大學日本研究所 1986 年碩士論文）。

〔註33〕翁瑞廷：《魏源的政治思想》（臺北：聯亞出版社，1983 年初版）（國立政治大學政治學研究所 1982 年博士論文）。

〔註34〕方淑妃：《魏源史學研究》（國立高雄師範大學中國文學研究所 1994 年碩士論文）。

古微研究》〔註35〕以及黃克武先生的《《皇朝經世文編》學術、治體部分思想之分析》〔註36〕，在魏源思想綜論方面有賀廣如先生的《魏默深思想探究——以傳統經典的詮說爲討論中心》〔註37〕。之後，賀廣如先生節錄論文中相關《老子本義》成書年代的論述爲〈《老子本義》的成書時間〉〔註38〕一文，就魏源治經方法進行析論著〈魏源的治經方法〉〔註39〕一文。此外，楊晉龍先生〈臺灣學者「魏源研究」述評〉〔註40〕一文對於過去魏源研究的諸多面象作了評判與省思〔註41〕，文末並收錄臺灣學者於1894年5月至2003年6月對於魏源研究的相關論著目錄。由此大略可見臺灣本地相關魏源研究之概況。

　　此外，若想對於近代魏源研究的情形有一整體性的認識，可參閱夏劍欽先生〈魏源研究百年回眸〉〔註42〕一文。當中簡要而全面性地敘述了自清末到現代對於魏源研究的起源、變遷與發展情形，讓魏源研究的概況有著整體性的呈現。

　　至於在相關於《老子本義》的研究方面，在吳澤先生〈魏源的變易思想和歷史進化觀點〉一文中即從變易的觀點引入，論述《老子本義》中「無我」、「得一」說的階級論及其對傳統儒學思想的衝擊〔註43〕。許冠三先生〈龔魏之歷史哲學與變法思想〉〔註44〕一文除了論述魏源思想變化歷程外，當中關於《老子本義》成書年代

〔註35〕林美蘭：《魏源詩古微研究》（東吳大學中國文學研究所1993年碩士論文）。

〔註36〕黃克武：《《皇朝經世文編》學術、治體部分思想之分析》（國立臺灣師範大學歷史研究所1985年碩士論文）。

〔註37〕賀廣如：《魏默深思想探究——以傳統經典的詮說爲討論中心》（臺北：臺大出版委員會，1999年6月初版）（國立臺灣大學中國文學系1997年博士論文）。

〔註38〕賀廣如：〈《老子本義》的成書時間〉（收於《暨大學報》第三卷第一期，1999年3月，頁77～98）。

〔註39〕賀廣如：〈魏源的治經方法〉（收於《乾嘉學者的治經方法》（下）蕭秋筆主編，中央研究院中國文哲研究所籌備處，2000年10月初版，頁731～786）。

〔註40〕楊晉龍：〈臺灣學者「魏源研究」述評〉（收於《中國文哲研究通訊》53，2004年3月，頁43～82）。

〔註41〕楊晉龍先生認爲歷來研究魏源的諸多學者經常會站在一種「先驗預設」的立場上，忽略魏源所在時空背景上可能的多樣歷史發展性，而過份誇大魏源的影響力與重要性，使得對於魏源的評價無法客觀論定。關於他這方面看法亦可見楊晉龍：〈魏源研究與評價的反思〉（收於（大陸）《湖南大學學報》（社會科學版）2004年7月18卷4期，頁54～56）一文。

〔註42〕夏劍欽：〈魏源研究百年回眸〉（收於（大陸）《求索》2004年07期，頁220～223）。

〔註43〕可參見吳澤：〈魏源的變易思想和歷史進化觀點〉（收於《中國近三百年學術思想論集》二編，存萃學社編集，香港：崇文書店，1971年10月初版，頁81～107）一文，相關論述見頁87～89。

〔註44〕許冠三：〈龔魏之歷史哲學與變法思想〉（收於《中華文史論叢》1980-1，上海：上海古籍出版社，1980年月1版，頁69～104）。

的論述，開啓了一段關於《老子本義》成書年代探討的爭辯。爲質疑其觀點，黃麗鏞先生作〈魏源《老子本義》成書年代質疑〉〔註45〕以析辨之，其後許冠三先生又作〈關於《老子本義》成書年代問題〉〔註46〕再敘個人觀點，此爲圍繞《老子本義》成書年代問題的論辯之作。在其它專著中，如陳耀南先生《魏源研究》第五章「魏源易老與變革復運之學」部分對於《老子本義》義理有所闡發與論述。而賀廣如先生《魏默深思想探究——以傳統經典的詮說爲討論中心》以《老子本義》爲魏源早期思想特色之代表而詳論其相關思想問題，並對於《老子本義》成書年代的問題再作深入的探討。此外，熊鐵基先生等編著《中國老學史》一書擇要介紹多家詮老之作，其中有專章介紹《老子本義》〔註47〕；羅檢秋先生所著〈從魏源《老子本義》看清代學術的轉變〉〔註48〕一文，從《老子本義》內容來探討清代學術格局的改變與晚清諸子學的興起；劉蘭肖、謝恩廷先生所合著〈《老子本義》与魏源的社會改革思想〉〔註49〕一文，乃探討魏源如何發揮老子思想的社會價值而使之成爲與儒學相輔相成的救世哲學。

綜觀過去研究《老子本義》諸說，尚缺乏對此一著作做全面性的深入探討。也較少從老子學研究的觀點看待魏源對於《老子》的理解與研究，是以這將是本論文所要深入與努力的方向。

第三節　研究方法與論述架構

魏源的學術思想相當豐富，範圍甚廣，皆值得我們進行深入的研究。但本論文既以魏源的《老子本義》爲研究範圍，是以研究重心便以魏源的老子學著作《老子本義》以及相關的思想論述爲主，偏重於探討魏源的解老思想、方法以及其所展現的特色和發生的影響。至於其它與魏源《老子本義》一書及其詮老方式較無關連者，則不在本論文的撰寫範圍之內，故僅僅只是概略性的提及，而不作深入的探究。是

〔註45〕黃麗鏞：〈魏源《老子本義》成書年代質疑〉（收於《中華文史論叢》1980－4，上海：上海古籍出版社，1980 年 10 月 1 版，頁 281～282）。

〔註46〕〈關於《老子本義》成書年代問題〉（收於《中華文史論叢》1982－4，上海：上海古籍出版社，1982 年 11 月 1 版，頁 105～107）。

〔註47〕見熊鐵基等著：《中國老學史》（福州：福建人民出版社，1997 年 7 月 1 版），頁 501～517。

〔註48〕羅檢秋：〈從魏源《老子本義》看清代學術的轉變〉（收於（大陸）《近代史研究》1995 年 1 期，頁 75～87）。

〔註49〕劉蘭肖、謝恩廷：〈《老子本義》与魏源的社會改革思想〉（收於（大陸）《成人高教學刊》2003 年 4 期，頁 19～21）。

以在研究方法上，將以文獻分析比較的方法爲基礎，以考察魏源《老子本義》內容與思想爲主，旁及其他魏源著作中相關《老子》思想之論述，進行相互比較與分析。並參究近世學者之研究，以期釐析出魏源老學特質與魏源詮老體系。

至於本論文的內容安排架構可分爲六章，其主要的內容概要如下：

第一章　緒論：說明本論文的研究動機、目的、方法、內容與架構，並就過去與近年來學者研究魏源的概況作一敘述。

第二章　魏源之成學背景概述：對魏源的成學背景作概略之介紹。

第三章　魏源的詮老之作——《老子本義》：《老子本義》爲魏源對《老子》詮解的主要著作，全書包括闡述全書意旨的〈老子本義序〉序文一篇，對《老子》義理詮說的〈論老子〉四篇，取《史記》〈老子韓非列傳〉中相關老子的記載節錄爲〈史記老子列傳〉一篇，注釋解說《老子》原典的《老子本義》上下篇，相關老子文獻記載的附錄以及袁昶所著的跋。本章內容主要在介紹《老子本義》一書，將就其成書、形式與內容方面等問題逐一探討。

第四章　魏源《老子本義》對《老子》的詮釋：本章主述魏源對《老子》義理的詮釋方式與系統建構。將從魏源對《老子》「道」的認知角度爲引入，探討魏源對《老子》義理所採行的詮釋方向，以見魏源詮解方式的定位。再由魏源《老子本義》對於《老子》所採取的詮釋態度，探討魏源解老時的義理性格，並對魏源所建構的《老子》義理系統進行分析與論述。

第五章　魏源《老子本義》評述：對於魏源《老子本義》一書進行綜合評述，以明其說在歷代《老子》研究中的立場與價值所在。並就魏源個人學術思想性格與斯時之時代背景引入探討，說明魏源《老子本義》的時代意義以及影響。

第六章　結論：綜合前面各章節的討論，提出總結性的結論與心得。

文末另附有兩篇附錄：附錄一爲「魏源生平與重要著述介紹」，乃對魏源的生平與重要著述作概略介紹。附錄二則爲「吳澄《道德眞經注》與魏源《老子本義》章句比較表」，可見魏源《老子本義》章句承襲與修正吳澄《道德眞經注》的狀況。

而整篇論文所預期要達到的目的，乃是欲藉探討研究魏源《老子本義》一書，期望能忠實而客觀地呈現其中的內容形式和思想理路，釐析出魏源老學特質與魏源詮老體系，藉此爲多樣化的老學詮釋增添新成分，並給予後續研究者一些方便，以期可以在義理性格上與歷來諸多的解老著作互相對比，而廣闊我們對老學詮釋的視野。本論文之寫作，除了探討研究魏源《老子本義》外，內心也期許能表達一點概念：對於身在人類知識體系之中，而以各種不同立場與標準作出種種評斷的我們來說。在知識的追尋下，我們是否迷失了？理解與詮釋或許是我們認知《老子》理念

的一個過程，但我們是否因執念於其中而讓自己的視野更狹隘了？我們是否因執念於特定的評斷立場而使我們失去了更多啟發的機會？也許我們應該解放思想上的執念與價值上的標準判斷，以期能得到更多的啟示。這或許也是研究者在研讀《老子》或其它相關詮老著作後所會產生的另一種體悟吧！

第二章　魏源之成學背景概述

　　當乾隆還享受著「十全老人」的晚年清福時，清朝社會中的積習與問題已然累積滋生，正慢慢地啃蝕這個王朝的根基，開始為這個王朝政體帶來動盪與衝突，而在未來形成其統治上的危機。在乾隆五十九年三月，見證著清代衰危，極其一生為求改革而在學術、思想與實務上有著卓越見識的魏源誕生了。

　　魏源，初名遠達，字漢士；後易名源，字默深，或墨生，湖南寶慶府邵陽縣人，生於乾隆五十九年三月二十四日辰時（1794），卒於咸豐七年三月初一酉刻（1857）〔註1〕。其一生的歲月正處於清朝由盛轉衰而在內憂外患之中走上末世的動盪之際。魏源在〈聖武記序〉中反應了其半生中清廷所遭受的禍亂動盪：

　　　　荊楚以南，有積感之民焉，距生於乾隆征楚苗之前一歲，中更嘉慶征教匪、征海寇之歲，迄十八載畿輔靖賊之歲，始貢京師。又迄道光征回疆之歲，始筮仕京師。京師，掌故海也，得借觀史館祕閣官書，及士大夫私

〔註 1〕此生卒年月就魏源之長子魏耆為其父魏源所作之家傳〈邵陽魏府君事略〉（見《魏源集》，頁846～861）所載。另外，對於魏源卒年，尚有爭論，亦有數種不同的說法，其可詳見樊克政先生〈魏源卒年考〉（收於《中華文史論叢》1984－1，上海：上海古籍出版社，1984年3月1版，頁297～304）一文，文中亦以咸豐七年為定論。雖說魏耆的此篇家傳中不免有誤謬、誇大事功與為先人諱之情形出現（可參見李瑚：〈魏耆〈邵陽魏府君事略〉事略箋釋〉（收於《魏源研究》，北京：朝華出版社，2002年5月1版，頁839～870）一文中的注釋說明），但就魏源生卒年月日而言，其生卒時間皆非在顛沛流離之際，因此其年月當為至親所熟知，其子所記當為真實而不致有誤。故在此仍視魏耆〈邵陽魏府君事略〉中所載為最直接真實之資料而採信之。本文相關魏源生平事蹟之論述乃參考魏耆〈邵陽魏府君事略〉，王家儉先生《魏源年譜》，黃麗鏞先生《魏源年譜》，李瑚先生《魏源研究》、《魏源詩文繫年》與〈魏源事蹟繫年〉，以及李漢武先生《魏源傳》等書的考證與內容。諸方家考證甚詳，在此只是參究其資料對魏源生平與成學背景作一簡略之概述，其敘述的重點乃在能明析魏源的學術與思想形成歷程，以便掌握其著作《老子本義》時相關的思想內緣與外緣問題。

家著述、故老傳說，於是我生以後數大事，及我生以前上詎國初數十大事，磊落乎耳目、旁薄乎胸臆。因以溯洄于民力物力之盛衰，人材風俗進退消息之本末。晚僑江淮，海景飆忽，軍問杳至，憬然觸其中之所積，乃盡發其橐藏，排比經緯，馳騁往復，先取其涉兵事及所議論若干篇，爲十有四卷，統四十餘萬言，告成于海夷就款江寧之月。〔註2〕

魏源生處於清代中葉，面對著種種內憂外患的變局，尤其是鴉片戰爭（1839～1842）的發生，更震驚了魏源。讓他深覺得積習已久的清朝政府必須改革，而中國社會更該由傳統走向現代化，多接受一些新的思想。在不管是對國家、對個人的一連串壓迫與挫折中，魏源企圖在制度上尋求新對策，在思想上尋求新出路，故發起種種變法與圖強的救國事業，也在中國傳統思想中濾出精華並融和吸收外國現代新思想，以期喚醒沉浸於積習中的人心。鴉片戰爭後，他因而感慨時事，發憤著述，先後完成《聖武記》與《海國圖志》二種鉅著。在學術思想上，爲求更切合經世實用，他由學習王守仁心學與程朱宋學而改從今文經學。對於過去充斥的考據學風和理學的性理空談，皆加以貶斥，形成其以「通經致用」爲宗旨的學術性格。這種以天下爲己任，講求經世之學，力圖以此謀求國富民強的態度，讓魏源在中國近代現代化運動中，成爲一位目光遠大且充滿愛國情操的先驅者。此外，魏源治學範圍相當廣泛，不論是對於經學、子學、史學、地學、小學、軍事、政治、經濟或是西洋現代知識皆能有所留意而虛心鑽研，並有豐富的著述傳世，從而成爲晚清學術中經世務實學風的代表者〔註3〕。

從魏源生平的事跡、著作與成學歷程中〔註4〕，我們可以大致了解其一生的事功、學術與思想多半圍繞著經世濟民這個主題。魏源生於中國數千年來未有的變局中，畢生致力於經世之學，而其經世思想的形成當與其性格、成學背景以及時代環境有關。是以在此作一簡要之析論，以明其成學背景與思想淵源。

〔註2〕見《魏源集》，頁166。

〔註3〕如梁啓超《清代學術概論》：

今文學之健者，必推龔魏。龔魏之時，清政既漸陵夷衰微矣，舉國方沉酣太平，而彼輩若不勝其憂危，恆相與指天畫地，規天下大計。考證之學，本非其所好也；而因眾所共習，則亦能之，能之而頗欲用以別闢國土；故雖言經學，而其精神與正統派之爲治經學而治經學者，則既有以異。自珍、源，皆好作經濟談，而最注意邊事……後之治今文學者，喜以經術作政論，則龔魏之遺風也。（見梁啓超：《清代學術概論》（臺北：中華書局，1956年），頁55。）

〔註4〕爲方便讀者概略了解魏源生平，本論文於文末的附錄一中附有魏源生平與重要著述介紹，乃依諸年譜之記載匯理其要而成。在資料選取節錄上乃以黃麗鏞先生《魏源年譜》中所考證之魏源生平資料爲主，輔以其他相關資料。

在其性格上，由其幼年沉靜勤讀等事蹟可見魏源天資聰穎，在性格上亦能勤苦，喜好進行思考。魏源有印一方，上書「默好深湛之思」，或可見其字默深之由〔註5〕。在他二十四歲時所作的四首〈寄董小槎編修〉詩中亦有一段寫道：

> 萬象一燈回照中，沉沉人海夜窗同。十年國士推梁苑，幾處寒氈愧寓公。默好深思還自守，動皆得咎豈關窮。簡編尺牘紛朱墨，此意蹉跎負此翁。〔註6〕

亦可見魏源對自身沉靜好思之性格的自況。是以其子魏耆對他的性格和日常態度亦有以下的記載：

> 府君生平寡言笑，鮮嗜欲。雖嚴寒酷暑，手不釋卷，至友晤談，不過數刻，即伏案吟哦。舟中鉛黃不去手。……故聽政之暇，以典籍自娛，不事苛察。與客接，無多言，有問學者，則反覆譬導，娓娓不倦。〔註7〕

由此看來，魏源實是一生性聰穎、靜默好思且能勤苦於學的人。而在咸豐四年（1854），魏源避兵僑居興化時：

> 自歸不與人事，惟手訂生平著述時，終日靜坐，戶不聞聲。〔註8〕

足見他到了晚年對世事失望之際更是拋開一切人事紛擾，而潛心於學術之上。是以可知他的基本性格是靜默好思並極為好學的，而且所接觸的範圍相當廣泛，甚至當道光十一年（1831），魏源父親去世，他還深究堪輿術以擇葬父之地。可見魏源的求知欲是非常旺盛的，對於各類知識皆有很大的興趣。但這也可能讓他未能或不願只專心於制藝，以致試途多舛。

就其性格上而言，若成為一專心致志於學術思想的苦學深思型學者，在學術或思想上建構其完善而嚴謹的體系，成其一家之學，當不令人意外。但魏源卻跨出了這個侷限，在經世之學上開拓學術的領域，以務實治世為主軸。這種走出純學術與純思想而偏重於現實的情況，恐怕是由於魏源身處於近代歷史的轉折關頭，面對內憂外患嚴重局勢，讓他不得不密切關注現實，讓思想和學術都表現出不同於傳統的路徑。雖說在其本身性格上即有務實的傾向，但時代變化所帶來的衝擊卻大大地將他這個傾向給強化了，以致讓他的學術與思想傾向於務實，使其學術之研究務求能有益於經世，其思想之提倡必求可輔弼於人心。學術以務實經世為本，便可建立實

〔註5〕見黃麗鏞：《魏源年譜》，頁19。

〔註6〕此詩由於詩中有「浮生廿四萬塵緣，離父十年母五年。」一句，李瑚先生依魏源生平交遊事蹟考為魏源二十四歲時所作。詳見見李瑚：《魏源詩文繫年》（北京：中華書局，1979年3月1版），頁23所述。

〔註7〕見《魏源集》魏耆〈邵陽魏府君事略〉，頁859。

〔註8〕見《魏源集》魏耆〈邵陽魏府君事略〉，頁858。

用的事功以安定政治、制定制度、製器厚生而致國強民安。思想以輔心去蔽爲本，方可安定人們紛亂的思緒以確定中心思想而能強化心靈，避免流於消極。

在學術思想的成學背景上，魏源早年曾學習陽明之學，在家鄉受湖湘學派的薰陶。十九歲時至嶽麓書院精研，時間雖不長，但嶽麓書院的理學傳統應該也讓魏源在宋儒程朱諸學這方面有所收穫。後來魏源二十一歲入京時，亦問宋儒之學於姚學塽。在魏源與李克鉁、何慶元、陳起詩兄弟等人的交往時，從李克鉁的書信中可見他們常以朱熹《近思錄》之語相互勉勵〔註9〕。是以從這一段的從學歷程中看來，可知宋明理學的許多概念，對於魏源早年的人生修養、行事，學習與思想形成方面應發生過一定的影響。然而在後來魏源所展現的學術思想中，宋學卻未能佔有決定性的重要地位，甚至對於宋學末流空談心性的情況多所批判。看起來，宋學對於魏源而言終究只是知識上的學習，以至於在魏源後來許多相關思想的呈現中，宋學也只是以一概念性的運用出現。不過我們要注意的是，宋學之中相關於心性論的部分，在魏源思想架構與理路的形成中，卻扮演了重要的角色。雖說後來魏源思想偏重於變易與經世，但這些作爲的實踐者——人，卻必須擁有一依循的根源，方能使一切歸於有序。而這個根源即是「心」，在日後魏源的思想中，我們可以看到他對於這個概念的表達。如魏源在他早期的著作〈大學古本敘〉〔註10〕中所言：

> 《大學》之要，知本而已，知本之要，致知、誠意而已。至善無惡人之性，可善可惡人之心，爲善去惡者誠意，擇善明善者致知，以中庸證大學，先後同揆，若合符節。故致知、誠意二章，皆以「此謂知本」結之，此千聖之心傳，六經之綱領也。
>
> 物有本末，脩身以上爲本，齊家以下爲末。格物者，格其意、心、身、

〔註9〕 如李瑚：《魏源研究》〈魏源傳〉，頁99：「魏源和李克鉁、何慶元在理學方面曾下過功夫。他們經常互相切磋，互相幫助。在他們的通信中可以看到理學對於他們思想的浸漬。如李克鉁在《復魏默深書》中說：「秋賦來省，獲讀寓書，親切之訓，如所謂枉尺直尋，所謂慎獨，所謂易得易失者即此。責己之心，無非勉人之要，想見大力量人，新功日進，鞭辟近裡。于往時好名之心，支離之病，諒已掃而空之；而紛紛著述，必有所止，亦不待朋友之親切矣。」信中所說，如『枉尺直尋』、『慎獨』、『新動日進』、『鞭辟近裡』、『好名之心』等，都引自朱熹《近思錄》。關於李克鉁書信中與魏源等人以理學之語相勉的情況可詳見李瑚：《魏源研究》〈魏源傳〉，頁98〜99。或賀廣如：《魏默深思想探究——以傳統經典的詮說爲討論中心》（臺北：臺大出版委員會，1999年6月初版），頁34〜37。

〔註10〕 李瑚據魏源自記考〈大學古本敘〉爲道光元年（1821）魏源二十八歲時所作。見李瑚：《魏源詩文繫年》，頁31。

家、國、天下之物以知其誠、正、脩、齊、治、平之理，朱子《或問》、《文集》、《語錄》屢言及之，本末不偏。惟未悟古本分章之條理，而誤分經傳，加以移補，遂留後人之疑，以爲不格心、意、身之物？而泛言即凡天下之物。明代王文成公始復古本，而又未悟格物之本誼，遂謂「無善無惡心之體，有善有惡意之動，知善知惡者良知，爲善去惡者格物」，與中庸明善先於誠身、擇善先於固執之旨判然相歧。於是使誠意一關，竟無爲善去惡之功，而以擇善、明善屏諸《大學》之外，又以無善無惡之體破至善之天則，變聖經爲異學。而其徒王畿，遂並以正心爲先天之學，誠意爲後天之學，明季高忠憲、顧涇陽力排之不遺餘力。今雖熄訟，而補傳未去，錯簡未復，則大學之誼不章。使朱子闇合古本之旨意而並顯符古本之章次，則不致文成之疑，雖道問學而不失於支；使文成顯復古之章次而並闇符致格之條理，則不至啓末流之弊，雖尊德性而不流於蕩；豈非千載遺憾有待後人者乎？〔註11〕

這一段敘文中，表明了魏源對於研究《大學》時的看法：在古本的保留上依陽明，在義理的詮解上依朱子。顯現了他對於《大學》義理的詮解態度是傾向於朱子，而非陽明。對於陽明一派容易流於末流的義理詮解方式，認爲之所以會造成如此結果的主要原因便是不能「知本」，又以「無善無惡之體破至善之天則」。這已經很明顯地表現出魏源對思想的評斷標準，而在他的心目中所謂「天則」之存在，便是一絕對不移的根本，且以善爲本質，定義甚明，不容許玄虛化的意義賦予。再由「至善無惡人之性，可善可惡人之心」一言觀其對心性的理解，則有「心性二分」之義，視心爲氣。足見斯時魏源在理學上之見解仍偏向程朱一派。但在魏源後來的思想上則有演變成心性合一而同爲本源的傾向，如在〈張鐵甫墓誌銘〉中即言：

君子之學，太上明諸心，次尊見，下徇習。以本爲淵，以用爲權，匪膠乎一，惟是之全，渾渾以圜，卒符人所群然，此明諸心之事也。以己爲樊，以性所近爲沿，雖不軌乎大同，自信甚專，能使物靡然從焉，此尊見之事也。以眾爲鵠，以耳爲目，以時地所遁爲屬，易以自足，此徇習者之事也。立今指古，遞救屢遷，本與支相維，狂與狷相劘，虛與實相特，其能以道易天下，必明諸心者也；過此則意見參焉矣，見則成習，非弘毅莫之返。〔註12〕

而這個心不但可爲本源又能涵蓋萬有，是以在《默觚上·學篇五》他說：

〔註11〕見《魏源集》，頁138～139。
〔註12〕見《魏源集》，頁342。

人之心即天地之心，誠使物交物引之際，回光反顧，而天命有不赫然方寸者乎？……人知心在身中，不知身在心中也。萬物皆備於我矣！……神聚於心而發於目，心照於萬事，目照於萬物。目不能容一塵，而心能容多垢乎？誠心不受垢如目之不受塵者，於道幾矣！回光反照，則爲獨知獨覺；徹悟心源，萬物備我，則爲大知大覺。〔註13〕

在《默觚上‧學篇五》又說：

心爲天君，神明出焉。眾人以物爲君，以身爲臣，以心爲使令，故終身役役而不知我之何存。聖人以心爲君，以身爲城，以五官爲臣，故外欲不入謂之關，內欲不出謂之局，終身泰然而不知物之可營，未有天君不居其所而能基道凝道者也。豪放之心，非道之所凝，凝道者共必基於寧靜乎！泰宇寧只，天光發啓：「處室生白，吉祥止止。」神不守舍，物乃爲菑；敬除其舍，道將自來。內蹢外蠱，亟鍵其戶；忠信甲冑，禮義干櫓。詩曰：「瑟兮僴兮，赫兮晅兮。」〔註14〕

就此看來魏源不歧分心物，直探心之本源，似乎又屬陸王一脈，但我們看他在〈朱陸異同贊〉中所言：

青田無陸子靜，建安無朱元晦，南渡以來，足踏實地，惟二公皆嚴關乎義利，宜其興起百世，頑廉懦立。至於陸子祭伯恭之文，悔鵝湖之偶有妄發，徒參辰而未能酬，則更嘗多觀省細，尤晚歲所造幾至從容中道之地。此朱、陸二子之始小異，終大同，誰言蕭寺哭莫，爲告子而流涕，知兩家門人記錄，各有是非虛實。〔註15〕

雖未就義理上詳論朱陸，但卻有欲調和兩家之意，說二子「始小異，終大同」。不過這個「終大同」卻又是陸子「悔鵝湖之偶有妄發」的結果，是以在立場上魏源卻有偏向朱子的情形。這些現象似乎顯現出魏源在宋學上並不拘於特定學派而有多樣化的展現〔註16〕，然而在我們看待這種現象的形成時，與其要說魏源是受了那一家的影響，

〔註13〕見《魏源集》，頁12～14。
〔註14〕見《魏源集》，頁18。
〔註15〕見《魏源集》，頁318～319。
〔註16〕如劉廣京先生〈魏源之哲學與經世思想〉一文中對於這種情形亦有論述：

按魏氏研讀易經與中庸，注重「心體」爲一切之本。人藉心與天地參，而心之所至，明辨是非必與篤行並進。魏氏早年思想雖崇程朱，而實已略偏陸、王之說。庸易通義引「御纂性理精義」「力行」章李光地所作案語：「所謂存養、省察者，所以爲知行之本要。故非存養則此心昏亂而知無以致，此心鬆弛而行無以力，是存養者知行之也……存養則誠，省察則明，此由心以見之事也。致知則明，力行則誠，此由事而歸之心者也。四者名目雖異而功實一貫，程、朱所爲先聖之心

倒不如說他是在個人思想理路形成後，以個人的價值判斷去發揚各家中他所認爲的精要部分。而這個判斷的標準即是——能否從一完善而確定的根本去開展出有益亦有序的思想。我們可以從他在《默觚上・學篇一》中對所謂先天無極之說的評論來看：

> 先天無極之說，君子所不道也。周子《通書》未嘗及，程子未嘗言，而忽有圖傳世，皆參同契坎離交搆之象。《禮運》(禮器)曰：「本於(太乙，分)，〔大一，分而爲天地，轉而〕爲陰陽，其降曰命。」「〔故〕人(也)者，〔其〕天地之德，陰陽之〔交，鬼神之〕會，五行之秀氣也。」「政必本於天，殽以降命。」三代之言天人也如此，豈等於「無極之眞，二五之精，妙合而凝」也乎！〔註17〕

此說就魏源看來又是個無根無本的宇宙論，而其圖又猶如《參同契》中陰陽消長，坎離交搆而氣運流轉以致生成演化萬物的那一套。故魏源將其歸之於術士修丹之論，以其論無本又無益於經世而鄙棄之。由此可知魏源對思想所抱持的評判基準，便是思想所開展出的體系必須是有明確定義的根本，同時還要有益於人生。所以對於宋學中這個可爲人之本的心性部分，魏源也以同樣的方式來發揚其理論。雖然魏源後來並未在「心性」上多加著墨，建立體系以區分二者，但我們可以從他的思想表現上發現他將心性之別消融，同歸於本而視本心爲性。既然要由此心去包涵與支配外物，心物便不能分，就此開展出的思想便偏向陸王。而此心除了必須具有一以善爲本質的本源，外在的修養功夫亦不可偏廢，自然又有同於程朱之處。由這個觀點來看，魏源對於宋明諸儒末流離開社會實際而空談無根無本的心性之說除了表示反對外，對於正統的程朱陸王也表現出融合的意圖。

不過，眞正對魏源學術思想發生重大影響的，應該是他在入京從劉逢祿學習時，所接觸的公羊學。魏源二十一歲入京時，從學多位大家，開拓了他的視野。尤其是接觸了公羊思想，而成爲他未來在建構思想理路與經世理論時的重心，這在他後來的一些著作中，可見其脈絡。然而何以魏源會接受今文學的影響？這恐怕是時代因素所致，由於當時的時勢，使得魏源逐漸對於國家民生問題開始關切，而今文學中的歷史觀正好帶給了魏源啓示。所以他接受了今文經學的思想，尤其

者在此。」此論之出自李光地，或足徵程朱正宗本兼心學。魏氏大學古本批評王陽明「以無善無惡之體，破至善之天，則變聖經爲異學。」魏氏考訂古經之癖好，亦與王學異趣。惟魏氏揭櫫「盡心，知性，知天」之義，並發揮易經「仁以行之」之說，認爲知與行不可分，是又與王學有共通處。(見劉廣京：〈魏源之哲學與經世思想〉(收於《近世中國經世思想研討會論文集》，臺北：中央研究院近代史研究所，1984年4月，頁359~392)，頁363。

〔註17〕見《魏源集》，頁2。

是公羊思想〔註 18〕。使他的學術思想偏向實用化，注重經世致用，提倡「通經致用」的學風，對於當時蔽於聲音訓詁的漢學堆砌餖飣末流和荒於修養功夫的宋學空談心性末流，就其已脫離實際的學術現象進行批判。

而在公羊思想的發揚上，魏源特重董仲舒，故曾著《董子春秋發微》以闡其義，此書今雖已佚失，但就其僅存的序文中對董子的評論看來：

> 《漢書‧儒林傳》言「董生與胡母生同業治春秋」，而何氏注但依胡母生條例，於董生無一言及，近月曲阜孔氏、武進劉氏皆公羊專家，亦止爲何氏拾遺補缺，而董生之書未之詳焉。若謂董生疏通大詣，不列經文，不足頡頏何氏，則其書三科、九旨燦然大備，且弘通精淼，內聖而外王，蟠天而際地，遠在胡母生、何邵公章句之上。蓋彼猶泥文，此優柔而饜飫矣；彼專析例，此則曲暢而旁通矣；故抉經之心，執聖之權，冒天下之道者，莫如董生。〔註 19〕

足見他對董仲舒的推崇。不過魏源對於公羊思想的詮解，大抵仍因循三科九旨之說。但在應用上卻將之推演至其他思想的詮說上，如在《老子本義‧論老子二》中，魏源在闡明《老子》思想之應用時，便屢屢應用「忠質文勝」〔註 20〕與「三世」〔註 21〕等概念來說明《老子》思想應用上的制宜。此外，在魏源的經世之論中，更是運用了所謂的「三世」與「氣運變化」等概念來說明歷史發展的變革，以此闡述各類

〔註 18〕 就一個思想形成的歷程而言，究竟是今文思想影響了魏源，讓他走向通經致用的路子；還是在魏源自身的思想中原本就有此種傾向，以致讓他更容易去接受今文思想。若當事者本身不言明，這恐怕是一個甚難辨析的問題（甚至當事者由於自身的錯覺也會造成其言不可信的情況）。如果再牽扯上時代因素，那麼相互之間的影響將更加複雜，有時我們甚至不能判斷究竟是那個因素對整體發生了決定性的影響。在一個不能妄下斷言的狀況下，我們或許只能依據表面現象以理推論。所以我們的推論，只是試圖對魏源的思想形成歷程作一種推斷，未必是一種絕對的認定。

〔註 19〕 見《魏源集》，頁 135。

〔註 20〕 如〈論老子二〉：
太古之不能不唐虞三代，唐虞三代之不能不後世。一家高曾祖父子姓，有不能同。故忠質文皆遞以救弊，而弊極則將復返其初。孔子寧儉毋奢，爲禮之本，欲以忠質救文勝。是老子淳樸忠信之教，不可謂非其時，而啓西漢先機也。（見《老子本義‧論老子二》（北京：中華書局，1985 年新一版），頁 2～3。）

〔註 21〕 如〈論老子二〉：
今夫赤子乳哺時，知識未開，呵禁無用，此太古之無爲也；逮長，天眞末漓，則無實以嗜欲，無芽其機智，此中古之無爲也；及有過而漸喻之，感悟之，無迫束以決裂，此末世之無爲也。時不同，無爲亦不同；而太古心未嘗一日廢。夫豈形如木偶而化馳若神哉。（見《老子本義‧論老子二》（北京：中華書局，1985 年新一版），頁 3。

政治制度上因時地而制宜的重要。如《默觚下‧治篇三》中即以氣運劃分歷史階段：

> 三皇以後，秦以前，一氣運焉；漢以後，元以前，一氣運焉。其歷年有遠近，即其得於先王維持之道有厚薄。故漢、唐、宋女禍、夷狄、亂臣、賊子迭出，而不至遽亡，民生其間，得少休息十餘世，披其牒考其享祚歷年之久近，而其所得於道之分數可知也。〔註22〕

亦藉這些概念開展出他的變易與改革思想，並期能落實於經世之學上。如他在《默觚下‧治篇五》中即言：

> 租、庸、調變而兩稅，兩稅變而條編。變古愈盡，便民愈甚，雖聖王復作，必不合條編而復兩稅，合兩稅而復租、庸、調也；鄉舉里選變而門望，門望變而考試，丁庸變而差役，差役變而僱役，雖聖王復作，必不舍科舉而復選舉，舍僱役而爲差役也；丘甲變而府兵，府兵變而礦騎，而營伍，雖聖王復作，必不舍營伍而復爲屯田爲府兵也。天下事，人情所不便者變可復，人情所群便者變則不可復。江河百源，一趨于海，反江河之水而復歸之山，得乎？履不必同，期于適足；治不必同，期于利民。是以忠、質、文異尚，子、丑、寅異建，五帝不襲禮，三王不沿樂，況郡縣之世而談封建，阡陌之世而談井田，笞杖之世而談肉刑哉！「禮，時爲大，順次之，體次之，宜次之。」《周頌》《勺篇》，美成王能酌先祖之道以養天下也。詩曰：「物其有矣，維其時矣。」〔註23〕

由此可見魏源認爲歷史與世局是不斷變化的，各項施政措施的制定必須因時而異，在不同的世代要有不同的因應方式。

此外，以魏源之博學對於一些所謂的堆砌餖飣之學、空談心性之學，在他的成學歷程中雖是有所研究，但他卻不沉浸於其中，甚至以一己之學力著述以明其要，避免流於末學之弊。如他曾著〈說文儗雅序〉、〈說文轉注釋例〉、〈說文假借釋例〉、〈說文會意諧聲指事象形釋例〉〔註24〕，其中多評段說之失。也曾作〈周程二子贊〉、〈程朱二子贊〉、〈朱子贊〉、〈陸子贊〉、〈朱陸異同贊〉、〈楊子慈湖贊〉、〈王文成公贊〉、〈明儒高劉二子贊〉諸文〔註25〕，對於宋明儒學說之大略有一簡明之評斷。

魏源對於諸子之說也應是多有涉獵，但就今日魏源著述目錄所見〔註26〕，其爲

〔註22〕見《魏源集》，頁43。
〔註23〕見《魏源集》，頁48～49。
〔註24〕以上諸文見《魏源集》，頁81～100。
〔註25〕以上諸文見《魏源集》，頁317～320。
〔註26〕關於魏源見於史傳之著作目錄，可見黃麗鏞：《魏源年譜》，頁203～206。

非儒家之諸子著作作注者，惟《老子》、《墨子》、《孫子》、《吳子》而已，俱是於世有實用價值者。縱使是《老子》歷代多以玄學視之，然魏源卻發掘其中可爲經世所用之義理。故知其對思想學說的評選標準，乃以一切能獲致實用者爲宗，避免流於無用。他於《默觚下·治篇一》有云：

> 使其口心性，躬禮義，動言萬物一體，而民瘼之不求，吏治之不習，國計邊防之不問，一旦與人家國，上不足制國用，外不足靖疆圉，下不足蘇民困，舉平日胞與民物之空談，至此無一事可效諸民物，天下亦安用此無用之王道哉？〔註27〕

從中可以看出他爲學的基本性格，但求實際，不求空言，一切以有利於國計民生爲至上。

由於科舉失利之故，魏源有一段很長的時間只能屈居於江南大吏陶澍、林則徐、李星沅、陳鑾等人之幕府，代爲策畫運漕、鹽務、河工及水利之改革。這段過程使魏源的經世之學不再是理論，且多了分現實的歷練。在道光初年，魏源曾先後任江蘇布政使、巡撫幕僚，對於海運、鹽務、河道、水利等事務多所建言。後主持《皇朝經世文編》的編纂事宜，文集內容包羅甚廣，俱是有益於經世之作。此可謂其將學術經世致用的一個開始，也藉由此次機會開展了魏源觀察世務的視野。而魏源於〈皇朝經世文編敘〉中曾言：

> 事必本夫心。璽一也，文見於朱者千萬如一，有璽籀篆而朱鳥跡者乎？有朱籀篆而璽鳥跡者乎？然無星之秤不可以程物，故輕重生權衡，非權衡生輕重。善言心者，必有驗于事矣。

> 法必本於人。轉五寸之轂，引重致千里，莫御之，跬步不前。然恃目巧，師意匠，般、爾不能閉造而出合。善言人者，必有資於法矣。

> 今必本夫古。軒、撓上之甲子，千歲可坐致焉。然昨歲之曆，今歲而不可用，高、曾器物，不如祖、父之適宜；時愈近，勢愈切，聖人乘之、神明生焉，經緯起焉。善言古者，必有驗於今矣。

> 物必本夫我。然兩物相摩而精者出焉，兩心相質而疑難形焉，兩疑相難而易簡出焉。詩曰：「秩秩大猷，聖人莫之，他人有心，予忖度之。」又曰「周爰咨度，周爰咨謀。」古人不敢自恃其心也如是，古之善入夫人人之心又善出其人人之心以自恢其心也如是。切焉劘焉，委焉輸焉。善言我者，必有乘於物矣。〔註28〕

〔註27〕見《魏源集》，頁 36。
〔註28〕見《魏源集》，頁 156～157。

由他所列舉的這四項原則中，可見其經世思想開展與實踐的標準所在，而這也顯現魏源的思想具有「宗本求變」的傾向。

　　後來鴉片戰爭發生，衝擊了魏源的思想，讓他更徹底積極地要推展經世之學，以提振自信心，探討中國在鴉片戰爭中失敗的原因，而能掃除過去的積習。他著《聖武記》一書〔註29〕，記述了清皇朝前期的一些重大軍事活動，企圖以過去的輝煌事蹟與軍功來激勵積弱不振的清朝統治者，建立他們的信心，振興武備以抵抗外來的侵略。他著《海國圖志》以介紹西方史地與政治制度，提出了「以夷攻夷」、「師夷長技以制夷」〔註30〕的觀念，力圖以此謀求國富民強。《海國圖志》一書乃是近代第一部由中國人自己編著以介紹世界各國國情的著作，內容包括了政治、經濟、軍事、歷史、地理、文化等各方面，書中所提出之思想乃是希望能學習西洋長處，以民族自強來抵抗外來侵略。

　　所以，在魏源的中壯年歲月中，他一直都致力於經世之學。直到晚年受誣以致自感遭遇坎坷，又世亂多故，至此已無心仕宦〔註31〕，遂專心於手訂生平著述之上。

─────────────

〔註29〕關於《聖武記》其大略之介紹可參見李瑚《魏源研究》〈魏源〉，頁49～52。

〔註30〕見〈海國圖志敘〉：「是書何以作？曰：為以夷攻夷而作，為師夷長技以制夷而作。」（《魏源集》，頁207）《海國圖志》一書有五十卷、六十卷、一百二十卷本，其大略之介紹可參黃麗鏞：《魏源年譜》，頁124～127。以及李瑚《魏源研究》〈魏源〉，頁53～58。

〔註31〕對於魏源拒絕復職之原因，楊晉龍先生乃舉譚獻曾至杭州僧舍拜訪魏源之事為例，提出另一思考方向。由於譚獻在《復堂日記》中對當時對訪魏源之事如此記載：「默深晚游杭州，病歿僧舍。予方逾冠，偕袁蓬伯往見。病聾不能深談。今觀遺書，知暮年學術，頗似北宋諸賢，虛鋒略盡矣。」（此段文字可見李瑚：《魏源研究》〈魏源傳〉，頁222所引。）表示當時魏源已「病聾不能深談」，故楊晉龍先生懷疑魏源辭官不仕與此身體上之「耳聾」關連為大，而一般研究者以其子魏耆所謂「遭遇坎坷，世亂多故」之堂皇說辭為唯一解釋則值得商榷（見楊晉龍：〈臺灣學者「魏源研究」述評〉（收於《中國文哲研究通訊》53，2004年3月，頁43～82），頁44注解4所述）。
　　然就常理推斷，魏源辭官拒絕復職之事其影響原因應該甚多，不論是心理、生理或環境等因素都有可能交互造成。在此肯定楊晉龍先生的研究態度與觀念：對於人物事跡的影響因素需多方考量，不能只憑片面的記載來下斷言。是以對於人物事跡若單歸於某一特定因素來作解釋，極可能會流於狹隘。然而所謂「遭遇坎坷，世亂多故」之說辭固然有堂皇造作之嫌，但若將辭官主因歸於「耳聾」，亦不免武斷。魏源在咸豐六年（1856）秋初寄住杭州僧舍至其過世前的生活狀況，據其子魏耆的記載：「遊杭州，寄僧舍，閉目澄心，危坐如山，客至亦不納。即門生至戚，接二三語，便寂對若忘。」（見《魏源集》魏耆〈邵陽魏府君事略〉，頁859。）故知當時魏源精神、體力皆已很差。而譚獻於咸豐七年（1857）至杭州僧舍拜訪魏源時，已是魏源深病之時，故其所見乃是魏源重病之狀況。至於在咸豐三年（1853）時，魏源身體上的病痛與耳聾是否嚴重到讓他有力不從心之感，若無當事者自身的敘述或其它記載，我們亦難判斷，而有時就算是當事者本身的解釋都不足以為信（對於一

恢復爲一個純粹學者的身分，並篤信佛教，自稱「菩薩戒弟子魏承貫」，尤專心於淨土一宗。

就魏源學佛的歷程而言，他在早年即應對佛學有所接觸，並展現興趣。但深入學佛的開始，當在道光八年（1828），魏源三十五歲時〔註32〕。斯時魏源遊杭州，寓錢東甫宅，從學釋典，求出世之要，潛心禪理，並延法師講《楞嚴》、《法華》諸大乘經典。不過在這段時間而言，魏源應是以「學習知識」的心理來學佛。雖然他展現了學習的興趣，但佛學只是他欲了解的思想之一，在他充滿經世濟民的心中，並不認爲這種出世的思想有實用的價值。他只是藉著了解佛學，使他在各類思想的析分上，容易抓到特徵。如魏源詮解《老子》之著作《老子本義·論老子四》中，便以其佛學上的認知來辨明佛老之別，是以他說：

> 老明生而釋明死也，老用世而佛出世也，老中國上古之道而佛六合以外之教也。〔註33〕

但到了晚年，魏源潛心學佛，除了自稱「菩薩戒弟子魏承貫」外，尚會譯《無量壽經》，又輯《觀無量壽佛經》、《阿彌陀經》、《普賢行願品》合爲《淨土四經》。而且若就他註解各經的著作序言行文看來，充滿了佛家的語言與佛經的敘述風格。可見那時他是真正在精神層面上接受佛家思想了，並以之爲心靈的慰藉。然而，這時的魏源是否已經喪失了經世之心？應當沒有。在政治的作爲上雖因現實環境而無法達成他的理想，也讓他在佛法中尋求心靈寄託，但他仍存有經世的意圖，只是他將希望放到了人心的精神教化上。所以他並未完全成爲一獨善其身，靜觀世事的禪悅之士，反而深入淨土專心於淨土經典的會譯，想藉著淨土經典的廣泛流布來安定人心。

些形成因素，當事者可能故意隱瞞或未察覺）。而就常理推之，魏源斯時年已六旬，而又在數年後去世，身體上難免已有宿疾病痛，可能也影響了他的心意，但斯時是否就已有嚴重之「耳聾」而讓他萌生辭意，亦是有待商榷與考證。是以對於此事的種種解釋原因，我們可以並存互見，避免偏執於某一特定因素，而其中所代表的意義亦值得我們深思。然就行文敘述而言，爲避免文字繁雜，此處仍以具有資料記載的「遭遇坎坷，世亂多故」爲代表原因，但並不完全否定其它因素的存在。

〔註32〕楊晉龍先生認爲魏源「崇佛」之現象，比學界公認的道光八年（1828）游杭州時還早（見楊晉龍：〈臺灣學者「魏源研究」述評〉（收於《中國文哲研究通訊》53，2004年3月，頁43～82），頁43～45之舉證與説明），其説自有可信之處。而如魏源此類傳統知識份子，推測其在早年從學歷程中便已接觸過佛學，亦屬合理之事，只是斯時魏源對佛學的接觸應是一種興趣上的研究。直至道光八年（1828）游杭州時，甚至還延請曦潤、慈峰二法師講解《楞嚴》、《法華》諸大乘經典，方可謂深入研究佛學之始。然若無早年之涉獵，後來也不致激起深入研究之心。是以就魏源的學佛歷程而言我們可以如此推測：魏源年輕時應是對佛學有初步的接觸並展現學習興趣，但真正深入研究佛學的開始仍當是在道光八年（1828）之後。

〔註33〕見《老子本義·論老子四》（北京：中華書局，1985年新一版），頁6。

在〈淨土四經總敘〉中他說道：

> 夫王道經世，佛道出世，滯迹者見爲異，圓機者見爲同。而出世之道，又有宗教、律、淨之異。其内重己靈，專修圓頓者，宗教也；有外慕諸聖，以心力感佛力者，淨土也，又有外慕諸聖，内重己靈者，此則宗、淨合修，進道尤速。至律則宗教、淨之基址，而非共究竟焉。然宗教、律皆發心童眞出家，動經久劫，由初地至十地，方稱等妙覺；即不蒙佛記，亦自成佛。此是何等根器？但從無一生了辦之法。此我佛無量壽世尊淨土往生之教，橫出三界較豎出三界者，共難易遠近有霄壤之分。此永明壽禪師所謂「有禪無淨土，十人九錯路；無禪有淨土，萬修萬人去；有禪有淨土，猶如戴角虎」也。〔註34〕

在這當中亦可見魏源在思想上的變化。從這「經世」與「出世」之別上，魏源已不像過去那樣明顯區分佛家思想與其它的經世思想了，而以「滯迹」與「圓機」來說明別與不別的境界所在。至於他選擇淨土爲著力處，乃因覺淨土法門淺明顯易，易於推廣於大眾，欲藉此來使廣大生民得到心境上的安寧。在〈淨土四經總敘〉文末他如此說道：

> 古德有言，己先自度而後度人者，如來應世；未能自度先願度人者，菩薩發心。然後閉七日念佛之關，以求一心不亂；再閉七日觀佛之關，以求親見西方極樂依正。蓋入門必次第修而後圓修，圓莫圓於《普賢行願品》，故爲華嚴之歸宿矣。此天然之次第，修持之定軌，故合刊四經，以廣流通，普與含靈，同躋正覺。〔註35〕

雖說是由於現實與心境所致，但魏源的經世思想確已從政治制度面轉爲精神教化面，既給了自己精神上的寄託，也期許能爲芸芸眾生統整出一個修持佛法的方便法門，以推廣佛法於人心。

　　綜觀魏源一生的思想歷程，雖然廣博地學習各類思想，但由於其思想性格所致，乃是以經世致用爲己任的儒者自居，並以這個「是否有益於經世致用」的標準來評判各種思想。合則崇尚，不合則批判，或者改造其義以合之。除了晚年潛心學佛外，在他人生的大半歷程中皆以這種態度來展現他的思想，這種思想特性反應在魏源爲解《老子》所作的《老子本義》上，將會使之在詮釋《老子》上有著何種的呈現？又會開創出一種什麼樣的《老子》詮釋？這將是本文以下所要探討的主題了。

〔註34〕見《魏源集》，頁247。
〔註35〕見《魏源集》，頁248。

第三章 魏源的詮老之作——《老子本義》

　　《老子本義》一書爲魏源對《老子》詮解的主要著作，就《漸西村舍叢刊》中所收之《老子本義》刊本來看，全書包括闡述全書意旨的〈老子本義序〉序文一篇，對《老子》義理詮說的〈論老子〉四篇，取《史記》〈老子韓非列傳〉中相關老子的記載節錄爲〈史記老子列傳〉一篇，注釋解說《老子》原典的《老子本義》上下篇，相關老子文獻記載的附錄以及袁昶所著的跋。以下將就其成書、形式與內容方面等問題逐一探討。

第一節　《老子本義》的成書時間

　　對於《老子本義》的著作成書時間，歷來學者爭論不一。其主要原因乃在關於此書著作時間的相關紀錄資料甚少，在直接性的證據缺乏下，所以必須從邏輯常理與作者學術歷程傾向等旁證去推斷所致。此書中最早可見的刊行內容是在同治十年（1872），由羅汝懷（1804～1880）所編刊的《湖南文徵》中所收錄的〈老子本義序〉〔註1〕，而後光緒四年（1878）淮南書局所刊刻《古微堂內外集》中亦收錄有〈老子本義序〉〔註2〕。但當時是否另有完整的《老子本義》刊本，由於至今未見，故無法做明確的論斷。而現今所見最早的全書刊本應是光緒中葉年間在袁昶《漸西村舍叢刊》〔註3〕中所收錄的《老子本義》刊本。在這些刊本中惟《湖南文徵》中所

〔註 1〕 見羅汝懷：《湖南文徵・國朝文》卷八十。
〔註 2〕 見魏源：《古微堂內外集》（據光緒四年八月懷南書局刊本影印，收於《近代中國史料叢刊》第四十三輯，424 冊，臺北：文海出版社，1969 年），卷三，頁 11～13。
〔註 3〕 臺北藝文印書館所編《百部叢書集成》（臺北：藝文印書館，1966 年）之《漸西村舍叢刊》第六函，收有《老子本義》，其中〈論老子〉四篇，〈史記老子列傳〉一篇，注釋解說《老子》原典的《老子本義》上下篇，相關老子文獻記載的附錄俱全，惟

收錄的〈老子本義序〉末有一小段文字說明序文的寫作時間：「嘉慶二十五年奉母東下錄於舟中，道光之初補敘於此。〔註4〕」另外在《漸西村舍叢刊》的《老子本義》刊本書末附有袁昶所著的跋，當中說明袁昶跋文的著作時間爲「庚子四月」〔註5〕，此外未見關於《老子本義》成書時間的確實相關記載。而在這些記載中，惟《湖南文徵》中說明了《老子本義》最初的確實寫作時間爲嘉慶二十五年，並於道光初年補上序文，而袁昶的跋文只是註明了袁昶寫跋的時間爲道光二十年。以下以簡表羅列歷來學者對於《老子本義》的著作成書時間之主張中較有代表性的看法概要，並對之一一探討：

錢　穆	魏源晚年期所作，約在《默觚》三卷之後。
王家儉	成於道光二十年（1840）。
陳耀南	成於道光二十年（1840）。
李　瑚	嘉慶二十五年（1820）。
黃麗鏞	嘉慶二十五年（1820）。
許冠三	成於道光二十年（1840），以爲先有《老子本義》上下篇，而後作〈論老子〉四篇，最後成〈老子本義序〉。
賀廣如	〈老子本義序〉與《老子本義》上下篇成於嘉慶二十五年（1820）。〈論老子〉四篇成於成於道光二十五年至二十九年（1845～1849）。

在這些看法中，錢穆先生認爲《老子本義》係魏源晚年時期所作，其著作時間約在《默觚》三卷之後。乃由於魏源閎識孤抱未得他人賞識，亦未能沉潛以求，退默以成，因而鬱悶搖惑，遂移情於老釋。錢穆先生舉《默觚下·治篇一》中明曰：「釋、

缺〈老子本義序〉序文。再考常見諸刊本，如上海商務版（1931）、北京中華版（1954）、臺灣商務版（1967）、臺北漢京文化版（1980）、臺北世界書局版（1984），皆是相同情形。據賀廣如先生考證，美國哈佛大學燕京圖書館所藏《漸西村舍叢刻》中之刊本則附有序文（見《魏默深思想探究——以傳統經典的詮說爲討論中心》（臺北：臺大出版委員會，1999 年 6 月初版），頁 48～49，注 1 所考。），其與羅汝懷（1804～1880）所編刊的《湖南文徵》中所收錄的〈老子本義序〉，光緒四年（1878）淮南書局所刊刻《古微堂內外集》中收錄的〈老子本義序〉相同，1983 年北京中華書局所出版之《魏源集》亦據此收錄〈老子本義序〉序文。然因時空因素個人無法親見美國哈佛大學燕京圖書館所藏，但 1985 年北京中華書局《叢書初編集成》中之《老子本義》刊本，則據漸西村舍叢刊本排印，並附有〈老子本義序〉，序文與《魏源集》所收相同，是以本文相關《老子本義》原典文字之引用，皆以此刊本爲依據，以下不再詳註。

〔註4〕見羅汝懷：《湖南文徵·國朝文》卷八十，頁 17～18。
〔註5〕見《老子本義·跋》（北京：中華書局，1985 年新一版），頁 2。

老不可治天下國家。〔註6〕」爲例，足見於魏源中年之際尙懷經世之心，欲以聖人
六經之學治世，不以老、釋爲可用世之思想，而後因屢遭挫折而未獲施張，遂移情
於老釋。但起初注老之時，思想轉變爲欲以老學救世，而後則又一變爲從釋家中尋
解脫〔註7〕。

　　錢穆先生的觀點看似能表現魏源中晚年的思想轉變，但細究其中，則有未竟之
處。首先就錢穆先生所引的《默觚下‧治篇一》原文來看：

　　　　工騷墨之士，以農桑爲俗務，而不知俗學之病人更甚于俗吏；託玄虛
　　之理，以政事爲粗才，而不知腐儒之無用亦同于異端。彼錢穀簿書不可言
　　學問矣，浮藻餖飣可爲聖學乎？釋、老不可治天下國家矣，心性迂談可治
　　天下乎？《詩》曰：「民之質矣，日用飲食。」〔註8〕

究其文意，並非魏源在論證「釋、老不可治天下國家」之理，而是在批評那些以浮
藻餖飣爲聖學，以心性迂談爲高尙的「腐儒」。其行文乃是以反面詰問的方式來質疑
那些「腐儒」的觀念，並非是一肯定「釋、老不可治天下國家」的論理〔註9〕。因
此若以此斷章之句認爲魏源著《默觚》之際，尙懷「釋、老不可治天下國家」之思
想，則在論證上未能深入詳盡。

　　再就《老子本義》內容來看，魏源視《老子》爲可積極救世的用世之學，在其
基本態度上是以救世之書而非哲理之書來看待《老子》的。他秉持一種將「經世致
用」思想延伸到子學諸書之中的理念，從《老子》中尋求可爲用世者，以輔翼聖人
經世之學，其中多有會通儒、老之處，並更進一步地以現實政治運用的觀點去詮解
《老子》。是以魏源認爲只要觀念正確，用法得當，老學仍可以用於救世與治世。而
此態度之產生，乃在擴大可爲經世之用的學術思想範圍〔註10〕，並非因見半生所學
不能用世，遂轉而從《老子》中找路子。再就魏源於《老子本義》中析分佛老之別
可謂多有著力，如：

　　　　老子與佛合乎？曰否否。窈冥恍惚中有精有物，即所謂雌與母，在佛
　　家謂之玩弄光景，不離識神，未得歸於眞寂海。何則？老明生而釋明死也，

〔註6〕　見《魏源集》，頁36～37。
〔註7〕　見錢穆：〈讀古微堂集〉（收於《中國學術思想史論叢》8，臺北：東大圖書，1990年），
　　　　頁306～308。
〔註8〕　見《魏源集》，頁36～37。
〔註9〕　賀廣如先生對此有所詳論，其可見賀廣如：《魏默深思想探究──以傳統經典的詮說
　　　　爲討論中心》（臺北：臺大出版委員會，1999年6月初版），頁247～248。
〔註10〕　關於魏源著《老子本義》解老的思想態度方面的論述，將在後面的章節細述，在此只
　　　　先舉其要作概略的說明。

老用世而佛出世也，老中國上古之道而佛六合以外之教也。故近禪者惟列
禦寇氏，而老子固與禪不相入也。宋以來禪悅之士，類多援老入佛。經云：
「民不畏威，大威至矣。」蘇子由乃謂：「人苟於死生得喪之妄見，坦然
無所怖畏。則吾性中光明廣大之大威，赫然見於前矣。」何異指鹿為馬，
種黍生稗。尊老誣老，援佛謗佛；合之兩傷，何如離之兩美乎！〔註11〕

其基本態度乃以《老子》為用世，佛家為出世。縱使魏源晚年之後對於世事灰心而
移情，其精神上寄託所歸者當為釋而非老，是以魏源晚年皈依淨土，自稱「菩薩戒
弟子魏承貫」，在心境上已無心仕官，以手訂平生著述為務，專心於淨土，合輯會譯
《淨土四經》。而魏源著《老子本義》之初衷乃在抒其救世理念，發揮經世致用之功，
而當中意圖乃欲會通儒老，跳脫玄理之礙，使老學能實用於救世，絕非是因憂悶寄
情而另尋抒發途徑。因此在著作之原由上，錢穆先生所言並不能成一嚴謹的推論，
若以此來斷定《老子本義》的著作時間，則是以傳統讀書人失志則寄情於佛老的窠
臼套在魏源身上，未能成為有力之論證。

王家儉先生在其所著《魏源年譜》中將《老子本義》的著作時間考定於道光
二十年（1840）〔註12〕，不知何故，其所根據可能來自書末袁昶跋文的著作時間
為「庚子四月」，就此「庚子」而推斷著作時間為道光二十年（1840）之「庚子」。
此外，陳耀南先生似乎也據此將《老子本義》的著作時間定於斯時，亦未詳述源
由〔註13〕。而李瑚先生與黃麗鏞先生則以《湖南文徵》中所收錄的〈老子本義序〉
末那一小段文字為依據，以成書在前，寫序在後的慣例，認為《老子本義》當成
於嘉慶二十五年（1820）〔註14〕。而後許冠三先生於〈龔魏之歷史哲學與變法思
想〉一文中取王家儉先生之說，以道光二十年（1840）為《老子本義》的成書時
間，並認為自《老子本義》著成之際，可從中得見魏源的三世說至此乃有重大突
破〔註15〕。許冠三先生此文並未詳論《老子本義》的成書時間何以繫於道光二十

〔註11〕見《老子本義·論老子四》，頁6。
〔註12〕見王家儉：《魏源年譜》（中央研究院近代史研究所專刊21，1967年11月初版），頁
72：「是年，作陶文毅公神道碑銘。老子本義成書，有序。」
〔註13〕見陳耀南：《魏源研究》（香港：乾惕書屋，1982年11月再版），頁8。
〔註14〕李瑚先生對《老子本義》成書年代之記錄可見李瑚：《魏源詩文繫年》（北京：中華書
局，1979年3月1版），頁30。《魏源研究》（北京：朝華出版社，2002年5月1版），
頁495～496。
黃麗鏞先生對《老子本義》成書年代之見解可見黃麗鏞：〈魏源《老子本義》成書年
代質疑〉（收於《中華文史論叢》1980－4，上海：上海古籍出版社，1980年10月1
版），頁282。《魏源年譜》（長沙：湖南人民，1985年1月1版），頁53～54。
〔註15〕見許冠三：〈龔魏之歷史哲學與變法思想〉（收於《中華文史論叢》1980－1，上海：

年（1840），只是就這一個論述爲旁證，建立其個人對魏源思想與歷史觀的分期〔註16〕。其後黃麗鏞先生在〈魏源《老子本義》成書年代質疑〉一文中提出論證，以袁昶生於道光二十六年（1846），卒於光緒二十六年（1900），不可能在道光二十年（1840）爲魏源作跋，而袁昶跋文的「庚子四月」之「庚子」實爲光緒二十六年（1900），非道光二十年（1840），因此道光二十年（1840）成書之說實無確切之證據，甚至可能是資料上的誤判，是以成書時間仍當以有確切記錄的嘉慶二十五年（1820）爲準〔註17〕。之後許冠三先生在〈關於《老子本義》成書年代問題〉中對「嘉慶二十五年奉母東下錄於舟中，道光之初補敘於此。」中「道光之初補敘於此」一語有另一番推論。以「道光之初」表示此序之完成年代已距道光元年有段時日，而「補敘」則可能暗示此序所言之《老子本義》已非嘉慶二十五年（1820）的《老子本義》初本。並據《老子本義》內容爲內證，認爲當中所涉及的「三世說」與「氣運說」，前者乃在魏源受習公羊學著《董子春秋發微》後方才可能提出，後者則一般常見於魏源五十歲之後的著作。同時由於魏源有增改舊作之習，是以今日所見之《老子本義》應非魏源早期的著作。此外並論述《老子本義》上下篇、〈論老子〉四篇與〈老子本義序〉之內容特色，以其思想理路與學術背景相比較，認爲各部分的著成乃先有《老子本義》上下篇，然後作〈論老子〉四篇，最後作〈老子本義序〉而成書〔註18〕。

　　首先就《老子本義》上下篇及序文的完成時間來說，既有「嘉慶二十五年奉母東下錄於舟中，道光之初補敘於此。」一語爲證，可以確定的是在嘉慶二十五年（1820）時，《老子本義》上下篇的初稿便已完成，其後約在道光初年重新補上序文。而此「道光之初」縱使不是道光元年（1821），就一般用語習慣來說，也不至於會晚到道光四、五年之後。所以，後來補上的序文與《老子本義》上下篇初稿並非同一時間寫成是可以確定的。但重新補上的序文應當晚於《老子本義》上下篇一至數年後寫成，也不致於會晚得太久。

　　再則就許冠三先生個人的推證來看，其將《老子本義》的成書時間放在魏源中年期的道光二十年（1840）左右，自有其個人推論的成理之處，但若明確繫於以道

上海古籍出版社，1980 年 1 月 1 版，頁 69～104），頁 96。

〔註16〕關於其對魏源思想的變化與分期論述詳見許冠三：〈龔魏之歷史哲學與變法思想〉一文。

〔註17〕其詳細論述見黃麗鏞：〈魏源《老子本義》成書年代質疑〉（收於《中華文史論叢》1980－4，上海：上海古籍出版社，1980 年 10 月 1 版，頁 281～282）。

〔註18〕其詳細論述見許冠三：〈關於《老子本義》成書年代問題〉（收於《中華文史論叢》1982－4，上海：上海古籍出版社，1982 年 11 月 1 版，頁 105～107），頁 105～107。

光二十年（1840）此一有問題的考證年代，則是難以成立的。而其反對《老子本義》成於嘉慶二十五年（1820）的外證理由中，認為魏源於嘉慶二十五年（1820）之際應無暇注釋《老子》；且宋明以來傳統士大夫多於身家慘變、仕途失意，國家危亂之際才傾向老莊釋道之學，而魏源於當時並不具有此等條件〔註19〕。在此對於其說我們可以提出一些質疑：所謂嘉慶二十五年（1820）成書只是表示在那一年寫作完成，而在這之前必有一段研讀與蘊釀寫作時期，並不能就成書時間來斷定全部內容與蘊釀過程都在那一年完成。至於那一年魏源事務繁多，是否就代表了他便無暇於鑽研《老子》之上？若無確切記載，其內情亦非外人所能得知。更何況那一年只是成書，其它相關的研究和寫作工作可能在之前便已有了基礎。再則以魏源心態與環境推測其當時未有著作之條件，亦又落入了以傳統知識份子於落寞失志之際則寄情於佛老的窠臼當中。正如前述，此窠臼對於魏源注老而言是不適於套用在他身上的。所以其說未免主觀臆測過深，並顯得不能深入了解魏源著《老子本義》之初衷。不過許冠三先生開諸學者之先，將《老子本義》上下篇、〈論老子〉四篇與〈老子本義序〉的著作時間分開看待，卻是值得注意的。

賀廣如先生總結諸說，在其《魏默深思想探究——以傳統經典的詮說為討論中心》一書與〈《老子本義》的成書時間〉一文中，對《老子本義》的著作成書時間論

〔註19〕 許冠三：〈關於《老子本義》成書年代問題〉（收於《中華文史論叢》1982－4，上海：上海古籍出版社，1982年11月1版頁105～107），頁107：

如就外證考查，亦有數事否證其定稿於此年之論斷。

第一，就目前己有之資料看，在嘉慶二十四年（1819）至道光二年（1822）之間魏源方忙於準備並參與順天鄉試，嘗於1819、1821兩次考中副貢生，並於1822年中式舉人。既如此熱心於追求功名仕進，又何來心緒專攻《老子》之學？

第二，就其述作年表言，在此數年之中，魏之撰述實以詩篇居多。其學術興趣方集中於注述孔門典籍，所治者先後有《曾子注》1817—1822，疑與（《曾子章句注》為一書）、《子思子章句》、《孝經集注》（1821）、《大學古本注》（1822）。如《魏源詩文係年》之考定無誤，魏源又何來餘暇注釋《老子》？

第三，依宋明以來之慣例，士大夫之傾向老、莊之學與釋道看，多涉及以下數種外緣：其一，個人身家遭遇劇創與慘變；其二，功名仕進之途窘滯多年，至達於絕望之境；其二，國家社會突有天翻地覆之喪亂。魏之「潛心禪理」始於會試落第（1826）後之第二年（1828）；其皈依佛門，改名魏承貫，則在晚年罷官以後；即為明證。然嘉、道之間，並不存有上述三類外緣，更何況其功名仕進之途方大有可為。

第四，直至1830年代之後期，其創造「氣運再造」說之客觀條件方開始出現，先有英人之入侵，復有天地會之復活與太平軍之興起。

其說之第一、二的推斷太偏於臆測，顯得不夠客觀，而第三部分又落入傳統將老釋視為讀書人失意之寄，然就魏源對《老子》思想的看法，此窠臼未必能套於魏源身上。

證甚爲詳盡。由於其立論觀點乃將〈老子本義序〉與《老子本義》上下篇視爲魏源早期思想，故對許冠三先生的說法多所辨正。而當中值得注意的是，賀廣如先生考魏源〈致鄧傳密信〉中有「《老子本義》原係未定之稿，容改正，方可見呈教」之語，並推論此信應作於道光二十五年（1845），是以可知魏源在當時認爲《老子本義》仍是未定之稿。其又引李柏榮《日濤雜著・魏源逸事》中所記載有關魏源赴任楊州興化，鄧傳密隨行爲其抄寫《老子本義》與《墨子章句》之事，判定魏源於道光二十九年（1849）赴任楊州興化時，《老子本義》已經完成定稿，並藉鄧傳密書法代爲抄寫著作。因此以〈老子本義序〉與《老子本義》上下篇成於嘉慶二十五年（1820），代表魏源早期屬宋學一路之思想，而〈論老子〉四篇成於成於道光二十五年至二十九年（1845～1849），屬魏源晚期思想〔註20〕。

　　若就內容所表現的思想特色而言，在此大致同意賀廣如先生所論關於魏源先著《老子本義》上下篇〔註21〕而後作序，最後補上〈論老子〉四篇的看法。而且我們若從《老子本義》上下篇與〈論老子〉四篇中對於釋老之別與莊老之別的處理態度來析論，也可看出〈論老子〉四篇爲後出。《老子本義》上下篇在注說的選取上，對於蘇轍與焦竑等援釋喻老的注說法仍多收入，在眾多注說中對釋家之說的批判並不嚴厲。如在《老子本義》第二十三章中評蘇轍解襲明爲傳襲之襲與釋氏傳燈同旨，

〔註20〕其詳細論述可見賀廣如：《魏默深思想探究──以傳統經典的詮說爲討論中心》（臺北：臺大出版委員會，1999年6月初版），頁48～73。以及《老子本義》的成書時間）（收於《暨大學報》第三卷第一期，1999年3月，頁77～98）。
〔註21〕賀廣如先生認爲《老子本義》上下篇成於嘉慶二十五年（1820），代表魏源早期屬宋學一路之思想。其說頗有可參考之處，縱使後來《老子本義》在成書之際經過修正，但在《老子本義》上下篇中仍多見宋學概念之痕跡，如賀廣如先生曾舉《老子本義・下篇・第四十八章》：
　　……常全其本然之氣而不益生也，……任其自然之眞而不以心使氣也。益生由於多欲，多欲則居動作縱於外，飲食男女恣於內，……心使氣由於多忿，多忿則乖張決驟，而內不能自主；張脈興，而外不能自制。（見《老子本義・下篇・第四十八章》，頁64）
以及《老子本義・上篇・第二十一章》：
　　蓋人性之大與天地參，……王者，人道之盡，而與天地同者也。……道本自然，法道者亦法其自然而已。自然者，性之謂也。人而復性，則道之量無不全矣。（見《老子本義・上篇・第二十一章》，頁27）
爲對照說解，論述魏源當時視心爲情慾可蒙蔽者，以性爲德性之根源附會於《老子》，故其心性之見解與宋儒相似（其論述可見賀廣如：《魏默深思想探究──以傳統經典的詮說爲討論中心》，頁77～80）。而我們對照魏源道光元年（1821）所著的〈大學古本敘〉中亦言：「至善無惡人之性，可善可惡人之心」（見《魏源集》，頁138），可見其心性二分的概念。故以成書時間而言，從思想風格上也可推論其寫作時間就在這段時間附近，故嘉慶二十五年（1820）的記載自有其可信度。

故不取其說：

> 源案蘇解襲明爲傳襲之襲，與釋氏傳燈同旨，今不取。〔註22〕

只是就字義解釋上的誤謬評之。再如《老子本義》第三十二章釋《老子》「無名之樸，夫亦將無欲，無欲以靜，天下將自正」一句，其言：

> 諸家或無夫字，或作不欲，故其說謂聖人並此無名之樸，亦不欲存之於心。夫苟爲聖人所不欲，尚何謂「無名之樸」乎？此皆禪家隨手掃除之機，非黃老清靜自然之旨也。〔註23〕

以及《老子本義》第四十三章中批判諸家以釋家法身不壞之旨解「以其無死地」與黃老不倫：

> 其論無死地者，亦多釋氏法身不壞之旨，與黃老不倫，故並不取焉。〔註24〕

也只是批判一般注家引入佛禪概念的荒謬之說，並非就義理特質批判之。此外注說中亦多引莊子之言，並未大加批判，如《老子本義》第一章之注說：

> 老子之意，蓋以虛無爲天地之所由以爲天地者，莊子所謂建之以常無有也。以氣化爲萬物之所得以爲萬物者，莊子所謂主之以太一也。故其道其德，以虛無自然爲體，柔弱不盈爲用。〔註25〕

當中對於所謂的「虛無」，若就〈論老子〉四篇的概念而言，必當大力釐清莊周與老子之別，然此時卻無批判。再如《老子本義》第九章只對莊子之說作補充說明：

> 形物自著，莊子所謂以虛空不毀萬物爲實者，夫豈棄人事之實而獨任虛無也哉。〔註26〕

章末則引用朱子之語以表釋老之別與莊老之別：

> 朱子曰：「老子之學，以虛靜無爲、沖退自守爲主，與莊生、釋氏之恉，初不相蒙，而說者常欲合而一之，以爲神常載魄，而無所不知，此解老者之通蔽也。」〔註27〕

但除引用之外卻未另加案語對此概念深入闡釋，故知魏源在著《老子本義‧上下篇》時，在區分釋老與莊老之別的概念上，雖有其意但卻不嚴謹明確，一直到〈論老子〉四篇中方才大力從義理根本上區分釋老與莊老之別。若就成學背景而言，魏源雖早年即已接觸佛學，但約在道光八年（1828）遊杭州從學釋典之後才「潛心禪理，博

〔註22〕見《老子本義‧上篇‧第二十三章》，頁30。

〔註23〕見《老子本義‧上篇‧第三十二章》，頁42。

〔註24〕見《老子本義‧下篇‧第四十三章》，頁57～58。

〔註25〕見《老子本義‧上篇‧第一章》，頁2。

〔註26〕見《老子本義‧上篇‧第九章》，頁11。

〔註27〕見《老子本義‧上篇‧第九章》，頁11～12。

覽經藏」，而晚年更是皈依佛門。故知魏源精研佛禪既已是在道光八年（1828）之後，就常理推之，應該在更晚的時間方能以深刻之認識來明辨釋老。然此學術能力究竟成於何時，實在甚難論定，又不能完全排除魏源在最初精研之際即有心得並運用其概念來寫作〈論老子〉四篇的可能性。是以就魏源學佛的學術背景這方面而言，依可信的資料與常理推斷，〈論老子〉四篇之寫作時間最早應可以推論爲道光八年（1828）之後，晚於嘉慶二十五年（1820）所寫成的《老子本義》上下篇初稿與道光初年所補上的〈老子本義序〉。

　　此外，對於賀廣如先生所認爲〈論老子〉四篇可能成於道光二十五年（1845）至道光二十九年（1849）之間的說法，雖說有其論證成理之處，但換個角度來看，亦有可以商榷的地方。因魏源〈致鄧傳密信〉中「《老子本義》原係未定之稿」此未定之稿究竟是未補上〈論老子〉四篇的未定之稿？或是已補上〈論老子〉四篇但尚未作全書統整修正的未定之稿？由於沒有確實的文獻證據，實難論定。而若再就賀廣如先生所論來看，在道光二十年（1840）至咸豐五年（1855）之間，魏源的思想均與「三統說」密切相關〔註28〕。因此我們可以就其立論來推斷內含「三統說」思想的〈論老子〉四篇的著作期間亦有可能落在道光二十年（1840）至道光二十九年（1849）之間，甚至也有可能更早，而非只侷限在道光二十五年（1845）至道光二十九年（1849）之間。然而，魏源於二十一歲（嘉慶十九年（1814））入京時即從劉逢祿學公羊學，對於公羊學中「張三世」、「通三統」、「異內外」等三科九旨應已有所認識。至其融會貫通而讓公羊思想正式出現於著作之中，其最早可考者，賀廣如先生乃視之爲刊於道光二十年（1840）的《詩古微》二刻本。但這不能完全斷定魏源一直到著作《詩古微》二刻本時才運用到「三統說」的公羊思想。因爲一本著作

〔註28〕如賀廣如：《魏默深思想探究——以傳統經典的詮說爲討論中心》，頁70：
　　　　在本文的第四章中，將討論默深相當重要的一部著作——《詩古微》。是書有初刻本及二刻本之分，初刻刊於道光四年（1824），二刻刊於道光二十年（1840）。兩者之間最顯見的差異，即是二刻本深受董仲舒三統說的影響，而此一現象卻全然不見於初刻本之中。相對於《本義》（含《序文》）與《四論》的情形，頗爲類似，故《四論》的形成，亦很可能是在三統說生根於默深思想之後，換言之，默深著作《四論》的時間，很可能即與《詩古微》二刻本相去不遠。
　　頁73：
　　　　前文曾經談到，〈四論〉的著成時間，很可能與道光二十年《詩古微》二刻本的時間相去不遠，因二者的內容皆深受董仲舒的影響，亦即〈四論〉應成於三統說生根之後。今觀成於咸豐五年（1855）的《書古微》，三統義依然貫穿其中，是可知在道光二十年之後，咸豐五年之前，默深的思想均與三統說密切相關，故若依上述推論而將《老子本義》中的〈四論〉置於道光二十五年到二十九年之間，應不失爲一個合理的推測。

的形成，只能視之爲作者對當中所展現的學術或思想作一階段性的整理完成，並不能完全以此論定作者在之前的醞釀期中不存有相關概念。故依常理推之，在之前的醞釀期中，魏源的思想理路中亦應也會運用到相關的公羊學思想，亦有可能先將此概念表現於《老子本義》之中。《老子本義》中相關公羊學思想的文字多集中於〈論老子二〉中如：

> 太古之不能不唐虞三代，唐虞三代之不能不後世。一家高曾祖父子姓，有不能同。故忠質文皆遞以救弊，而弊極則將復返其初。孔子寧儉毋奢，爲禮之本，欲以忠質救文勝。是老子淳樸忠信之教，不可謂非其時，而啓西漢先機也。〔註29〕

其中所謂「忠質文皆遞以救弊」正是今文家常說的「文質交嬗」之概念。而公羊三世之概念在當中亦見痕跡，如：

> 今夫赤子乳哺時，知識未開，呵禁無用，此太古之無爲也；逮長，天眞未漓，則無實以嗜欲，無芽其機智，此中古之無爲也；及有過而漸喻之，感悟之，無迫束以決裂，此末世之無爲也。時不同，無爲亦不同；而太古心未嘗一日廢。夫豈形如木偶而化馳若神哉。〔註30〕

正是魏源引入此概念將「無爲」分作太古、中古與末世，以解釋在不同歷史環境之時，施行「無爲」於治世的情形亦不同。另外再如：

> 老氏書賅古今，通上下。上焉者羲皇、關尹治之以明道；中焉者良、參、文、景治之以濟世；下焉者明太祖誦「民不畏死」而心減，宋太祖聞「佳兵不祥」之戒而動色是也。儒者自益亦然，深見深，淺見淺。余不能有得於道而使氣焉，故貪其對治而三複也。〔註31〕

則是運用此概念爲歷代爲政用老者作一境界的區分：上者明道之世，中者治濟之世，下者戒殺之世。從以上可見魏源運用了「三世」的概念，來解釋歷史的變化，同時表達出《老子》思想在現實政治的使用上必須掌握住各個不同時代的狀況而因時、因地制宜。然此或可視爲將公羊學的基礎概念加以引申而運用於解老之上，但這究竟當出於魏源何時之思想？由於魏源接觸公羊學的時日甚長，卻也不易論斷。而人之思想形成是一連續而長期的歷程，未必就能將之明確劃分，是以道光二十年（1840）只能以一具備相關內證的可能時代視之，但未必是一絕對明確的劃分期。況且魏源對公羊思想的表現，實在道光二十年（1840）的《詩古微》二刻本前便已有相關著

〔註29〕見《老子本義·論老子二》，頁2～3。
〔註30〕見《老子本義·論老子二》，頁3。
〔註31〕見《老子本義·論老子二》，頁3。

述了，只是今日未見傳本而已。最可資爲探討的就是《董子春秋發微》一書，此書見於《清史列傳・魏源傳》所列，而未傳於今，只餘序言一篇〔註32〕，黃麗鏞先生疑其與魏耆《邵陽魏府君事略》中所列之《公羊古微》爲同一書〔註33〕。雖未知其詳細內容，但就書名與序言看來，可知爲魏源之公羊學著作。而觀序中所列目錄，各篇章內容應當是就《董子春秋》（董仲舒《春秋繁露》）的內容，以「張三世」、「通三統」、「異內外」等三科九旨爲之分門述例，其必是在魏源研究公羊思想有所心得的情形下方能著成〔註34〕。然而此書的著作時間究竟爲何？李瑚先生繫《董子春秋發微》之著作年代於道光二年（1822），並推測應爲道光五、六年（1825、1826）以前所作：

> 劉逢祿《詩古微序》云：「邵陽魏君默深治經，好求微言大義，由《董子書》以信《公羊春秋》，由《春秋》以信兩漢今文家法，既爲《董子春

〔註32〕《董子春秋發微》序見《魏源集》，頁 134～136。而就《魏源集》中所見，相關魏源公羊學的資料，尚收有〈公羊春秋論〉上下兩篇，然此二篇據賀廣如先生所考，乃劉逢祿所著，因後人不察而誤收入《魏源集》中（見賀廣如：《魏默深思想探究——以傳統經典的詮說爲討論中心》，頁 18 所考述），其說徵而可信，故不將此二篇視爲魏源著作來討論。

〔註33〕據黃麗鏞先生考證魏源著作中《公羊古微》、《公羊春秋微》、《董子春秋發微》三者疑爲同書異名，見黃麗鏞：《魏源年譜》（長沙：湖南人民，1985 年 1 月 1 版），頁 202之魏源著述目錄綜表。而李瑚先生則認爲此書成於道光三年（1823），據說亡失於辛亥革命之兵亂中，見李瑚《魏源研究》〈魏源〉，頁 21。

〔註34〕〈董子春秋發微序〉（見《魏源集》，頁 134～136。）一文起首即開宗明義：「《董子春秋發微》七卷，何爲而作也？曰：所以發揮公羊之微言大誼，而補胡母生條例、何邵公解詁所未備也。」再觀其目：

繁露第一：張三世例、通三統例、異內外例	俞序第二：張三世例
奉本第三：張三世例、三代改制	質文第四：通三統例
爵國第五：通三統例	符瑞第六：通三統例
仁義第七：異內外例、附公始終例	王道第八：論正本謹微兼譏貶例
順命第九：爵氏字例、尊尊賢賢	觀德第十：爵氏字例、尊尊親親
玉杯第十一：予奪輕重例	玉英第十二：予奪輕重例
精華第十三：予奪輕重例	竹林第十四：兵事例、戰伐侵滅入圍取邑表
滅國第十五：邦交例、朝聘會盟表	隨本消息第十六：邦交例、同上
度制第十七：禮制例、譏失禮	郊義第十八：禮制例、譏失禮
二端第十九：災異例	天地陰陽第二十：災異例
五行相勝第二十一：災異例	陽尊陰卑第二十二：通論陰陽
會要第二十三：通論春秋	正貫第二十四：通論春秋
十指第二十五：通論春秋	

乃是就《董子春秋》（董仲舒《春秋繁露》）的內容，以「張三世」、「通三統」、「異內外」等三科九旨爲之分門述例。

秋述例〉，以闡董、胡之遺緒，又于《書》則專申《史記》伏生大傳及《漢書》所載歐陽、夏侯、劉向遺說，以難馬鄭。於《詩》則表章魯、韓墜緒，以匡傳箋。既與予說重規疊矩；其所排難解剝，鉤沈起廢，則又皆足干城大道，張皇幽眇。申先師敗績失據之謗，箴後漢好異矯誣之疾。使遺文譚而復出，絕學幽而復明。其志大，其思深，其用力勤矣。」（《劉禮部集》，卷九，頁6）。此文無年月。按劉逢祿卒于道光九年，此文當作于道光初。文中所舉魏源著作，必曾見之。其中有《公羊春秋》、《董子春秋》、《詩古微》、《書古微》等。另據《寶慶府志》卷一〇一，《藝文略》載有《易象微》六卷，《大戴禮微》五卷，大約亦魏源此時著作。其後即從事《皇朝經世文編》等著作。從其思想發展來看，此數種書似亦應作于道光五、六年以前。〔註35〕

而賀廣如先生在說明劉逢祿〈詩古微序〉時則對此另有說明，認為其成書在逢祿寫〈詩古微序〉之後不久：

> 此外，序文中云：「邵陽魏君默深治經好求微言大義，由董子書以信《公羊春秋》，由《春秋》以信西漢今文家法。既為《董子春秋述例》，以闡董、胡之遺緒，又於《書》則專申《史記》、伏生《大傳》及《漢書》所載歐陽、夏侯、劉向遺說，以難馬、鄭，於《詩》則表章魯、韓墜緒，以匡《傳》、《箋》。……」文中所云之《董子春秋述例》今不傳，亦未見任何序文，目前可見的相關資料，唯《董子春秋發微》一書的序，蓋此書乃據《董子春秋述例》增刪改定而來，且著成時間應稍後於道光四年之《詩古微》，因《董子春秋發微序》中附有該書目錄，可得知此書大抵亦以《公羊》體例為主，書末並附逢祿《春秋公羊釋例》之通論大義，故此書的內容應與原先的《述例》相去不遠，而著作時間則稍後於《述例》，且應在逢祿寫《詩古微序》之後不久，是以逢祿寫此序時尚未得見。〔註36〕

在此必須先探討二人皆提到的《董子春秋述例》一書，此書完全不見魏源傳世著作中，甚至連序言、書目都沒有，不似《董子春秋發微》尚存書名與序言。是否為魏源傳世著作，值得懷疑。再觀劉逢祿〈詩古微序〉原文〔註37〕，乃一未加標點之刊

〔註35〕見李瑚：《魏源詩文繫年》（北京：中華書局，1979年3月1版），頁32～33。
〔註36〕見賀廣如：《魏默深思想探究——以傳統經典的詮說為討論中心》，頁17～18。
〔註37〕見劉逢祿《劉禮部集》卷九，頁六（《續修四庫全書》1501，集部別集類，續修四庫全書編纂委員會編，上海：上海古籍出版社，2002年，頁170）。

本，這「既爲董子春秋述例以闡董胡之遺緒」一句，恐怕爲二人所誤解。就二人引說的文字標點看來，皆理解作「既爲《董子春秋述例》」是以認爲魏源另著有《董子春秋述例》一書。然此句尚可理解作「既爲《董子春秋》述例」，那麼就表示魏源有爲《董子春秋》述例的著作，就內容看來很明顯便是《董子春秋發微》一書。如此便可以推論出其師劉逢祿在寫〈詩古微序〉時曾見過此書。由於劉逢祿此序寫在魏源《詩古微》初刻本刊布的道光四年（1824）之後〔註38〕，雖不知其年代，但當不晚於劉逢祿去世的道光九年（1829）。所以《董子春秋發微》的成書時間，當有可能落在魏源於二十一歲（嘉慶十九年（1814））從劉逢祿學公羊學到劉逢祿去世的道光九年（1829）之間。然就成學歷程來看，一個學識的成熟必須有一段時間的醞釀，故此書若無意外，應不致在魏源從學公羊初期就著成，故約略視爲道光初年著成應是合理的推斷。是以若就魏源公羊思想背景來推斷，〈論老子〉四篇的著作時間尚可向前推至道光初年。

　　然而此說之立論立場乃就《董子春秋述例》一書的存在是個誤會推論而成，但若是眞存有《董子春秋述例》一書，眞的是後世完全佚失其相關資料呢？若果眞存有這種情形，那麼在魏源著作書目中當增添此書，而《董子春秋發微》一書的著成時間便無法確實判斷〔註39〕。但卻不影響上述對〈論老子〉四篇著成時間之推論。因就此書名看來，同樣在道光初年魏源本身就有公羊學之著作，故見斯時魏源研究公羊思想便已有所心得，含有公羊思想的〈論老子〉四篇著於此時亦是可能之事。

　　是以就魏源佛學與公羊學的成學背景綜合看來，〈論老子〉四篇的著作時間應可以推論爲道光八年（1828）至道光二十九年（1849）之間。而賀廣如先生所持〈論老子〉四篇爲道光二十五年（1845）至道光二十九年（1849）之間著成的斷定，則是在立場上設定當時的「未定之稿」並未包括〈論老子〉四篇所致。

　　自嘉慶二十五年（1820）《老子本義》上下篇初稿完成到之後一至數年間重新補上的〈老子本義序〉，再到後來補上〈論老子〉四篇，最後在道光二十五年（1845）至道光二十九年（1849）之間《老子本義》的定稿完成，其間時日甚長，而魏源對書中各部分所作的修正，都可能使得我們對於各部分的著作確實時間判斷失眞。甚

〔註38〕賀廣如先生認爲《詩古微》初刻本最早的刻本非道光九年（1829）的修吉堂刊本，而在道光四年（1824）即有刻本。考證過程見賀廣如：《魏默深思想探究──以傳統經典的詮說爲討論中心》，頁98～104。

〔註39〕雖可由內容上推測《董子春秋發微》與《董子春秋述例》關係密切，但卻不知《董子春秋發微》是成於《董子春秋述例》著成之後或之前的那一個年代，最多只能推論爲魏源從學公羊之後的作品。

至我們也可以另外提出一些假設：

（1）〈論老子〉四篇在《老子本義》初稿中即已完成，但由於後來的大幅修改，使得其內容顯現出明辨釋老與魏源後期思想特色。

（2）〈論老子〉四篇中所含的公羊思想，實是作者將此思想置於著作中的首度呈現，故其著作時間可能早於道光初年的公羊學著作與道光二十年（1840）的《詩古微》二刻本。

（3）〈論老子〉四篇當中辨明釋老的概念可能在魏源早年接觸佛法時便已形成，故其著作時間尚早於魏源精研佛法之始的道光八年（1828）。

（4）由於〈老子本義序〉中亦有辨明釋老的說法，故現今所見之序文恐非當初嘉慶二十五年（1820）初稿之後補上的序文。就一般成書在前寫序在後的習慣，今所見序文可能是全書定稿之後所修定，已對當初初稿序文作了大幅修正，甚至重作，但卻未有再說明。是故現今所見之序文作成的時間尚晚於〈論老子〉四篇。

這些推測雖說在內證上未必能找到確實的證明，但卻仍有其可能性存在。而就思想的呈現順序而言，若作者自己未表明出時間與順序，有時外人的判斷，就算是就其它內證依理推之，仍難免可能有失真之處。所以如許冠三先生與賀廣如先生對於《老子本義》上下篇、〈老子本義序〉與〈論老子〉四篇的著作順序會有不同的見解，且在各自的設想與立場中成其道理，其所代表的是理論推演上的結果，至於與事實能否相近，在確實證據未出之前，那就甚難確定了。

是以在未知各部分確實著作年代之狀況下，要以之論斷各部分屬於魏源那一人生階段的感悟與思想，縱是以其生平為學狀況，旁敲側擊，依理推論，雖能在理論上圓一可能之說，但恐怕亦未能盡善於文獻堙沒之實。那麼在確實的文本證據尚未出現時，我們對一切推論仍採存疑態度。不過就目前所僅有的確定證據與文本內容推斷，我們大致上可以推論魏源是先著《老子本義》上下篇而後作序，之後再補上〈論老子〉四篇。並就常理推之，魏源在最後完稿前也應曾對《老子本義》上下篇、〈老子本義序〉與〈論老子〉四篇的內容作過修訂，而後修正完稿刊刻。所以對於《老子本義》的著作時間問題，我們大致可以作出以下的結論：《老子本義》上下篇的初稿完成時間應在嘉慶二十五年（1820），而〈老子本義序〉在之後一到數年間補上，〈論老子〉四篇有可能在道光八年（1828）之後補上，而全書的定稿則在道光二十五年（1845）至二十九年（1849）此段時間內。對於確實的成書時間，在未有明確證據出現之前，或許尚有探討之處。但在《老子本義》抄寫付梓之際，其內容應可代表斯時魏源對《老子》思想詮說的最後定論。

第二節　《老子本義》的內容介紹

魏源《老子本義》一書在形式結構上包括了〈老子本義序〉序文一篇，〈論老子〉四篇，〈史記老子列傳〉一篇，《老子本義》上下篇以及相關老子文獻記載的附錄。在各部分的內容上，〈老子本義序〉是爲闡述全書內涵旨意的書序。〈論老子〉四篇主要是對《老子》義理作詮說，並補充一些考據與章句上的見解。《老子本義》上下篇則爲《老子》原典的注釋說解。〈史記老子列傳〉是節錄自《史記》〈老子韓非列傳〉中相關老子的記載，並就其內容考證老子其人。附錄則列舉了一些相關老子的文獻記載。以下將以原書排列順序就各篇章的內容形式作介紹與說明。

一、〈老子本義序〉與〈論老子〉四篇

〈老子本義序〉與〈論老子〉四篇皆屬散體議論性文字。〈老子本義序〉屬全書之序文，其開宗明義地剖析黃老之學與老莊之學的差別與源流，以《老子》爲上古之書明其源流，論述其思想特色與「無爲」之眞義。次引史事論述《老子》思想確實可爲治世之用，但因後人未能區分黃老與莊老以及刑名之別，以致有所誤解。最末評論歷代注家之得失，感嘆世人解老多混同莊、釋之說以致失卻眞解，而使注老諸家未見善本，故以能解《老子》眞義自許，以明個人注老之態度與意圖。故此篇序文可謂是全書內容之槪要簡介，表現出魏源對《老子》源流、內容、考據與義理的綜合看法。

〈論老子〉四篇則是更深入性的議論文字，對《老子》義理進行多面性的剖析。〈論老子一〉乃明《老子》「言有宗、事有君」之理，乃以《老子》思想實有其本、有其宗爲立論基點，說明惟有抓住《老子》之本方能正確詮老、用老。以此批評歷代解老諸家執其一家之理而罔顧《老子》根本眞義，並就體用來批判莊、列、申、韓、鬼谷、范蠡之失。而魏源在此對於如何能解出《老子》眞義的見解便是要能「歸本」，而使一切不離宗，進而能無欲、致柔以致無爲而無不爲。表現出魏源所認爲的正確解老思想理路。〈論老子二〉則明《老子》思想乃源自古史官與黃帝，是爲太古之道術，有其可依持的根本，故能賅古今，通上下。但隨著時代的不同亦會有不同的彰顯方向與不同的應用方式。是以用老當視時代需要，將「無爲」適時而用，方才能發揮功效。是爲魏源就因時制宜之理而闡述《老子》可用於救世。〈論老子三〉則深入論述老子之道的特質，爲其釐清本源，劃清界線。分別就莊、列、楊朱、申、韓的思想特性進行析論，以辨明諸家思想與黃老之別。以此爲立論基準論述歷來學老、用老之得失，並舉歷史事例、人物以爲說明。是爲魏源對《老子》思想的辨明與澄清。〈論老子四〉則就思想特色辨明老、釋、儒之別。以《老子》之道主柔賓剛，

體用皆出於陰，與儒家聖人扶陽抑陰有別。以《老子》明生用世而釋家明死出世的思想特質表現二者之別，故不能相合，以明援佛解老之謬。最後再就一些注家的章句與注解作一簡評，並摒除怪誕之說。是爲魏源在大方向上就釋、儒相對於《老子》思想特質的釐清辨析，亦可見其在章句考證上的看法。〔註40〕

二、〈史記老子列傳〉

〈史記老子列傳〉是節錄自《史記》〈老子韓非列傳〉中相關老子的記載文字，而魏源以此段文字作爲他對老子身世與《老子》其書的概要說明。在引錄《史記》原文之各段敘述文字中，魏源以雙行夾註的方式對之進行說明，或引例證補充《史記》之說，或說明其中有疑義處，或抒個人之見，以表魏源對於老子其人考證的看法。除了引用《史記》中的文字外，文末另引《莊子·天下篇》之言對老子其人與學術思想作了一個綜合評論。大體看來，魏源對於《史記》中的記載並未有太多的質疑，故魏源在論述老子身世等問題時，乃以《史記》所載作爲基礎而加以補充。並認爲司馬遷的記載有去謬導正之功，而於注說中多有稱許。如於「老子隱君子也。老子之子名宗，宗爲魏將，封於段干。宗子注，注子宮，宮玄孫假，假仕於漢孝文帝。而假之子解爲膠西王卬太傅，因家於齊焉。」下之注文：

> 史記考證曰：漢武惑於神仙方士。故司馬遷作老子傳，著其鄉里，詳其子孫，以明老子亦人耳。非所謂乘雲氣、御飛龍，不可方物者也。故一則曰隱君子，再則曰隱君子。良史心苦矣。〔註41〕

而於「世之學老子者，則絀儒學，儒學亦絀老子。道不同不相爲謀，豈謂是邪？李耳無爲自化，清靜自正。」下之注文則言：

> 黃帝治效莫著於漢世，故史遷舉老子「我無爲而民自化，我好靜而民自正」之語，以明其宗恉，而正其末流也。〔註42〕

故可知魏源在論述老子身世等問題時，乃視《史記》所載爲老子身世的信史，並相當贊同司馬遷的記載與看法。以爲司馬遷之說頗能在現實上正確呈現老子身世，並表現《老子》於治世上的特色，可以明其宗旨而正其末流，因而成爲魏源論述老子其人的基礎資料。〔註43〕

〔註40〕就行文而言，由於本節此部分主在介紹《老子本義》中序言及〈論老子〉各部分的内容，故主在於敘述其內容概要，至於一些義理部分的深入探索將留待後面的章節再詳細論述。

〔註41〕見《老子本義·史記老子列傳》，頁8。

〔註42〕見《老子本義·史記老子列傳》，頁8。

〔註43〕在此先就〈史記老子列傳〉此部分的内容形式作介紹，而這當中關於魏源對老子其人

三、《老子本義》上下篇

　　《老子本義》上下篇所包括的為魏源對《老子》原文章句的分章和校正以及對《老子》原文的注釋說解。在《老子》原文的各段文字中，魏源以雙行夾注說明其章句取捨的原因與所採取參照的注本。正文篇末則採集解的方式，引述諸家之說，若有不足之處，則在其後加「案語」以為己意之詮解補充。章節區分則在每章文末以「右第某章」表示前文分章，若對此章於分章和字句上若有其他的補述，則在其下再以夾註說明。

　　在分章方面，《老子本義》與一般傳統常見的王弼本或河上公本有所不同，對此魏源是有其看法的：

　　　　河上公注不見漢志，隋始有之，唐劉知幾即斥其妄。所分八十一章，與嚴君平《道德指歸》所分七十二章，王弼舊本所分七十九章，皆大同小異。又谷神子以曲則全章末十七字為後章之首，唐君相以絕學無憂繫上章之末。訖元吳氏澄，近日姚氏鼐，又各以意合并之，而姚最舛矣。史遷統言著書五千餘言，而妄人或盡剪語詞以就五千之數。傅奕定本又多增浮文，王弼稱佳兵不祥章，多後人之言。傅奕謂常善救人四語，獨見諸河上之本。韓非最古，而所引恆遜於淮南。開元御注，而贅文臆加於食母。其佗漓玄酒，和大羹者，何可勝道。蚓夫流沙西去之誕，燕齊迂怪之譚哉。著其是，舍其非，原其本，析其歧。庶竊比於述而好古者。〔註44〕

其〈老子本義序〉中則言：

　　　　其五千言章句，以河上公所分及傅奕古本為最疵，而淮南所引為最善；其開元御注所加與韓非所述者，皆所可取也。〔註45〕

而在〈史記老子列傳〉「言道德之意五千餘言而去，莫知其所終」文下注解亦言：

　　　　漢書揚雄傳，言老聃著虛無之言兩篇，即史記所謂上下篇也。道藏稱漢景帝以老子意體宏深，改子為經，敕朝野通習。而唐明皇御注，又分道經德經之名。河上公八十一章注，則又各立篇名，皆臆造非古。故今惟分上篇下篇及第幾章。以復其舊。其字句之異，則釋文已謂老子本眾多乖。杜光庭謂後人或盡刪語詞以就五千之數，今尤不可不審擇也。

〔註46〕

　　事蹟的一些考證問題，將在後面探討魏源對老子其人的考證部分時詳述。
〔註44〕見〈論老子四〉，《老子本義・論老子》，頁6。
〔註45〕見《老子本義・老子本義序》，頁2。
〔註46〕見《老子本義・史記老子列傳》，頁8。

當中可見魏源對於諸版本的看法大概。對於注老三大古本，河上公本、嚴遵《道德指歸》本與王弼本，就其章句與分章上，魏源認為皆大同小異。但由於河上公本未見於《漢書‧藝文志》記載，到了《隋書‧經籍志》中始見明確記載，所以魏源贊同劉知幾的看法，對其成書年代有所質疑〔註47〕。此外，關於嚴遵《道德指歸》本，也是個在成書上頗富爭議性的文本，由於歷代傳抄佚失之故，到了清代已經多有殘缺，甚至被撰寫《四庫全書》總目的學者視為偽書〔註48〕，但魏源並未提出對其成書上的質疑。雖未知其故，但足見魏源對這三大古本的真偽問題，只對河上公本有所懷疑。另外對於章句區分上，魏源在〈論老子四〉中舉了前人兩個為他所認為不安之處。對於谷神子注嚴遵《道德指歸》本以曲則全章末十七字為後章之首，魏源並不贊同，是以於《老子本義》十九章下有所辨明：

〔註47〕《唐會要》卷七十七中記載了劉知幾對河上公本的看法：
今俗所行老子，是河上公注，其序云：河上公者，漢文帝時人，結草庵於河曲，乃以為號。所注《老子》，授文帝，因沖空上天。此乃不經之鄙言，流俗之虛語。按漢書藝文志，注《老子》者三家，河上所釋，無聞焉爾。豈非注者欲神其事，故假造其說耶。其理乖訛，豈如王弼所著，義旨為優，必黜河上公。（見王溥：《唐會要》（叢書集成初編，北京：中華書局，1985年初版），頁1408。）
而關於河上公本的作者、成書與真偽等問題，在過去曾受到許多質疑，如《四庫全書總目》即視該書為偽書（其詳細論述可見《四庫全書總目》（臺北：藝文印書館，1989年6版），頁2869。而張心澂先生所編著之《偽書通考》中亦陳列歷來諸說，述其原由（詳見《偽書通考》（臺北：臺灣商務印書館，1970年臺1初版），頁867～871）。鄭良樹先生所編著的《續偽書通考》中，亦羅列近代數篇相關考證文章說明其偽作狀況（詳見《續偽書通考》（臺北：臺灣學生書局，1984年6月初版），頁1403～1411）。綜觀其各類說法，大致皆認為此書為依託偽作，但對於確實成書時間與偽作者的斷定，至今尚多爭論與臆測。然觀當時魏源之質疑，主要當是依著「河上公注不見漢志，隋始有之」這個明確的理由，以之為成書年代的質疑。

〔註48〕關於嚴遵《道德指歸》本在成書上的問題，歷來亦多所爭論，由於歷代傳抄佚失之故，至清代已經殘缺，甚至被視為偽書。而《四庫全書》在收編《道德真經指歸》之時，由於編輯者認為此書可能是後代人偽造，是以在《四庫全書總目》中亦以偽書視之而敘其原由（詳細論述可見《四庫全書總目》，頁1869～2870）。而張心澂先生於其《偽書通考》中亦引《四庫全書總目》之言作偽書之證（見《偽書通考》，頁871～872）。但此書在現代經過學者多所考證後，亦有不以偽書視之者，而認為確是出自漢代嚴遵之作。然而自1973年馬王堆帛書《老子》的問世以後，考證《老子指歸》中所引用的《老子》文字，多與帛書《老子》相符合。此雖並不能作為嚴遵本與帛書《老子》屬同一傳本的直接證據，但卻也可作為一成書年代的輔證說明。其相關考證亦可見嚴靈峰：〈嚴遵老子指歸中總序與說目的真偽問題〉（收錄於《大陸雜誌》第64卷2期，1982年2月，頁36～40）與鄭良樹：〈從帛書《老子》論嚴遵《道德指歸》之真偽〉（收於《古文字研究》（七）1982年6月，頁243～273）二文所論。而鄭良樹先生所編著的《續偽書通考》中，亦羅列嚴靈峰先生與其個人之說以證明《道德指歸》實非偽作（詳見《續偽書通考》，頁1413～1431）。

晁氏說之曰:「嚴君平《老子指歸》,谷神子注,頗與諸本章句不同。如以曲則全章,末十七字屬下章之類。」姚氏鼐通下希言自然歧者不立爲一章,曰全言然三字爲韻。吾誠有全德而天下歸之,則希言而自然矣。飄風疾雨以下。釋枉則直窪則盈之意,信不足以下,皆內不足而故爲有餘,多則惑者也。說頗牽強。今不取。〔註49〕

至於唐代張君相以「絕學無憂」繫上章之末的作法,以其文義音韻皆不協,故魏源亦不贊同:

河上公以我自然以上爲一章,大道廢四句爲一章,絕仁棄義至末爲一章。今攷其詞義相承,別無更端。故永樂大典王弼本,合後兩段爲一章,得之矣。吳澄本並通三章爲一,於義尤備,故從之。至唐張君相以下章絕學無憂句,附此章之末而姚氏鼐從之,則文義音韻俱不協,今不取。〔註50〕

此外,在魏源的評價上,河上公本與傅奕本的章句瑕疵缺點可謂諸本中最多,並對於河上公本臆造各章篇名的狀況有所批判。在河上公本的部分,由於此書多養生家言,文字又多所脫落,亦多所誤解,各篇篇名本爲古無,臆造添加則有蛇足之嫌〔註51〕。故魏源如此批判,尚稱公允。然而傅奕本乃是傅奕依據北齊武平五年(西元574年)徐州項羽姜墓出土的古本與所見之眾多文本所校定,在校勘上深具價值,一向可校王弼本傳寫之誤〔註52〕。魏源卻以爲章句瑕疵最多,則未免失允。

〔註49〕見《老子本義・上篇・第十九章》,頁24。

〔註50〕見《老子本義・上篇・第十六章》,頁20。

〔註51〕如李勉:《老子詮證》(臺北:臺灣東華書局,1987年10月2版),頁214,對河上公本有評介:

戰國時河上老人撰,見隋書經志。但漢文帝時亦有河上公注老子二卷,今存。戰國時河上老人所撰之老子注至隋已亡佚,相傳與漢時所注者各爲一書,然四庫全書總目提要謂漢時河上公所撰老子注,其詞旨不類漢人,似戰國末方士之言,則漢時之河上公老子注疑即戰國末世之河上丈人老子注,蓋戰國末世河上丈人修道養身,延年益壽,至漢文帝時猶健在也。此書多養生家言,清晰精粹,但多脫誤字,亦多曲解。

〔註52〕如(宋)謝守灝《混原聖紀》中敘述了傅奕參酌校勘的各文本:

唐傅奕考覈眾本,勘數其字云:「項羽妾本,齊武平五年彭城人開項羽妾塚得;望安丘之本,魏太和中道士寇謙之得;河上丈人本,齊處士仇嶽傳家之本,有五千七百二十二字與《韓非・喻老》相參。」又洛陽有官本五千六百三十五字,王弼本有五千六百八十三字或五千六百一十字,河上公本有五千五百五十五字或五千五百九十字,并諸家之註多少參差然,歷年既久,各信所傳,或以他本相參,故舛戾不一。(收於《正統道藏》第30冊(臺北:新文豐出版公司,1988年12月再版),引文見《正統道藏》第30冊,頁55。)

魏元珪:《老子思想體系探索》,頁210~211,對傅奕本有評介:

傅奕著《老子注》二卷,已佚。所存者爲《傅奕校定古本老子》二卷,今存,

　　對於各以意合并之的吳澄與姚鼐，魏源雖認爲姚鼐本爲最舛，但卻認同了吳澄的分章方式。因此《老子本義》雖依古制，分上下篇而不立章名，但卻採取了吳澄《道德眞經注》的分章方式，分爲六十八章，上篇三十二章，下篇三十六章。雖說當中有些章節中的分句與文字與吳澄不同，但大體上是依據吳澄的分章方式。再就這兩個本子的比較而言，在文字上二者大致相同，其文字相異修改處多是魏源爲了要使字句通順簡潔，而依魏源所認爲的較佳文本來去掉一些助詞或作字詞上的修飾。不過對於部分章節的分句，魏源則明顯與吳澄有不同的意見〔註53〕。

　　經過對於二文本的文字及章句比較，可以發現魏源《老子本義》分章結構實是承襲吳澄《道德眞經注》而來。雖說自《老子本義》三十四章至五十七章之間似乎與吳澄《道德眞經注》分章次序不同，但此乃由於《老子本義》三十四章文句分合與吳澄不同而致後面文句章次不同，但基本文句結構除五十五章與吳澄五十四章有較大的不同外，其基本架構仍是大同小異，至五十七、五十八、五十九三章又因文句相合以致後面章次文句又與吳澄相同。而魏源在這些有所變動的章節中皆會評論吳澄章句區分的方式，以建己說而明吳澄之謬。故魏源《老子本義》所定《老子》文本之章句文字，可說是以吳澄《道德眞經注》爲基礎，旁及諸家文本，取其合意者，修正其所認爲誤謬者而成。而就魏源修正吳澄本以形成他所認可的《老子》章句文字之情形則可見幾個特徵：

　　（1）增減虛字、助詞。〔註54〕
　　（2）爲諧韻、通順、典雅或句式整齊而修正用字。〔註55〕

　　　　道藏本。按傅奕爲相州鄴人，貞觀十三年卒，注老子，並集魏晉以來與佛議駁者，爲高識篇，其注老子除與佛理相互辯駁外，更重音義，頗有建樹，傅奕並認爲「常善救人，故無棄人；常善救物，故無棄物」，乃獨得河上公而古本無之，是其善於校勘，頗有建樹。

　　　　而李勉：《老子詮證》，頁226，對傅奕本亦有評介：

　　　　　　書存，兩唐書志著錄，宋史藝文志作傅奕道德音義二卷，此書可校刊王弼本傳寫之誤。深具價值。

〔註53〕魏源對吳澄分章章句有不同意見處，主要在《老子本義》三十四章，三十五章、三十六章、五十五章、五十七章、五十八章與六十五章。而二者文本章次與文句之詳細比較，可參本論文附錄二：吳澄《道德眞經注》與魏源《老子本義》章句比較表。

〔註54〕如吳澄《道德眞經注》十七章：「眾人皆有餘，我獨若遺。」句，在魏源《老子本義》十七章中作「眾人皆有餘，而我獨若餘。」多一「而」字。（《道德眞經注》，頁52；《老子本義・上篇・第十七章》，頁21。）

　　　　再如吳澄《道德眞經注》二十章：「信不足焉，有不信焉。」與「故有道者不處也。」二句，在魏源《老子本義》二十章中，去其「焉」、「也」。（《道德眞經注》，頁66、67；《老子本義・上篇・第二十章》，頁25。）

〔註55〕如吳澄《道德眞經注》十四章：「孰能濁以靜之徐清，孰能安以動之徐生。」句，魏

（3）改正因避諱的用字。〔註56〕

（4）有古今通同字者，儘量從古字；有正字與異體字時儘量用正字。〔註57〕

（5）多本所呈之文字歧異時，除了魏源另有看法的之外，儘量以時代較早的古本文字爲主。通常魏源所取者以《韓非子》、《淮南子》所引與王弼本爲主，但其中對於《淮南子》所引文字多所認同，常以之爲校正。〔註58〕

大體上看來，魏源對吳澄本當中修正的部分大多有所依據，乃是依照與其它文本對校而來，並帶有魏源個人的取捨標準。

在《四庫全書總目》（子部，卷一四六，子部五六，道家類）中對於吳澄《道德真經註四卷》有評：

> 澄學出象山，以尊德性爲本。故此註所言，與蘇轍指意略同，雖不免援儒入墨，而就彼法言之，則較諸方士之所註精邃多矣。篇末有澄跋云：「莊君平所傳章七十二，諸家所傳章八十一，然有不當分而分者。定爲六十八章：上篇三十二章，二千三百六十六字。下篇三十六章，二千九百六十二字。凡五千二百九十二字。」然大抵以意爲之，不必於古有所考。蓋澄好竄改古經，故於是書亦多所更定。殆習慣成自然云〔註59〕。

就《老子本義》內容來看，對於吳澄「以意爲之，不必於古有所考」的態度，魏源似乎頗有師法之意。所以魏源對於《老子》章句字詞的取捨，其所重者乃在義理的

源《老子本義》十四章：從河上本作「孰能濁以止，靜之徐清；孰能安以久，動之徐生。」乃以「止」、「久」爲韻。（《道德真經注》，頁39；《老子本義・上篇・第十四章》，頁15。）

再如吳澄《道德真經注》六十三章：「是以兵強則不勝，木強則共。」句，魏源《老子本義》六十三章中爲諧韻從王弼本「共」作「兵」。（《道德真經注》，頁213；《老子本義・下篇・第六十三章》，頁88。）

〔註56〕如《老子本義》三十一章魏源從《韓非子》改「國」爲「邦」，以修正過去避漢諱的情況。（《老子本義・上篇・第三十一章》，頁39。）

〔註57〕如《老子本義》三十一章魏源從《韓非子》改「國」爲「邦」，以修正過去避漢諱的情況。（《老子本義・上篇・第三十一章》，頁39。）

〔註58〕如吳澄《道德真經注》第十六章：「見素抱朴，少私寡欲。」句，魏源《老子本義》十六章「抱」用古字「裒」。（《道德真經注》，頁48；《老子本義・上篇・第十六章》，頁18。）

再如吳澄《道德真經注》第十五章：「知常容，容迺公」句，魏源《老子本義》十五章改異體字「迺」用本字「乃」。（《道德真經注》，頁42；《老子本義・上篇・第十五章》，頁17。）

〔註59〕此狀況於《老子本義》中例子甚多，如吳澄《道德真經注》第六十五章：「受國之垢，是謂社稷主；受國之不祥，是爲天下王。」句，魏源《老子本義》六十五章作「能受國之垢，是謂社稷主；能受國之不祥，是爲天下王。」從《淮南子》加二「能」字。（《道德真經注》，頁218；《老子本義・下篇・第六十五章》，頁90。）

闡釋而非字詞的校詁。其字句的取捨與修改大體上是以是否簡潔而通順達理為原則，其目的乃在使語句簡潔通順而讓義理能夠完善表達，如《老子本義》第四十章對於「不出戶，知天下；不窺牖，見天道」此句文字下，魏源有註解說明：

《淮南子》戶牖下有兩以字，《韓非子》作「不出於戶，可以知天下；

不窺於牖，可以見天道」，傅奕本同，但無兩於字。〔註60〕

對於魏源所一向所認定的善本《淮南子》，在此並未以之為校勘而更動文字，仍以王弼本原文為主，推測應是取其文句簡潔所致。整體上看來，魏源對於所取用的文字，除非認為有明顯錯誤者外〔註61〕，多半不深入探索訓詁校勘上的問題。

不過《老子本義》在《老子》原文的呈現上，仍不免有一些文字上的訛誤現象。如在《老子本義》十六章中將「『功』成事遂」寫作『巧』成事遂」〔註62〕，卻未說明其原因與出處。再如《老子本義》二十章中將「同於德者德亦『得』之」寫作「同於德者德亦『德』之」〔註63〕，雖說魏源有引用王弼「德」、「得」互解之說〔註64〕，但此處既未說明，而就其後註解文意看來，仍是應作「得」字。然而此些情況究竟是魏源有心或無意為之？或者只是手民之誤？那就不得而知了。除了文字訛誤外，也有文字脫落的現象，如《老子本義》四十章中在「其出彌遠」後，就魏源的意見，應據《韓非子》、《淮南子》補上「者」字〔註65〕。但該章文字卻未作此呈現，明顯有脫落。看來應是魏源無意間疏漏或手民誤漏所致。

在《老子》原文字句的斷句、取捨與校正上，就《老子本義》中所見，魏源所參考與列舉的《老子》注家版本有河上公、嚴君平、鍾會、王弼、梁武帝、唐玄宗開元御注、張君相、龍興碑、陸希聲、傅奕、司馬光、蘇轍、劉驥、顧歡、李道純、薛蕙、黃茂材、程大昌、宋徽宗、李約、焦竑、陳景元、陳象古、王真、程俱、晁說之、葉夢得，邵若愚、彭耜、姚鼐、畢沅、趙立堅等注家的章句。另

〔註60〕見《四庫全書總目》（臺北：藝文印書館，1989年6版），頁2872。
〔註61〕一般而言，《老子本義》中對於所從的文本文字多半未明其考證原由，但偶爾亦有說明，如《老子本義‧下篇‧第四十五章》「是謂盜夸，非道哉」下註文中對《韓非子》所引有所辨正：

盜夸，《韓非子》作盜竽。案古韻虞麻通用，則竽麻皆協韻。《說文》竽夸皆亏聲。蓋篆文于作亏，是以形近致誤。畢氏沅謂古從于字皆訓大，故《爾雅》之訏字，毛詩之攷芋，皆為大義。隸文艸竹不分，《韓非》竽應作芋。而《韓非》明云：「一竽唱，眾芋和。」則本不作芋明甚。特夸義於通章為貫。故從河上王弼諸本。

〔註62〕見《老子本義‧上篇‧第十六章》，頁18。
〔註63〕見《老子本義‧上篇‧第二十章》，頁25。
〔註64〕見《老子本義‧下篇‧第四十三章》，頁58。
〔註65〕見《老子本義‧下篇‧第四十章》，頁54。

外亦取《莊子》、《列子》、《韓非子》、《淮南子》、《說苑》、《玉篇》、《太平御覽》、《經典釋文》、《永樂大典》中所載、所引之《老子》文字以爲參考。從觀察魏源對這些注家版本的處理態度上，而我們可以發現到，在《老子本義》中對於《老子》的章句文字有多本並呈待校之時，常取《淮南子》所引者爲正文，甚至認爲「韓非最古，而所引恆遜於淮南」，足見魏源對《淮南子》中相關《老子》引文的章句文字有著很大的認同。然而就版本上的校勘而言，《淮南子》中所見的《老子》文字乃是由西漢的《老子》通行本中而來，必然晚於《韓非子》中所引，故其校勘價值不及《韓非子》已是明確，但魏源卻以爲《韓非子》雖古但其所引比不上《淮南子》所引，而視《淮南子》其所引最善。雖說魏源並未深入言明其故，但我們可以就魏源對《老子》思想所抱持的源流見解來推測。由於魏源視《老子》思想源於黃老，而莊楊刑名只是《老子》思想的偏支。對於與黃老思想頗有關聯的《淮南子》，自然認爲當中所引是屬由正統源流而來。至於《韓非子》中的《老子》思想則認爲是自旁支而出，非屬能正確解義的正統源流，故其中所引之文字則有待斟酌。當然，也有可能是就魏源個人對《老子》文字上取捨的見解與《淮南子》中所引文字較符合，所以認同了《淮南子》所引。但不論如何，可知魏源並不是以一嚴謹的學術研究立場來評斷善本，而是以自己對各文本中義理敘述的感受來判斷善本與否。亦可知魏源對照諸本校勘《老子》的目的是要統合出一個他認爲是簡潔優美且通順達意的《老子》文字，並非在試圖還原《老子》古本的本來面貌。這種態度和乾嘉以來注解著重字義訓詁與章句校勘的傳統是有著很大的不同，甚至是有違嚴謹的學術研究觀念。

此外對於《韓非子》所引與開元御注中所加的文字，仍認爲有其可取之處。不過對於開元御注中一些臆加得過於離譜的文字，如「而貴食母」作「而貴求食於母」之類，以及將《老子》全書分立成道經、德經的方式，魏源卻以爲實不足取。

在每章正文完結後，魏源會對此章的章旨與內涵意義進行說解，有時也對篇章文字中的一些未在夾註中詳論的問題進行補充。在這些章末說解中，魏源有些篇章便直述個人看法，而有些篇章則引述諸家注說排比呈現，其所引述的有《莊子》、《列子》、《韓非子》、《金人銘》、揚雄、王弼、陸希聲、李約、陳懿典、司馬光、蘇轍、張耒、葉夢得、呂惠卿、林希逸、陸佃、董思靖、朱子、程俱、黃茂材、王道、王雱、劉概、吳澄、焦竑、李贄、薛蕙、葉思靖、李嘉謨、姚鼐、張爾岐等的注說或言語。形式上看似採集解之方式，但實際上在注說的選取上卻並非廣蒐諸家，而以取用能強化魏源詮解思想的注說爲主，若有不足，則在引述之後以己意加上「案語」作補充詮釋。是以袁昶在〈老子本義跋〉中評道：

　　　　道咸間迺有邵陽魏氏爲之本誼，裁剪諸家，下以己意，左右采獲，所
　　得較多。〔註66〕

不過魏源在引用諸家注說之時，亦常非是完整無誤地引述其他注家之文字，而是就
其他注家之文字爲基礎，融會其中意義與要旨以自作解說。如《老子本義》第七章
引吳澄語：

　　　　吳氏澄曰：所舉居善地以下數事，皆擇取眾人之所善者以爲善。非上
　　善也。惟有此善而能不爭。如水之源處上而甘處於下。乃上善也。眾人惡
　　處下則必好處上。欲上人者有爭心，有爭則有尤矣。不爭則何尤之有。〔註67〕

而觀吳澄《道德眞經注》第七章的注說在《老子》「居善地，心善淵，與善仁，言善
信，政善治，事善能，動善時。」之文字下作：

　　　　彼眾人所善則居之，善必得地，心之善必如淵，淵謂靜深，與之善必
　　親仁，與謂伴侶仁，人言之善必有信，政之善貴其治，事之善貴其能，動
　　之善貴其時，謂當其可七者之善，皆擇取眾人之所好者爲善，可謂之善非
　　上善也。

在「夫唯不爭，故無尤。」下則作：

　　　　夫惟有道者之上善，不爭處上而甘於處下，有似夫水，故人無尤之者，
　　尤謂怨咎眾人，惡處下而好處上，欲上人者有爭心，有爭則有尤矣。〔註68〕

再如《老子本義》第十六章引陸希聲說解：

　　　　陸氏希聲曰：太古有德之君，無爲無迹。故下民知有之而已。德既下
　　衰，仁義爲治。天下被其仁，故親之；懷其義，故譽之。及仁義不足以治
　　其治，則以刑法爲政，故下畏之。及刑法不足以服其意，則以權譎爲事，
　　故下侮之。此皆由誠信遞降，故漸有不信。若夫在上者行不言之教，而及
　　其成功，百姓各遂其性，皆曰：我自然而然。則親譽畏侮之心不生於世矣。〔註69〕

而陸希聲《道德眞經傳》則作：

　　　　太古有德之君，无爲无迹，故下民知有之而已，謂帝力何有於我哉。
　　德既下衰，仁義爲治。天下被其仁，故親之；懷其義，故譽之。仁義不足
　　以治其心，則以刑法爲政，故百姓畏之。刑法不足以制其意，則以權譎爲
　　事，故眾庶侮之。於乎心之有孚謂之誠，言之可復謂之信，誠既不孚，言

〔註66〕見《老子本義・跋》，頁2。
〔註67〕見《老子本義・上篇・第七章》，頁8～9。
〔註68〕以上二引文見吳澄：《道德眞經注》，頁22～23。
〔註69〕見《老子本義・上篇・第十六章》，頁19。

則不復，而猶貴重爽言謂之誠信可乎哉。道德既隱，仁義乃彰，仁義不行，
刑法斯作，而猶尊尚末術，謂之道德可乎哉。聖人則不然，執古御今，斷
雕爲樸，功成而不執，事遂而无爲，有法无法，因時爲業，使百姓咸遂其
性，皆曰：我自然而然。則親譽畏侮之心皆不生於世矣！〔註70〕

皆可明顯看出魏源是就吳澄、陸希聲的意義基礎上，另作簡略的文字說解，並非完
整引用他們的注說。

　　而魏源所採用的諸家注說或言論多做正面上的輔助說解，偶爾也有用作反證或
爲魏源所析正的情況，就這些諸家注說或言論的出現狀況，可表列如下：

說解或注家	出　現　章　節
《莊　子》	一、九、十三、十八、十九、三十三、四十三、六十八。
《列　子》	一。
《韓非子》	二十二、四十三、四十六（以其所作非本旨）、五十二、五十八。
〈金人銘〉	五十七。
揚　雄	五十七。
王　弼	二十、三十一、三十三、三十四、三十五、三十六、三十七、三十九、四十三、四十四、四十五、五十、五十二、五十六、五十八、六十、六十一、六十二、六十八。
陸希聲	十六、三十五、六十三。
李　約	四、十一。
陳懿典	四十二、四十六、六十。
司馬光	二十、三十七。
蘇　轍	一、四、七、十五、十九、二十三（除正面說解外亦舉其說中解襲明爲傳襲之襲與釋氏傳燈同旨，故不取）、二十七、二十九、三十一、三十二、三十三、三十八、四十二、四十八、四十九、五十一（另以其「釋早服而以服人爲言」爲偏義）、五十四、五十五、五十七、五十八、六十一、六十三、六十七。
張　耒	六十一。
葉夢得	三十八、五十八。
呂惠卿	七、十、十一、十二、十三、十九、二十、二十二、二十五、二十八、二十九、三十、三十二、三十五、三十七（以其說法有失）、四十、四十二、四十五、四十六、四十七、四十八、五十、五十一、五十四、五十六、五十七、六十、六十二、六十三、六十七。

〔註70〕見陸希聲《道德眞經傳》（宛委別藏096，臺北：臺灣商務印書館，1981年10月初
版），頁21～22。

林希逸	三十。
陸　佃	二十五。
董思靖	五十七。
朱　子	九、五十一。
程　俱	六。
黃茂材	五十三。
王　道	十八、二十四、三十一、五十四、五十五。
王　雱	五十五、六十七。
劉　概	五十五。
吳　澄	二（以其所釋非本意）、五、七、十二、十三、十六、二十、二十八、三十、三十一、三十三、三十四、三十五、三十六、三十八、四十、四十一、四十三、四十六、五十、五十一（另以其「釋有國謂喻人之保有此身」爲偏義）、五十三、五十五、六十（以其所改未得本旨）、六十三、六十七、六十八。
焦　竑	一、九、十八（以其說爲非本旨）、二十五、三十三、三十六、四十一、五十八、六十、六十八。
李　贄	七、九、二十三、三十四、六十、六十一。
薛　蕙	十、二十五、三十七。
葉思靖	十一。
李嘉謨	六、十六、十八、二十二、二十四、二十六、二十七、二十八、三十四、三十五、三十六、三十九、四十、四十一、四十四、四十九、五十一、五十四、五十五、五十六、六十。
姚　鼐	二（以其所釋非本意）、十八（以其說爲非本旨）、三十二、三十六（駁其認爲有錯簡之說法）、五十一、六十七。
張爾岐	三、九、二十八、三十六（駁其認爲有脫文之說法）、三十七、四十四、四十五、六十一、六十二。

　　觀其當中所引用的注說中以王弼、呂惠卿、蘇轍、吳澄、李嘉謨等人的注說佔了大部分。而這些注家是否對魏源解老方向有深刻的影響？恐怕除了吳澄的分章方式得到魏源的認同外，對於其它各家魏源則多未給予太高的評價，即使是魏源在說解《老子》時常引用的注家。這主要是魏源對《老子》思想的特質已有立場定調，視其乃有別於刑名莊釋，若注說的義理性格不獲魏源認同，亦被評論爲不能得《老子》眞義。如魏源在評論各《老子》注家時曾有所批判：

　　　　後世之述老子者，如韓非有喻老、解老，則是以刑名爲道德，王雱、

　　　　呂惠卿諸家皆以莊解老，蘇子由、焦竑、李贄諸家又動以釋家之意解老，

　　　　無一人得其眞。〔註71〕

認爲傳世的解老之作中，多流於刑名莊釋，故無一得《老子》眞義。不過，他對於
這些著作雖未必全然認同，但對於當中能合己意所用的注說部分，仍是視需要而引
以爲用。所以其注說之取用仍是以能合乎個人看法爲準則，未必代表魏源對該注家
的全面認同。另外在說解上，我們發現魏源所著重的，乃以能闡發老子義理的實用
價値爲主，盡量避免所謂養生、虛無之相關解讀，而落實到其所認爲的眞理建立與
社會人生的現實應用來說解。如在解說《老子》第三章「是以聖人之治，虛其心，
實其腹，弱其志，強其骨。」時，魏源引張爾岐之語評論：

　　　　　　張氏爾岐謂聖人之治於華譽之事則務空之，於質樸之業則務充之，於
　　　　爭競之端則務塞之，於自玄之實則務崇之，使民無知而不生分別之見，無
　　　　欲而不起貪得之心。其說亦通，至後世養生家亦借四者爲說，則舛矣。〔註72〕

在解說《老子》第七章「天長地久。天地所以能長久者，以其不自生，故能長生。
是以聖人後其身而身先，外其身而身存。非以其無私邪，故能成其私。」時引程俱
之語評論：

　　　　　　程氏俱曰：「天地人一源耳！天之所以爲天，地之所以爲地，人之所
　　　　以爲人，則認以爲己，曰人耳人耳，謂其有身不可以不愛也，而營分表之
　　　　事，謂其養生不可以無物也，而騁無益之求。貴其身而身愈辱，厚其身而
　　　　身愈傷，是世之喪生者，非反以有其生爲累邪！」黃老之愷如此，豈養生
　　　　家自私其身者所能託哉！〔註73〕

在《老子》第五十章相關「出生入死」等文字詮說之末則言：

　　　　　　諸家乃謂求生而反之死者，爲鍊形衛生之徒，並上兩者爲二事，則鑿
　　　　而難通矣。其論無死地者，亦多釋氏法身不壞之旨。與黃老不倫，故並不
　　　　取焉。〔註74〕

可見魏源對於《老子》義理的發揮，是傾向於魏源所認爲有益於社會人生的現實面
來進行，而其說理更必須是明確且能獲致實用的。更反對用道家玄理或養生之說來
詮說。這種詮說立場自然是由於魏源本身的義理性格所致，從中亦可看出其對《老
子》詮說所採取的基本態度。由於章節內容安排之故，在此以論述《老子本義‧上
下篇》之內容形式爲主，關於魏源在《老子本義》中對於《老子》義理的詮釋態度，

〔註71〕見《老子本義‧老子本義序》，頁2。
〔註72〕見《老子本義‧上篇‧第三章》，頁4。
〔註73〕見《老子本義‧上篇‧第六章》，頁7～8。
〔註74〕見《老子本義‧下篇‧第四十三章》，頁57～58。

只能作點水式的概述，在後續的章節中，將有更詳盡的探討。

四、《老子本義》的附錄

　　《老子本義》的附錄部分引用了一些古籍中相關老子言行的記載，對於老子事蹟作了補充說明。按《老子本義》的附錄編排方式，依次先引用《說苑》所記老子見其師常樅之事，以明老子守柔之思想淵源。引《莊子》中的記載說明老子去世之事。引《史記·孔子世家》、《史記·孔子弟子列傳》、《禮記·曾子問》、《莊子》及《太平御覽》所引用的《莊子》佚文等記載，說明孔子與老子之間的交流情形。引《呂氏春秋》及《說苑·敬慎篇》中的記載說明老子思想上「貴公」與「戒慎」的特性。最後引《荀子》關於孔子觀周金人銘之事，再加上王應麟的說解以明黃老源由。

　　若就歷代關於老子其人的記載或相關論述而言，其數量自是甚多。但就魏源所引用的記載來觀察，卻見其並不是全面性地搜羅各經典相關記載而納入，而是具有選擇性的。至於其選擇性的態度，雖未言明，但我們可在魏源引用《莊子》中相關老子的記載文字裡看出一二。如關於老子死亡之事，其附錄中引用《莊子·養生主》中的記載，在引用文字的呈現上並無裁剪斷章〔註75〕，以明老子亦是具有生老病死之常人，非神化了的仙人，帶著駁斥種種神話式傳說的意味，足見其實事求是而以現實人生為本的態度。這就魏源本身講究致用之學的學術性格而言，是必然的取向，而且也是他一向所強調的。不過在關於孔子見老子之事上，考諸魏源在附錄裡對於《莊子》中相關記載資料的取捨，就很值得玩味了。從中可以顯現出魏源基於儒者立場，在資料取捨處理上的態度。

　　魏源雖並未如許多傳統儒者一般否定孔子見老之事，但在處理《莊子》相關記載資料時卻多斷章剪裁，從中截取在其意識析辨中認為可用之記載，以之為附錄資料〔註

〔註75〕其附錄中引用《莊子·養生主》中的記載說明老子去世之事：
　　　　莊子曰：老聃死，秦失弔之，三號而出。弟子曰：「非夫子之友邪？」曰：「然。」
　　　　「然則弔焉若此可乎？」曰：「然。始也吾以為其人也，而今非也。向吾入而弔
　　　　焉，有老者哭之，如哭其子；少者哭之，如哭其母。彼其所以會之，必有不蘄言
　　　　而言，不蘄哭而哭者。是遁天倍情，忘其所受，古者謂之遁天之刑。適來，夫子
　　　　時也；適去，夫子順也。安時而處順，哀樂不能入也，古者謂是帝之縣解。」指
　　　　窮於為薪，火傳也，不知其盡也。（見《老子本義·附錄》，頁1。）
〔註76〕對於孔子見老之事，附錄中引《莊子·天道》：
　　　　莊子曰：孔子西藏書於周室。子路謀曰：「由聞周之微藏史有老聃者，免而
　　　　歸居，夫子欲藏書，則試往因焉。」孔子曰：「善。」往見老聃，（見《老子本義·
　　　　附錄》，頁3。）
　　　與《莊子·天運》：
　　　　又曰：孔子行年五十有一而不聞道，乃南之沛見老聃。老聃曰：「子來乎？

76〕。雖以《莊子》所記載爲孔子見老之佐證，但對於《莊子》中其它諸多具有揶揄或批判孔子意味的記載則有意忽略不取〔註77〕。可見對於孔子見老之說，魏源雖肯定

吾聞子，北方之賢者也，子亦得道乎？」（見《老子本義・附錄》，頁3。）

這兩條記載，但在引《莊子・天道》的記載中卻略去了以下文字：

而老聃不許，於是繙十二經以說。老聃中其說，曰：「大謾，願聞其要。」孔子曰：「要在仁義。」老聃曰：「請問，仁義，人之性邪？」孔子曰：「然。君子不仁則不成，不義則不生。仁義，眞人之性也，又將奚爲矣？」老聃曰：「請問，何謂仁義？」孔子曰：「中心物愷，兼愛無私，此仁義之情也。」老聃曰：「意，幾乎後言！夫兼愛，不亦迂乎！無私焉，乃私也。夫子若欲使天下無失其牧乎？則天地固有常矣，日月固有明矣，星辰固有列矣，禽獸固有群矣，樹木固有立矣。夫子亦放德而行，循道而趨，已至矣；又何偈偈乎揭仁義，若擊鼓而求亡子焉？意，夫子亂人之性也！」（見（清）郭慶藩編：《莊子集釋》（王孝魚整理，臺北：群玉堂出版事業有限公司，1991年10月初版），頁477～479。）

而引《莊子・天運》的記載中則略去了以下文字：

孔子曰：「未得也。」老子曰：「子惡乎求之哉？」曰：「吾求之於度數，五年而未得也。」老子曰：「子又惡乎求之哉？」曰：「吾求之於陰陽，十有二年而未得。」老子曰：「然。使道而可獻，則人莫不獻之於其君；使道而可進，則人莫不進之於其親；使道而可以告人，則人莫不告其兄弟；使道而可以與人，則人莫不與其子孫。然而不可者，無佗也，中無主而不止，外無正而不行。由中出者，不受於外，聖人不出；由外入者，無主於中，聖人不隱。名，公器也，不可多取。仁義，先王之蘧廬也，止可以一宿而不可久處，覯而多責。（見（清）郭慶藩編：《莊子集釋》，頁516～517。）

從這兩則資料中略去的文字看來，魏源只舉孔子見老之事，但卻將當中對於孔子的批判部分給省略掉了。

〔註77〕在《莊子》中言孔子見老的記載尚有如《莊子・天道》：

孔子見老聃而語仁義。老聃曰：「夫播穅眯目，則天地四方易位矣；蚊虻噆膚，則通昔不寐矣。夫仁義憯然乃憤吾心，亂莫大焉。吾子使天下無失其朴，吾子亦放風而動，總德而立矣，又奚傑然若負建鼓而求亡子者邪？夫鵠不日浴而白，烏不日黔而黑。黑白之朴，不足以爲辯；名譽之觀，不足以爲廣。泉涸，魚相與處於陸，相呴以溼，相濡以沫，不若相忘於江湖！」孔子見老聃歸，三日不談。弟子問曰：「夫子見老聃，亦將何規哉？」孔子曰：「吾乃今於是乎見龍！龍，合而成體，散而成章，乘雲氣而養乎陰陽。予口張而不能嗋，予又何規老聃哉！」子貢曰：「然則人固有尸居而龍見，雷聲而淵默，發動如天地者乎？賜亦可得而觀乎？」遂以孔子聲見老聃。

《莊子・天運》：

孔子謂老聃曰：「丘治《詩》《書》《禮》《樂》《易》《春秋》六經，自以爲久矣，孰知其故矣；以奸者七十二君，論先王之道而明周、召之跡，一君無所鉤用。甚矣夫！人之難說也，道之難明邪？」老子曰：「幸矣子之不遇治世之君也！夫六經，先王之陳跡也，豈其所以跡哉！今子之所言，猶跡也。夫跡，履之所出，而跡豈履哉！夫白鶂之相視，眸子不運而風化；蟲，雄鳴於上風，雌應於下風而風化；類自爲雌雄，故風化。性不可易，命不可變，時不可止，道不可壅。苟得於道，無自而不可；失焉者，無自而可。」孔子不出三月，復見曰：「丘得之矣。

其眞，但對於《莊子》中批判孔子的文字卻不完全認同，或者認爲不足採信。所以在編纂態度上便有所取捨。雖說對於《莊子》中對孔子有批判意味的記載，魏源有意忽略，但他卻引了今本《莊子》未見而在《太平御覽》中所載的兩段《莊子》逸文：

> 又曰：老子見孔子徒弟子五人，問曰：「前爲誰？」對曰：「子路勇且多力。」其次子貢爲智，曾子爲孝，顏回爲仁，子張爲武。老子歎曰：「吾聞南方有鳥，其名爲鳳，鳳之所居也，積石千里，河水出下，鳳鳥居止。天爲生食，其樹名瓊，枝高百仞，以璆琳琅玕爲實。天又爲生離珠，一人三頭遞起以伺琅玕，鳳鳥之文，戴聖嬰仁，右智左賢。」〔註78〕

以及：

> 又曰：孔子讀春秋，老聃踞竈觚而聽。〔註79〕

從這兩條資料上可以看到其中對孔子並無太大的批判，並且還含有尊孔意味。此二

烏鵲孺，魚傅沫，細要者化，有弟而兄啼。久矣夫丘不與化爲人！不與化爲人，安能化人！」老子曰：「可。丘得之矣！」
《莊子·田子方》：

> 孔子見老聃，老聃新沐，方將被髮而乾，慹然似非人。孔子便而待之，少焉見，曰：「丘也眩與，其信然與？向者先生形體掘若槁木，似遺物離人而立於獨也。」老聃曰：「吾遊心於物之初。」孔子曰：「何謂邪？」曰：「心困焉而不能知，口辟焉而不能言，嘗爲汝議乎其將。至陰肅肅，至陽赫赫；肅肅出乎天，赫赫發乎地；兩者交通成和而物生焉，或爲之紀而莫見其形。消息滿虛，一晦一明，日改月化，日有所爲，而莫見其功。生有所乎萌，死有所乎歸，始終相反乎無端而莫知乎其所窮。非是也，且孰爲之宗！」孔子曰：「請問遊是。」老聃曰：「夫得是，至美至樂也，得至美而遊乎至樂，謂之至人。」孔子曰：「願聞其方。」曰：「草食之獸不疾易藪，水生之蟲不疾易水，行小變而不失其大常也，喜怒哀樂不入於胸次。夫天下也者，萬物之所一也。得其所一而同焉，則四肢百體將爲塵垢，而死生終始將爲畫夜而莫之能滑，而況得喪禍福之所介乎！棄隸者若棄泥塗，知身貴於隸也，貴在於我而不失於變。且萬化而未始有極也，夫孰足以患心！已爲道者解乎此。」

〔註78〕該記載可見於《太平御覽》九百一十五卷：

> 老子見孔子從弟子五人，問曰：「前爲誰？」曰：「子路爲勇。其次子貢爲智，曾子爲孝，顏回爲仁，子張爲武。」老子歎曰：「吾聞南方有鳥，其名爲鳳，所居積石千里。天爲生食，其樹名瓊枝，高百仞，以璆琳琅玕爲實。天又爲生離珠，一人三頭，遞臥遞起，以伺琅玕。鳳鳥之文，戴聖嬰仁，右智左賢。」（見（宋）李昉等撰：《太平御覽》（臺北：國泰文化事業有限公司，1980年正月初版），頁4056～4057。）

文字與魏源所引略有不同，可能是因作者依據版本不同，亦有可能是作者對當中文字有所修正之故。

〔註79〕該記載可見於《太平御覽》一百八十六卷：

> 莊子曰：仲尼讀春秋，老聃踞竈觚而聽。（見《太平御覽》，頁903。）

文字與魏源所引亦略有不同。

條資料雖是今本《莊子》所無，而其可信度可能與《莊子》外雜篇中一些寓有批判孔子意味的孔子見老記載一般，均可謂甚低，但魏源仍取用之。所以從這當中可以發現，魏源在自我思想的根本上仍是以儒家爲尊的，對於《莊子》中以道家立場對孔子的批判並不認同，而他也帶著這種態度來作爲對於附錄中記載選取的標準。雖說是收集關於老子的記載，但卻也盡量不願讓當中有爲他所不認同的批判孔子文字出現。這種態度就純粹的學問研究而言，固然是並不客觀的。但我們卻也可從這個現象中了解魏源本身在寫作《老子本義》時的主觀態度，是以一個帶著儒家意識的儒者立場爲立論點的。

另外在附錄中亦有資料出處記載上的考據疏失，如附錄中對於孔子至周，觀太廟金人背銘之事，所引資料前註有「荀子曰」〔註80〕，看似乃引自《荀子》中的相關記載，但其相關文字考之今本《荀子》則未見，若非另有所本，應是引自《太平御覽》中所載〔註81〕。然魏源所引用文字亦與《太平御覽》中有所不同，卻與《說苑・敬愼篇》中所記載的相關文字相類，而與《孔子家語・觀周》中所記載的相關文字類似度更高〔註82〕，是以「荀子曰」可能是參考《太平御覽》所載之荀子言，

〔註80〕該資料於《老子本義・附錄》中作：

> 荀子曰：孔子觀周，入后稷之廟，右陛之前，有金人焉，三緘其口，而銘其背曰：「古之愼言人也，戒之哉！無多言，多言多敗。無多事，多事多患。安樂必戒，無所行悔。勿謂何傷，其禍將長。勿謂何害，其禍將大。勿唱不聞，神將伺人。焰焰不滅，炎炎若何。涓涓不壅，終爲江河。綿綿不絕，或成網羅。毫末不札，將尋斧柯。誠能愼之，福之根也。曰是何傷，禍之門也。強梁者不得其死，好勝者必遇其敵。盜憎主人，民怨其上。君子知天下之不可上也，故下之；知衆人之不可先也，故後之。溫恭愼德，使人慕之。執雌持下，人莫踰之。人皆趨彼，我獨守此。人皆惑之，我獨不徙。內藏我智，不示人技。我雖尊高，人弗我害。誰能於此？江海雖左，長於百川，以其卑也。天道無親，而能下人。戒之哉！」孔子既讀斯文也，顧謂弟子曰：「小子識之，此言實而中，情而信。（見《老子本義・附錄》頁4。）

〔註81〕《太平御覽》三百九十卷：

> 孫卿子曰：贈人以言，重於金石珠玉；傷人以言，重於刀戟；觀人以言，美於黼黻文章；聽人以言，樂於鍾鼓琴瑟。
>
> 又曰：金人銘曰：周大廟右階之前有金人焉，三緘其口而銘其背曰：我古之愼言人也，戒之哉，無多言，無多事，多言多敗，多事多害。（見《太平御覽》，頁1804。）

〔註82〕在《說苑・敬愼篇》作：

> 孔子之周，觀於太廟右陛之前，有金人焉，三緘其口，而銘其背曰：「古之愼言人也，戒之哉，戒之哉！無多言，多言多敗；無多事，多事多患。安樂必戒，無行所悔。勿謂何傷，其禍將長；勿謂何害，其禍將大；勿謂何殘，其禍將然；勿謂莫聞，天妖伺人；熒熒不滅，炎炎奈何；涓涓不壅，將成江河；綿綿不絕，將成網羅；青青不伐，將尋斧柯；誠不能愼之，禍之根也；口是何傷？禍之門也。

而其修正文字的參考文獻則可能爲《孔子家語》，但魏源對此狀況卻未詳述其資料引用狀況。

　　綜觀附錄的資料選取，在詳實度上並不是很完整。故選取資料的目的，並非在羅列諸說，而是在作爲強化己說的例證。是以其中不免帶著主觀態度，但卻可從中看到魏源的學術意識傾向。

　　就《老子本義》全書的寫作形式、結構與內容來看，其中包括了魏源對老子身世的考證，對《老子》原典的解說以及對《老子》義理的闡發，表現出魏源對於《老子》的研究成果、心得與義理發揚。整體而言，在考證與校釋上的部分顯得較粗略，而著重於原典的章句說解與義理闡發。不論是注家說解的選取或文獻資料的引證，乃以能強化魏源解老立場者爲主，並非全面性的羅列。基本上，魏源極欲將《老子》思想與莊列一系的道家思想中抽離區分，故在態度上極欲將《老子》源流歸於黃老，突顯《老子》思想的實用性與獨特性。基於此種立論態度，魏源將用什麼樣的方式來架構他的詮老體系？我們將在下一章進行探討。

　　強梁者不得其死，好勝者必遇其敵；盜怨主人，民害其貴。君子知天下之不可蓋也，故後之下之，使人慕之；執雌持下，莫能與之爭者。人皆趨彼，我獨守此；衆人惑惑，我獨不從；內藏我知，不與人論技；我雖尊高，人莫害我。夫江河長百穀者，以其卑下也；天道無親，常與善人；戒之哉！戒之哉！」孔子顧謂弟子曰：「記之，此言雖鄙，而中事情。詩曰：『戰戰兢兢，如臨深淵，如履薄冰。』行身如此，豈以口遇禍哉！」（（漢）劉向著／趙善詒疏證：《說苑疏證》（臺北：文史哲出版社，1986 年 10 月臺 1 版）頁 292～293。）
　　而在《孔子家語・觀周》中則作：
　　　　孔子觀周，遂入太祖后稷之廟，廟堂右階之前，有金人焉，三緘其口，而銘其背曰：「古之慎言人也，戒之哉！無多言，多言多敗·無多事，多事多患·安樂必戒，無所行悔。勿謂何傷，其禍將長。勿謂何害，其禍將大。勿謂不聞，神將伺人。燄燄不滅，炎炎若何。涓涓不壅，終爲江河。綿綿不絕，或成網羅。毫末不札，將尋斧柯。誠能慎之，福之根也。曰是何傷，禍之門也。彊梁者不得其死，好勝者必遇其敵。盜憎主人，民怨其上。君子知天下之不可上也，故下之；知衆人之不可先也，故後之。溫恭慎德，使人慕之。執雌持下，人莫踰之。人皆趨彼，我獨守此。人皆或之，我獨不徙。內藏我智，不示人技。我雖尊高，人弗我害。誰能于此？江海雖左，長于百川，以其卑也。天道無親，而能下人。戒之哉！」孔子既讀斯文也，顧謂弟子曰：「小子識之，此言實而中，情而信。詩曰：『戰戰兢兢，如臨深淵，如履薄冰。』行身如此，豈以口遇患哉！」孔子見老聃而問焉，曰：「甚矣道之于今難行也，吾比執道，而今委質以求當世之君而弗受也，道于今難行也。」老子曰：「夫說者流於辯，聽者亂於辭，如此二者，則道不可以忘也。」（見（魏）王肅著／（清）陳士珂輯：《孔子家語疏證》（臺北：文海出版社，1968 年 4 月初版），頁 243～247。）

第四章　魏源《老子本義》對《老子》的詮釋

　　本章主述魏源對《老子》義理的詮釋方式與系統建構。將從魏源對《老子》「道」的認知角度為引入，探討魏源對《老子》義理所採行的詮釋方向，以見魏源詮解方式的定位。再由魏源《老子本義》對於《老子》所採取的詮釋態度，探討魏源解老時的義理性格，並對魏源所建構的《老子》義理系統進行分析與論述。

第一節　《老子本義》中對老子其人與其書旨趣的詮釋

一、魏源論老子其人

　　關於老子的身世事蹟，歷來述者多以《史記》列傳所記為本，自中唐韓愈站在儒家立場闢佛老起，便開始有了許多質疑。民初之際，疑古之風盛起，對於老子其人與《老子》其書考辨者甚多，就《古史辨》中所收之當代學者的討論文章更可見斯時探討老子的盛況〔註 1〕。而這種討論一直延續到近代，雖說爭議之處仍多，但隨著馬王堆帛書與郭店竹簡的出土，為我們揭開了許多神祕的面紗，也帶來了更多推論的方向〔註 2〕。或許站在今日的學術基礎上來看待魏源對老子其人的考證，會

〔註 1〕　當時學者在老子其人與《老子》其書方面考證的相關問題與論辯文章，可見羅根澤編著：《古史辨》第四冊、第六冊（上海：上海書店，1992 年）中所收之文章。
〔註 2〕　郭店竹簡《老子》的發現，讓原始《老子》的著作時間有了更確實的定位，所謂《老子》著於春秋或戰國甚至是後起等問題也隨之得以有初步的釐清。經由文本的對照，一些非春秋時代所能出現的文字，也可知其實為原始《老子》所無，乃是為後人所增益。但簡本《老子》是為原始《老子》到今本《老子》的中繼作品？或即是原始《老子》？或僅是原始《老子》的節選？等等問題又使研究者有著諸多推論。陸沉先生在〈郭店《老子》與「老子」公案〉一文中曾將諸家之說分類羅列為五：
　　　　其一，「簡老」係《老子》的祖本，是最原初的《老子》，後來的「帛老」，「河上公本」、「王弼本」、「相爾本」以及「傅弈本」等等都是在「簡老」的基礎上加

覺得當中疏漏甚多，亦少突破性的學術價值，但這是魏源所處之學術環境所然。或許在文獻考證上，我們未見其中具有深入之剖析，但卻可由其說解的字裡行間略爲窺見魏源在處理老子問題與詮解《老子》思想時的基本態度。

魏源對於老子其人的身世大體上是贊同《史記》中的記載的，在老子籍貫上的問題，亦以《史記》記載爲主並對「楚苦縣屬鄉曲仁里人」加以考證論述：

> 莊子稱孔子楊朱皆南之沛見老子，邊韶碑則稱老子楚相縣人，繹文引莊子注老子陳國相人，今屬苦縣，與沛相近。水經注陰溝篇。東南至沛爲渦水。渦水又東逕苦縣故城南，即春秋之相，王莽更之爲賴陵。又東逕賴鄉城南，又北逕老子廟東，又屈東逕相縣故城南。相縣虛荒，今屬苦縣故城，猶老子生於曲渦間云云，尤爲詳備。賴屬音之轉也，曲渦間即曲仁里也。〔註3〕

至於當中陳、楚之分別，魏源並未深論。此陳、楚之分別，在後世老學考證上頗有

以改造、重編與增訂而成。

其二，「簡老」係不同的傳抄本，其中甲、乙所據「傳本」與丙所據的又不同。

其三，「簡老」不僅是一種傳抄本，而且是傳抄者有意識地依據自身的目的及要求，從原始母本中的摘抄。

其四，「簡老」是尚處在形成階段的、目前所見最古的《老子》文本。

其五，「簡老」係與八十一章老子祖本並行的一種文本。

（其詳細的相關說明可見陸況：〈郭店《老子》與「老子」公案〉收於（大陸）《宗教學研究》2001年3期，頁129～130。）

這些問題在更確實的文獻資料出現前，可能仍有許多爭議，我們也很難能下一個絕對性的定論。但我們可以合理的推斷確定的是，今本《老子》在形成前，必然經過了許多學者的增刪補定。如劉榮賢先生〈從郭店楚簡論「老子」書中段落與章節之問題〉（收於《中山人文學報》10，2000年2月，頁1～26，引用文字見頁4）：

> 吾人研究《老子》書之章次問題，首先必須注意到的是《老子》書在形成之過程中，其文本本身屬於「纂集」之性質，《老子》文本是在長時間之流傳中，由許多同一思維方向之思考者集體創發，而經由口傳與文本交互運作流傳下來的。《老子》書之形成是透過不斷的「蒐集」而來的。換言之，在《老子》之形成過程中，它始終是一本「未定之書」，隨時可能加入新的材料，而寫定之文本也可能隨時因時代問題之轉移而被修改。

〈從郭店楚簡看老子思想及其書之起源〉（收於《靜宜人文學報》12，2000年3月，頁51～65，引用文字見頁52）：

> 然1993年湖北荊門市郭店楚墓《老子》竹簡出土之後，則情況有些改變，此一新材料所展現的最大意義，在於證明《老子》書及先秦以老子爲主的道家思想之形成，乃是經歷階段性之發展，逐漸累積而形成的。《老子》書決非出於一人一時一地之作。

所以今本《老子》之形成，可謂是經過之前歷代學者以原始《老子》爲基礎所做的集體創作而逐漸形成。

〔註3〕見《老子本義‧史記老子列傳》，頁7，「老子者，楚苦縣屬鄉曲仁里人」下之注文。

爭議，因這可能關乎老子生於春秋或戰國時代的依據。但就郭店竹簡出土所代表的時代明證，以及目前諸家考證的主流看法，多以老子爲春秋末與孔子同時之人，而年齡長於孔子。陳、楚之分別已非關老子是何代之人的明證，可能只是就地域認知的時間觀點不同而已。至於《史記》中稱老子爲楚人，或可能因《史記》版本殘缺差異而遭竄改所致。乃視老子出生之際，由於楚尚未滅陳，故仍當是陳人〔註4〕。不過此亦可能是《史記》上本來的用語習慣，乃以傳主生存時之國名爲其國籍。乃視老子過世之前，由於楚已滅陳，故視爲楚人〔註5〕。但魏源對此問題並未細分，就其考證看來，由於其已將老子視爲春秋時代與孔子同時人物，所謂陳、楚，對其而言只是立足觀點上的不同，非關嚴謹的生存時代問題，是以未就此詳加考證《史記》用語的問題，只對因時代變遷而有異名的地理部分加以說明，可見魏源對《史記》所記載之老子籍貫是贊同的。

　　對於老子姓名的問題，魏源所採用的《史記》引文作「名耳，字聃，姓李氏」，對此魏源則認爲：

> 姚鼐曰：此據後漢書桓帝紀注引史記原文如此也。俗本字伯陽，諡曰聃。蓋唐開元間自稱老子裔，而媚者遂移老子傳居首，又並史文改之也。釋文引史記曰字聃，河上公曰字伯陽。張守節正義云，聃耳漫無輪也，疑老子耳漫無輪。故名耳字聃云云。是唐初本猶未改也。孔子舉所嚴事之賢士大夫。皆稱氏字。晏平仲蘧伯玉老聃子產是也。匹夫無諡，聃又非諡法，其妄無疑。莊子稱老子居沛，夫沛者宋地，而宋國有老氏。然則老子其沛人子姓，子之轉爲李，猶姒之轉爲弋歟。彭城近沛，意聃常居之，故曰老彭，猶展禽稱柳下邪。然則邢昺疏稱老彭即老子，非無因也。〔註6〕

大體上是依據姚鼐的看法，認爲老子姓子氏老，所謂姓李實因李爲子之轉而致。以俗本中諡聃之說爲誤謬，並認爲老子即老彭的可能性甚大。

　　關於老子仕官與孔子見老等問題，魏源認爲：

> 朱子曰：或謂老彭即老子。余嘗亦疑此。以曾子問中言禮數段證之，即述而不作，信而好古。可見聃周之史官，掌國之典籍，三皇五帝之書，

〔註4〕如張揚明：《老子考證》（臺北：黎明文化事業，1985年5月初版），頁45～49中對於老子爲陳人以及《史記》誤作楚人等相關問題有所考證。

〔註5〕如古棣、周英：《老子通》中集，第二章〈老子其人考〉（高雄：麗文文化事業股份有限公司，1995年7月初版，頁13～37）中，對於老子姓名、國籍、鄉里等問題亦有考證。其認爲《史記》所書傳主之國名，乃以傳主生存時之國名，而老子自楚滅陳後尚在人世，是以《史記》書老子爲楚人。

〔註6〕見《老子本義·史記老子列傳》，頁7，「名耳，字聃，姓李氏」下之注文。

如五千言，亦或古有是語而老子傳之。列子引黃帝書，即谷神不死章也。

陳澧曰：孔子問禮於老聃必是於問之之中，而寓規之之意。老子知之，故
言去子之驕氣云云也。不然，孔子方虛心請教，何驕之有乎。〔註7〕

乃先引朱子語肯定「老子即老彭」的可能性甚大。至於孔子見老之事，歷來多有質
疑〔註8〕，就春秋戰國時代對此事有所記載的文本來看，有：

(1)《論語・述而篇》：「子曰：『述而不作，信而好古，竊比我於老彭。』」
〔註9〕（此乃在老子可能為老彭之假設成立下。）

(2)《莊子》〈天道篇〉、〈天運篇〉、〈田子方〉、〈知北遊〉。

(3)《禮記・曾子問》。

(4)《呂氏春秋・仲春紀・當染篇》：「孔子學於老聃。」〔註10〕

在這些資料中，《莊子》〈天道篇〉、〈天運篇〉、〈田子方〉、〈知北遊〉中所載，固然帶
著濃厚的寓言味道，視之為借孔子來作為映襯以推崇老子，亦是有其立論之理。只是
就孔子見老這個事件而言，那卻未必是《莊子》中的杜撰虛構。《論語》中關於老彭
之記載，或許有爭議討論的空間〔註11〕。但其它較明確的相關記載，則有屬儒家經典
的《禮記》與可歸之於雜家的《呂氏春秋》。既然這些非站在道家立場的著作中亦記
載，那麼可見得，孔子見老之事並非子虛烏有，而當時的學者亦認為是一事實。只是
關於見老的時間和當時二人互動的情況，我們現代在缺乏可信之證據的情況下實未能
確知，對於相關記載資料亦不敢輕信。或許《莊子》中只是利用這個事件來引申編撰
情節，藉以闡發所要表達的義理。因此就《莊子》所載內容而言，可信度雖不高，但
卻不能就此完全否定孔子見老之事。若就內容的合理性而言，《禮記・曾子問》中記
載孔子以聞於老聃的說法來解答曾子有關於喪禮的疑問，這段記載的可信度似乎是較
高的，也較合乎孔子問禮於老子的傳說。再看魏源對孔子見老之事的說明，除了他在
〈史記老子列傳〉中的注文外，亦可見於其附錄的選編上。乃同時以《禮記・曾子問》

〔註7〕見《老子本義・史記老子列傳》，頁7，「吾今日見老子其猶龍邪」下之注文。

〔註8〕如張揚明：《老子考證》，頁61〜62：

按這些資料，自韓愈始，即已懷疑。繼後葉適、羅璧、宋濂、汪中等尤多駁
斥。降及近代，如梁啓超、顧頡剛、羅根澤、錢穆、熊偉，更是長篇大論，交相
指摘。認為史記係誤信莊子，而莊子則係虛構事實以借孔子來推重老子的。

〔註9〕見（清）劉寶楠：《論語正義》（臺北：文史哲出版社，1990年11月初版），頁251。

〔註10〕見（秦）呂不韋編／（民國）陳奇猷校釋：《呂氏春秋校釋》（臺北：華正書局，1988
年8月初版），頁96。

〔註11〕如劉寶楠於《論語正義》中曾羅列歷代各家看法，而其則認為老彭為老子和彭祖之合
稱（見《論語正義》，頁251〜254）。張揚明先生《老子考證》中則認為「老彭」二
字詮釋者眾，均屬懸揣之說（見《老子考證》，頁27〜28）。

〔註12〕與《莊子》中之內容爲證，肯定確有孔子見老之事，並認爲老子確曾爲周掌典籍之史官。不過正如前章關於《老子本義》附錄的介紹說明中所述，在《莊子》中相關記載的選取上，魏源對《莊子》中的資料卻有所裁剪，去掉了揶揄或批判孔子的記載。足見魏源雖肯定確有孔子見老之事，但對於《莊子》中的相關記載，卻不認爲足以探信。對於孔子見老之事，世傳所謂孔子有驕縱之氣，而老子欲深折之的說法，魏源也認爲並不合理。是以其立場上仍是表現出尊孔的意味。

另外，魏源以《列子》〈天瑞篇〉引《黃帝書》：「谷神不死，是謂玄牝。」之語與《老子》谷神不死章〔註13〕的相關文字判斷，《老子》書中或許有些內容於古即有之，但經老子而傳之。其類似的看法在〈論老子二〉中亦曾提出：

> 老子道太古道，書太古書也。曷微乎？微諸柱下史也。國史掌三皇五
> 帝之書，故左史在楚，能讀墳索；尼山通周，亦問老聃。今考老于書谷神

〔註12〕在《老子本義·附錄》中魏源將《禮記·曾子問》中相關老子的資料條列（見《老子本義·附錄》，頁2、3）如下：

> 《禮記·曾子問》曾子問曰：「古者師行，必以遷廟主行乎？」孔子曰：「天子巡守，以遷廟主行，載于齊車，言必有尊也。今也取七廟之主以行，則失之矣。當七廟、五廟無虛主：虛主者，唯天子崩，諸侯薨與去其國，與祫祭於祖，爲無主耳。吾聞諸老聃曰：天子崩，國君薨，則祝取群廟之主而藏諸祖廟，禮也。卒哭成事而后，主各反其廟。君去其國，大宰取群廟之主以從，禮也。祫祭於祖，則祝迎四廟之主。主，出廟入廟必蹕；老聃云。」

> 又曰：「葬引至於垣，日有食之，則有變乎？且不乎？」孔子曰：「昔者吾從老聃助葬於巷黨，及垣，日有食之，老聃曰：『丘！止柩，就道右，止哭以聽變。』既明反而后行。曰：『禮也。』反葬，而丘問之曰：『夫柩不可以反者也，日有食之，不知其已之遲數，則豈如行哉？』老聃曰：『諸侯朝天子，見日而行，逮月而合莫；大夫使，見日而行，逮日而舍。夫柩不早出，不暮宿。見星而行者，唯罪人與奔父母之喪者乎！日有食之，安知其不見星也？且君子行禮，不以人之親痁患。』吾聞諸老聃云。」

> 又曰：子夏問曰：「三年之喪卒哭，金革之事無辟也者，禮與？初有司與？」孔子曰：「夏后氏三年之喪，既殯而致事，殷人既葬而致事。記曰：『君子不奪人之親，亦不可奪親也。』此之謂乎？」子夏曰：「金革之事無辟也者，非與？」孔子曰：「吾聞諸老聃曰：昔者魯公伯禽有爲爲之也。今以三年之喪，從其利者，吾弗知也！」

不過細考禮記《禮記·曾子問》中之相關記載，魏源對於以下這條資料則未收入：

> 曾子問曰：「下殤：土周葬于園，遂輿機而往，塗邇故也。今墓遠，則其葬也如之何？」孔子曰：「吾聞諸老聃曰：昔者史佚有子而死，下殤也。墓遠，召公謂之曰：『何以不棺斂於宮中？』史佚曰：『吾敢乎哉？』召公言於周公，周公曰：『豈不可？』史佚行之。下殤用棺衣棺，自史佚始也。」（見（漢）鄭玄注、（唐）孔穎達疏，《禮記》，影印清嘉慶二十年阮元重刊宋本十三經注疏本，（臺北：藝文印書館，1997年8月初版13刷）頁384。）

〔註13〕王弼本《老子》爲第六章，《老子本義》爲第五章。

不死章，列子引爲皇帝書，而成以五千言皆容成氏書。至經中稱古之所謂，稱建言有之，稱聖人云，稱用兵有言，故班固謂道家出古史官，莊周亦謂古之道術有在於是者，關尹老聃聞其風而悅之，斯述而不作之明徵哉！孔子觀周廟而嘉金人之銘。其言如出老氏之口。考皇覽金匱，則金人三緘銘即漢志黃帝六銘之一，爲黃老源流所自。藏室柱史，多識擇取，學焉而得其性之所近。〔註14〕

再就附錄中所引「荀子曰」的相關記載〔註15〕與王應麟、何孟春語〔註16〕，可見魏源引述了相當多的資料來證明此事。其目的乃在釐清源流，確立《老子》之道，自古有之，屬黃老一派，非後起之道家莊列玄理者流。

　　若只是就老子曾爲周藏室柱史而多見古籍，來推測《老子》書中的內容或思想可能有援古之處，此尙可說是一種合理的推論。但細考魏源的各種引證，乃視劉向《說苑‧敬愼篇》：「孔子之周，觀於太廟。左陛之前，有金人焉。三緘其口，而銘其背曰⋯⋯。〔註17〕」中的金人背上的〈金人銘〉即爲《黃帝銘》六篇之一。同時

〔註14〕見《老子本義‧論老子》，頁2。
〔註15〕見《老子本義‧附錄》，頁4。而此引荀子之語爲魏源從《太平御覽》引用，就其文字觀之，實與《孔子家語‧觀周》中相關文字相類，故疑其乃取《孔子家語》來修正其文字，其詳論見前述。
〔註16〕見《老子本義‧附錄》，頁4～5：
　　　王應麟曰：《皇覽》云：「武王問師尚父曰，五帝之誡，可得聞乎？」尚父曰：「黃帝之誡曰：『吾之居民上也，搖搖恐夕不至朝。』」故爲金人三緘其口曰：「古之愼言。」案藝文志道家有黃帝銘六篇、蔡邕銘諭、黃帝有巾机之法。《皇覽》撰集於魏文帝時，漢七略之書猶存。金人銘，蓋六篇之一也。何孟春曰：「銘詞中如綿綿不絕，或成網羅，毫末不札，將尋斧柯四語，則汲冢周書亦有之。盜憎主人，民怨其上，則左傳伯宗之妻亦述之，可見其爲古語矣。至其大旨，則與老子書合。如云誠能愼之，福之根，謂是何傷，禍之門者。即老于所謂禍兮福所倚，福兮禍所伏也。其云彊梁者不得其死，即老子所謂堅彊者，死之徒也。其云知天下之不可上，故下之；知眾人之不可先，故後之者。即老子所謂欲上民。必以言下之；欲先民，必以身後之也。然老子欲上欲先之心，則視此爲私矣。其云執雌守下。人莫踰之者。即老子所謂後其身而身先。外其身而身存其云人皆趨彼。我獨守此者，即老子所謂知其雄、守其雌、知其榮、守其辱也。其云人皆惑之，我獨不徙者，即老子所謂處眾人之所惡，眾人皆有餘。而我獨若遺也。其云內藏我智，不示人技者。即老子所謂和其光，同其塵。眾人昭昭，我獨昏昏。眾人察察，我獨悶悶也。其口江海雖左。長於百川。以其卑也。即老子所謂江海所以爲百谷王者。以其善下之故能爲百谷王。故君子居則貴左也。其云天道無親。常與善人者。則老子亦有是語也。」可見周注史之書。不爲無本。而黃老並稱之由。亦可以此徵其源流矣。
〔註17〕見（漢）劉向著／（民國）趙善詒疏證：《說苑疏證》（臺北：文史哲出版社，1986年10月臺1版），頁292～293。而相關引文可參上章註82。

又將《黃帝書》、《黃帝六銘》視爲黃老之源，並爲早於《老子》的古代學說，此判斷則未免顯得誤謬。黃帝並無著作或學說傳世，所謂《黃帝書》、《黃帝六銘》雖屬黃老之學，但卻是吸收、繼承了老子思想並加進一些假託黃帝之名的思想而形成的學說著作，其就算可稱爲黃老之源，但卻未必可爲《老子》之源〔註18〕。或許就郭店《老子》的文本對照來推測，今本《老子》在形成的過程中，於戰國時代中晚期的那個階段裡，一些內容的滲入可能與當時黃老學者有關，但這種推論情況只能視之爲有相互影響之處，但卻不能將之純粹地視爲《老子》即源於黃老。因此，魏源將《黃帝書》與〈金人銘〉視爲《老子》之前的上古之書，並以《列子·天瑞篇》引《黃帝書》：「谷神不死，是謂玄牝。」之語以及〈金人銘〉來判斷《老子》書中有援古之內容，就並不是一個妥當的立論，同時顯得本末倒置了。就考據而言，這固然是魏源的疏誤；但卻也明白地顯現出魏源對於《老子》思想闡發的態度，是著重於現實應用面的。所以對於《老子》思想源流，魏源特意以黃老一系的觀點來析論。

由於《史記》中附記了老萊子，所以歷來引起了諸多揣測，甚有以爲老子與老萊子爲同一人者〔註19〕。對於老子與老萊子之辨，魏源的看法是：

〔註18〕如陳麗桂先生於其《戰國時期的黃老思想》一書中曾闡述：

　　其實，何止《黃帝君臣》？兩篇黃帝銘，尤其是〈金人銘〉，根本完全是演繹《老子》禍福雌後之理。值得注意的是《巾几銘》對「禮」「義」已有相當的肯定，這絕不合《老子》的本旨；而《六韜·兵道》的說法，更顯然道、法合流下的產物。從這些地方我們已略可看出，所謂道家（黃老）一系的黃帝之學，是一種以《老子》學說爲主，而兼採儒、法等他家思想（尤其是法家）的調和物。司馬談說：道家「采儒墨之善，撮名法之要」，正說中了道家（黃老）一系黃帝之學的基本特質。

　　至於《黃帝四經》，《隋書》道經部說：:這《黃帝四篇》和《老子》二篇，是漢道書之流中「最得深旨」的，所論皆「至言要道」，「眞道家之鼻祖」，顯然認定這是漢代道家學說中的代表作。因此，在四種道家類的黃帝著作中，應該是最重要的。今人在長沙馬王堆漢墓中，果然挖出了帛書篆、隸兩種字體本《老子》，後附〈伊尹九主〉與〈經法〉、〈十六經〉、〈稱〉、〈道原〉四種的合抄卷，一般推斷即是漢代道家黃老合卷的明證，是漢代黃老思想、黃老治術的主要理論依據，也是我們研究戰國、秦漢時期黃帝之學中，道家一系思想內容的主要資料。由其中內容看來，眞的是道法合流而略摻陰陽、儒說，完全符合太史談所說的「道家」特質。

　　總之，從出土的帛書黃老合卷和散存的少部分《黃帝君臣》、《黃帝銘》中，我們已略可知解黃帝之學中，道家一系的內容性質，其實是一種綜合各家的變調老學。（見陳麗桂：《戰國時期的黃老思想》（臺北：聯經出版事業公司，1991年4月初版），頁30。）

〔註19〕如張守節言：「太史公疑老子或是老萊子。」而相關老子與老萊子之辨的相關詳論可見張揚明：《老子考證》，頁127～132。或見古棣、周英：《老子通》中集，頁28～31。

漢書藝文志，道家，老萊子十六篇。高士傳稱老萊子避楚王之聘。列
女傳稱老萊子行年七十，爲嬰兒以娛親，而莊子則云老萊子出薪，遇仲尼
謂曰：去汝躬矜，與汝容知，斯爲君子矣。而國策客謂黃齊亦云：公不聞
老萊子之教孔子事君乎。示之以齒之堅也，六十而盡相靡也，與老子言行
殊相涵。史記仲尼弟子列傳云：孔子之所嚴事，於周則老子，於楚則老萊
子。則是判然二人，皆與孔子同時。左傳有萊駒，是萊氏而稱老，猶列禦
寇師老商氏，皆有道壽考之士所稱也。〔註20〕

乃以老子與老萊子爲二人。老萊子雖與孔子同時，而孔子亦曾向他請教，但孔子見
老子於周，見老萊子於楚，故不可混淆論之。但對於太史儋，魏源則認爲其與老子
爲同一人：

畢沅曰：古聃儋字通。說文聃，耳曼也。又云：聃，耳大垂也。聲義
相同，故並借用。南方有聃耳之國，山海經呂覽並作儋耳，淮南子作聃耳，
又呂覽老聃作老耽，皆其明證。鄭康成曰：老聃古壽考之號。斯爲通論矣。〔註21〕

其理由乃就聃、儋字通而論，故二人爲一人。但我們若就《史記・老子韓非列傳》
所載：

自孔子死之後百二十九年，而史記周太史儋見秦獻公曰：『始秦與周
合，合五百歲而離，離七十歲而霸王者出焉』。或曰儋即老子；或曰非也；
世莫知其然否。〔註22〕

以老子與孔子同時而長於孔子來推算，老子若爲太史儋，其見秦獻公時已二百多
歲。以老子爲有德淡泊之君子，其壽高至百餘歲實甚有可能，但若至二百多歲，
就一般人類生理壽命而言則未免失之合理。不過《史記》中亦有言「蓋老子百有
六十餘歲，或言二百餘歲。〔註23〕」魏源當是肯定此二百餘歲之說，是以不以爲
異，而以老子與太史儋爲同一人，也未考慮到其他方面的相關問題〔註24〕。此外，

〔註20〕見《老子本義・史記老子列傳》，頁8，「以其修導而養壽也」下之注文。
〔註21〕見《老子本義・史記老子列傳》，頁 8，「或曰：儋即老子。或曰：非也。世莫知其
然否」下之注文。
〔註22〕見（漢）司馬遷著／（日人）瀧川龜太郎考證：《史記會注考證》（臺北：宏業書局，
1990年10月再版），頁833。
〔註23〕見《史記會注考證》，頁833。
〔註24〕歷代老學研究者對於老子與太史儋是否爲同一人的問題，其爭論探討甚多，舉李勉：
《老子詮證》（臺北：臺灣東華書局，1987年10月2版，頁175。）對此問題的整
理評述：
孔史記老子申韓列傳謂「或曰：儋即老子。或曰：非也，世莫知其然否」。史
記不肯定儋即老子，並謂世莫知其然否。所引「或曰」，係聞之於傳說。但畢沅

魏源雖肯定老子高壽，將老子視爲有道之隱君子，但卻反對種種將老子神化的說法，是以其言：

> 史記考證曰：漢武惑於神仙方士。故司馬遷作老子傳，著其鄉里，詳其子孫，以明老子亦人耳。非所謂乘雲氣、御飛龍，不可方物者也。故一則曰隱君子，再則曰隱君子。良史心苦矣。張守節注翻引神仙荒唐悠謬之論。所謂夏蟲不可語冰者乎？黃氏日鈔曰：道家謂黃帝上天，老子西出關，爲長生不死之證。然黃帝之墓，好道之漢武親經之。老聃之死，學道之莊周載之，又何以稱焉。〔註25〕

乃以魏源一貫的務實態度，從現實層面上的可能而非神話層面上的神秘來看待老子。以《史記》與《莊子》之明確記載說明老子爲現實人物，摒除神仙之說。肯定老子爲古代有德的隱君子，非傳說中的神話人物。並引《莊子・天下篇》語爲老子其人作總贊：

> 莊子天下篇曰：以本爲精，以物爲粗，以有積爲不足。憺然獨與神明居，古之道術有在於是者。關尹老聃聞其風而說之，建之以常無有，主之以太一，以濡弱謙下爲表，以空虛不毀萬物爲實。關尹曰：在己無居，形

道德經考異、汪中老子考異、羅根澤諸予考索皆謂儋即老子，綜合理由爲（1）聃與儋同音通用。（2）二人同爲周太史。（3）史記老子本傳謂老子出關（證以老子死於秦，秦失弔之，老子係西入秦）史記又謂周太史儋見秦獻公，是二人皆出關西入秦，事跡相同。（4）羅根澤依據梁啓超之言，謂「孔子十三代孫孔安國正值漢景帝時，老子若早於孔子，何以老子八代孫即與孔子十三代孫同時」，足見老子後於孔子，若老子即太史儋，儋後孔子百年左右，則時代相及矣。以上四由，羅根澤等乃認定老子後於孔子，且老子即後於孔子百年左右之太史儋。

惟高亨「史記老子傳箋證」駁之曰：（1）古來同名同音者多矣，取儋二字同音通用，未必即一人之名。（2）二人同爲周太史，時有先後，未必同爲一人。（3）聃儋皆出關入秦，亦時有前後，未必即是一人之事跡。據高亨之駁，二人決非一人，況太史儋見秦獻公時，已在孔子死後一百零五年（一說一百零六年，史記老子本傳原文謂一百二十九年），其時老子已二百餘歲，是否猶存於世，不得而知。而梁啓超計孔老子孫亦不得其當，以孔子十二代作十三代，以老子九代作八代，孔氏除伯魚以早天不計外實際爲十一代，十一代與老氏九代，僅二代之差，老子遠孫解與孔子遠孫安國何由不得同時？且婚後有不能即得子者，有婚後節得子者，文有早婚早子者，有晚婚者，又有長壽者，有短壽者，以子孫代數多寡而疑孔老不同時亦不得其準也。

可見各家立論之持理所在。然再就老子與太史儋的道德與行爲看來，老子爲超脫淡泊、道隱無名之君子學者；而觀太史儋見秦獻公所言，太史儋則似逢迎干祿的游說術士。因此實難去將二者視爲同一人之行爲（關於這方面的論述另可詳見張揚明：《老子考證》，頁134～135）。

〔註25〕見《老子本義・史記老子列傳》，頁8，「因家於齊焉」下之注文。

物自著。其動若水，其靜若鏡，其應若響，勿乎若忘，寂乎若清，同焉者
和，得焉者失，未嘗先人而常隨人。老聃曰：知其雄，守其雌，爲天下谿；
知其白，守其黑，爲天下式。人皆取先，己獨取後，曰受天下之垢。人皆
取實，己獨取虛無藏也故有餘，歸然而有餘。其行身也徐而不費，無爲也
而笑巧。人皆求福，己獨曲全。曰苟免於咎，以深爲根，以約爲紀，曰堅
則毀矣！常寬容於物，不削於人，可謂至極，關尹老聃乎，古之博大真人
哉！〔註26〕。

以明老子之學術風格。是以魏源所欲釐清而塑造出的老子形象，便是一除去不實神
話而回歸現實層面的「有德隱君子」與「古之博大真人」。

綜觀魏源對老子其人的考證，大致可將其看法簡單歸納如下：

（1）老子姓子氏老，曾爲周史官，爲實際存在人物。

（2）老彭可能即老子，老萊子與老子爲二人，而太史儋與老子爲同一人。

（3）贊同孔子見老之說。

然就魏源考證老子事蹟的方法而言，乃以《史記》爲本，以歸納類比前人之說
而取其所認可合理者爲結論，其它再截取古籍相關資料加以補充，不過其論證過程
多不嚴謹，以致多「想當然爾」處。其中以帶著維護儒家意識來選取孔子見老之事
的相關記載，未免顯得立場不夠客觀；而誤〈金人銘〉、《黃帝書》爲《老子》之源，
則更顯得本末倒置而致有所誤謬。

二、魏源論《老子》著述之旨趣

魏源著《老子本義》解老、詮老，乃由於深覺歷代解老之作無一人得老子真義，
因此魏源意圖去還原一個被歷代注家所曲解的《老子》真面目。對於歷來注家注老
的方式與方向，魏源表達了他的看法：

> 後世之述老子者，如韓非有喻老、解老，則是以刑名爲道德，王雱、
> 呂惠卿諸家皆以莊解老，蘇子由、焦竑、李贄諸家又動以釋家之意解老，
> 無一人得其真。其實開佛之先者莫如列子，故張湛列子注敘曰禦寇宗旨與
> 佛經爲近，不獨西方至人皆不言而自化、無爲而自治一章而已。要之列子
> 注莫善于張湛，莊子注莫善于向、郭，而老子注則無善本焉。源念先聖「猶
> 龍」之嘆，與孟子闢楊朱不闢老子之故，因念經曰「言有宗，事有君」，
> 爰專取諸家之說，不離無爲無欲與無名之樸者，以爲養心治事之助，視治

〔註26〕見《老子本義‧史記老子列傳》，頁8～9。

參同、陰符者，或較有益焉。〔註27〕

對於以刑名、莊子與釋家的思想模式解老，魏源感到實是一種曲解，而使真正的《老子》思想蒙上一層陰影。由於魏源認同孔子對老子的「猶龍之嘆」，而也認為當年孟子闢楊朱不闢老子，必是對老子學理有認同之處，足見老子學理並不違背儒家經世致用之學。

雖說孔子對老子的「猶龍之嘆」可能只是傳說之言，而孟子闢楊朱不闢老子亦有可能是因當時執道家學說者以楊朱最盛，故孟子以楊朱為主要攻擊對象而未及老子。但魏源為了化解一般認為老子思想與儒家思想相異的觀念，故將此二事例賦上個人的解釋，以老子學說的真面目必不同於莊周楊朱一派的道家，而有可為儒家所認同之處。孔孟之所以認可老子乃因他們看到老子思想的真面目中有可為稱許處，而世人之所以誤解老子卻由於礙於偏見以致未能看清老子的真面目。而這個能符合老子所謂「言有宗，事有君」的「真面目」，就魏源看來，在過去一向是被蒙蔽的，就因為被蒙蔽不彰，所以有著種種曲解，而使得刑名、莊楊與釋家之學附會其上。是以必須還原到老子著書之原意，才得以顯見《老子》之本義，也才能得其真解。而歷代以形名解老、以莊解老、以釋解老的注家，實是在詮解上走錯了路子。尤其是以莊、釋解老，似乎已成為過去注家在解老時一個廣為運用的方式，並以此為超脫高尚。所以，魏源感到歷來的《老子》注解在這種趨勢的發展下，並沒有形成足以可稱善本者。這也使得魏源有了自許可詮釋出真正《老子》義理的使命感。而在魏源的認知當中，《老子》著述之旨趣究竟為何？簡而言之，即是救世。

魏源認為當年老子著作《老子》書，實是為了於亂世之中點醒世人，其本意乃是為了救世淑世的。所以對於《老子》這部書的定位，魏源在基本上是以救世之書而非哲理之書來看待《老子》的，並認為《老子》思想並不光是一紙上談兵的理想，而是確實可以應用於實際來救世的。魏源於《老子本義》中亦多次表達《老子》為救世之書的概念，如：

《老子本義‧論老子二》：「聖人經世之書，而《老子》救世書也。使生成周比戶可封之時，則亦嘿爾已矣！」〔註28〕

《老子本義‧上篇‧第一章》：「老子見學術日歧，滯有溺迹，思以真常不弊之道救之。」〔註29〕

〔註27〕見《老子本義‧老子本義序》，頁2。
〔註28〕見〈論老子二〉，《老子本義‧論老子》頁3。
〔註29〕見《老子本義‧上篇‧第一章》，頁1。

　　《老子本義・上篇・第三章》：「《老子》救世之書也。故首二章統言宗恉，
　　此遂以太古之治，矯末世之弊。」〔註30〕

　　《老子本義・下篇・第三十四章》：「老子著書，將以導世。」〔註31〕

　　《老子本義・下篇・第五十八章》：「老子著書，明道救時。」〔註32〕

　　《老子本義・下篇・第六十一章》：「源案此老子憫時救世之心也，見當世勇
　　於用刑，故戒之曰。」〔註33〕

所以魏源認爲老子著書的目的乃是爲矯正末世之弊，是要用他的思想來救世，改變
周文疲敝的現狀，以成擊壤太平之世。而魏源對老子著書立說的動機則有如下分析：

　　　　吏隱靜觀，深疾末世用禮之失，疾之甚則思古益篤，思之篤則求之益
　　深。懷德抱道，白首而後著書，其意不返斯世于太古淳樸不止也。〔註34〕

在這段敘述中，魏源說明老子並不是帶著超脫而著書遺世，卻是由靜觀世情而深疾
禮失，歷經思篤求深而體悟懷抱道德之理，窮皓首之力而著書明道，以求能恢復太
古自然淳樸之風。讓老子成爲一懷抱強烈現實精神以救世爲己任的思想家，而其著
書的經過則是一欲求救世、用世之道的積極思維歷程。雖未免有杜撰之嫌，但這救
世之心與救世思想形成的過程，卻表達投射出了魏源個人同樣的心理與思維歷程。
故在魏源看來，老子著書並非只是爲了要表達智慧境界而已，是歷經思篤求深而提
出可供救世的思想，以收撥亂反正之效。是以對於如此一個以救世、導世爲出發點
的思想著作，若只是因表面文字而誤解，或將其根本賦之以玄理，皆是魏源所深以
爲不可的。惟有確實掌握住《老子》中那「眞常不敝之道」，才能使人們的思想從迷
惑中解脫出來，也才能據此看清一切疏失禍亂的根源，改變現實政治。

　　對於歷代《老子》詮解的失眞，魏源認爲是因《老子》義理性格的表面顯現使眾
詮解者走偏了方向。於是對於如何詮釋出《老子》的眞義正解，而能爲救世治國所用，
不致流於虛無玄理，便成了魏源解老所追尋的目標。爲了讓《老子》學說能指實應用
於世，就必須掌握《老子》爲救世而著述之旨趣，從中正確詮解《老子》，而如此所
詮釋出的道理才是眞實，才能爲現實人生所用。所以在詮解態度上必須拋棄虛無的玄
理詮解，而賦以積極的現實意義，以便使《老子》學說易解易用。而魏源在《老子本
義》的詮解上便循著這個基調，開創出一個不同於傳統玄理解老的獨特風格與方向。

〔註30〕見《老子本義・上篇・第三章》，頁3。

〔註31〕見《老子本義・下篇・第三十四章》，頁46。

〔註32〕見《老子本義・下篇・第五十八章》，頁80。

〔註33〕見《老子本義・下篇・第六十一章》，頁86。

〔註34〕見〈論老子二〉，《老子本義・論老子》，頁2。

第二節　魏源對於《老子》「道」的詮釋

對於老子思想，從古至今，凡論者多各自擁有一套看法，就中國歷史上而言，老學遠自戰國末期便開始產生分化。在當代，除了發揚中國傳統注家們的義理理解外，更引入了西方哲學的研究方式及形上學觀念來剖析《老子》，其所演變出的龐大詮解著作，更是汗牛充棟〔註35〕。於是詮釋的方法與系統便更加繁雜和多樣，甚至有分歧對立的情形產生。總括這一切，不論是中國老學傳統的注解立場的分化也好，或是近代老學詮釋上的辯證相對也罷，其主要原因的產生即在對「道」的理解不同上。由於「道」字在《老子》書中有著種種表達面貌，而《老子》義理看似就在這個「道」中，推衍出種種宇宙發生、萬物生化、人生修為、文字說理、社會政治與現實生活的理論。所以一般之老學研究者總是藉「道」的意義釐定其義理衍生系統，就此統整構結整個老子書而詮釋其思想。由此可見，當研究者對「道」的基本意義見解不同時，其對老子思想的解釋方式亦因之有別。然而《老子》書中在言「道」之時，所用的語言多非確定性，又充滿著不可言性與反現實邏輯性。因此在用人為語言詮釋「道」時，也無可避免地產生了多樣性，而使得「道」在人為詮釋上具備了多義性，同時也造成多方面的詮釋角度。

所以當我們要確立魏源解老的義理特色及思想系統時，必須先就魏源對《老子》之「道」的詮解方式進行探討與釐析，然後來審視魏源在說解《老子》思想所採取的立場與方向，將可對其詮解系統有更明確的定位。這種定位未必是一種是非的評斷，畢竟每個時代會有每個時代的基本條件，再加以詮解者本身的心靈狀態和學術背景，自會產生其特殊的詮解方式。當我們把這種詮解方式釐清其面目之後，藉由其與歷代老學詮解的比較，自可將魏源解老系統所擁有的特殊處析分出來。正如前述，詮解者對於「道」的認知概念將可決定其對於《老子》的詮解立場，而在此基本立場下發展出其自身對於《老子》思想的闡發方向。在此我們先從分析魏源對於「道」的詮解方式為引入，再看待他是如何以此立場建構他所認知的《老子》思想體系。

綜觀魏源在說解《老子》思想時所採取的態度，基本上是非常指實的，而且偏

〔註35〕如袁保新先生〈老子形上思想之詮釋與重建〉一文中有簡略的說明：

衡諸史實，我們知道老學的分化遠自戰國末期就已開始。據唐君毅教授的考究，老子之學從韓非解老到王弼注老，數百年間，已歷五變。而嚴靈峰教授之〈王弼以前老學傳授考〉，更援引四史及先秦、漢、魏諸子之書，從關尹以下至王弼，共輯得百七十餘人。如果我們再將注意力延伸到當代，則詮釋系統的分歧對立更形嚴重，有的將老子視作唯物論者，有的將老子理解作唯心論者，甚至神秘主義者，自然主義亦有之。（見袁保新：《老子哲學之詮釋與重建》（臺北：文津出版社，1997 年 12 月初版二刷），頁 132。）

向於現實應用層面。魏源本身在對於「道」的認知上，固然認同「道」有其不可名道言說之處，但仍是將「道」視為一指實的客觀存在，有其絕對性，可為世間一切之指導原則。所以對於「道」的意義，魏源經常是很明顯地將「道」指實定義了出來，不似《老子》中對「道」的絕對性也欲化去而採虛言反說。我們可以發現，魏源在其思想上堅信這世間的一切，不論是物質或是道理，都有一個形而上的根本存在，可為一切發生的本源。如：

> 萬事莫不有本，眾人與聖人皆何所本乎？人之生也，有形神、有魂魄。於魂魄合離聚散，謂之生死；於其生死，謂之人鬼；於其魂魄、壽夭、苦樂、清濁、謂之升降；於其升降，謂之勸戒。雖然，其聚散、合離、升降、勸戒，以何為本，以何歸乎？曰：以天為本，以天為歸。黃帝、堯、舜、文王、箕子、周公、仲尼、傅說，其生也自上天，其死也反上天。其生也教民，語必稱天，歸其所本，反其所自生，取舍於此。大本本天，大歸歸天，天故為群言極。〔註36〕

可見在魏源的思想中，萬事皆有所本，不容脫離，是以世間的一切都有一形上的本源為依據。不論世間萬物如何變化，那為本源者絕對不變。而此本源之概念可用「道」來涵括，所以他說：

> 故氣化無一息不變者也，其不變者道而已，勢則日變而不可復者也。〔註37〕

又說：

> 君子之于道也，始于一，韜于一，積于一，優游般樂于一。一生變，變生化，化生無窮。所謂一者何也？地之中也有土圭，道之中也有土圭。九流諸子裂道一隅而自霸，道共任裂與？事在四方，道在中央，聖人執要，四方來效。故曰：「其儀一兮，心如結兮。」然則樹之一以為的而號于眾歟？櫝玉者不炫，舟玉者不飾，惡其文之著也。故曰：「衣錦尚絅。」然則株守夫一者，何以適夫千變，全乎大用歟？舉一隅，不足反三隅，望之盡，把之無餘，何以陰噏而陽怯，何以海涵而坤負歟？觀乎天文以察變，觀乎地文以理孫，觀乎人文以化成，語乎其並包無垠者也。故君子之道，始于一，韜于一，積于一，優游般樂于一。一生變，變生化，化生無窮。詩曰：「沔彼流水，朝宗于海。」〔註38〕

而他亦以這個「道」的概念來解說《老子》之「道」，將「道」視為一形上的絕對本

〔註36〕見《默觚上·學篇一》，《魏源集》頁5。
〔註37〕見《默觚上·治篇五》，《魏源集》頁48。
〔註38〕見《默觚上·學篇十一》，《魏源集》，頁26。

源，所以他說：

> 眾甫，天地萬物自道出皆者是也。眾甫與化流遷，而道則終古自若。
> 故曰自古及今，其名不去，以閱眾甫。(《老子本義》第 18 章)〔註39〕
> 萬物之生，未有一物不具此道者也。(《老子本義》第 54 章)〔註40〕

而在這個信念下，魏源視「道」爲唯一而絕對，是以魏源說：

> 嗚呼！道一而已，老氏出而二，諸子百家出而且百，天下果有不一之
> 道乎？〔註41〕

從這段話當中可以發現，在魏源的思想中，乃將「道」視爲一絕對至上的存在，而《老子》之「道」也只是對「道」的一種說解。《老子》之說「道」固然有其佳處，但由於後世詮解愈多反而失去其眞，甚至走向偏歧。因此不但偏離了《老子》中的「道」，也偏離了宇宙人世間眞正的「道」。而《老子》對於「道」的說解方式，雖然把「道」表現出來，但後人的詮解方式卻多所偏差，以致於形成許多在魏源觀念中被認爲是不當的詮解方式。所以魏源認爲在老學詮釋上，歷代實無一人得《老子》之眞，因此魏源意圖要破除過去的曲解，以還原一個他所認爲的《老子》眞正面目：

> 文景曹參之學，豈深於嵇阮王何乎？而西漢西晉燕越焉。則晉人以莊
> 爲老，而漢人以老爲老也。豈獨莊然。解老自韓非下千百家，老子不復生。
> 誰定之？彼皆執其一言而閡諸五千言者也。取予翕闢，何與無爲清靜；芻
> 狗萬物，何與慈救慈衛；玄牝久視，何與後身外身；泥其一而誣其全，則
> 五千言如耳目口鼻之不能相通。夫不得言之宗，事之君，而徒尋聲逐景於
> 其末，豈易知易行。而卒莫之知且行，以至於今泯泯也。〔註42〕

這魏源說得好：「解老自韓非下千百家，老子不復生。誰定之？彼皆執其一言而閡諸五千言者也。」對於歷代《老子》的詮說而言，本就是「各說各話」。在我們還無法了解《老子》文本中那些是屬於老子所言，那些是屬於後世增益的情況下，再加上《老子》文本中並未對一切文字賦予一絕對的定義，這種現象將會在老學的研究與詮解下繼續持續下去。魏源雖然體會到這種解老上必然會形成的事實，但他卻仍然認爲《老子》的眞解是絕對存在的，並且可以由自己來將此眞解釐清出來，關除累世以來許多詮解者的誤解。

　　魏源認爲歷代《老子》詮解的失眞，是因誤解了《老子》義理性格的表面顯現，

〔註39〕見《老子本義・上篇・第十八章》，頁23。
〔註40〕見《老子本義・下篇・第五十四章》，頁73。
〔註41〕見〈論老子三〉，《老子本義・論老子》，頁4。
〔註42〕見〈論老子一〉，《老子本義・論老子》，頁1。

而使得眾詮解者走偏了方向：

> 老子與儒合乎？曰否否。天地之道，一陽一陰。而聖人之道，恆以扶
> 陽抑陰爲事，其學無欲則剛。是以乾道純陽，剛健中正，而後足以綱維三
> 才，主張皇極。老子主柔賓剛，而取牝、取雌、取母、取水之善下，其體
> 用皆出於陰。陰之道雖柔，而其機則殺。故學之而善者則清淨慈祥，不善
> 者則深刻堅忍。而兵謀權術宗之，雖非其本眞，而亦勢所必至也。〔註43〕

這種偏差雖非《老子》內涵之本眞，但詮解《老子》者卻是極易因曲解表面文字顯
現的意義，而讓「學之不善者」走偏了方向，造成種種誤謬的發生。就此亦可以看
出對於《老子》的詮解，魏源是有自己的認知解讀準則的。而從上面這段話中，我
們又可發現魏源會以一種相對的概念來解釋「道」的顯現。在魏源的思想中，頗多
運用這類相對的概念來映襯表達其見解者，如《默觚上‧學篇十一》：

> 天下物無獨必有對，而又謂兩高不可重，兩大不可容，兩貴不可雙，
> 兩勢不可同，重、容、雙、同必爭其功。何耶？有對之中必一主一輔，則
> 對而不失爲獨。乾尊坤卑，天地定位，萬物則而象之，此尊無二上之誼焉。
> 是以君令臣必共，父命子必宗，夫唱婦必從。天包地外，月受日光。雖相
> 反如陰陽、寒暑、晝夜，而春非冬不生，四夷非中國莫統，小人非君子莫
> 爲餅餦，相反適以相成也。手足之左不如右強，目不兩視而明，耳不並聽
> 而聰，鼻息不同時而妨，形雖兩而體則一也。是以君子之學，先立其大而
> 小者從令，致專於一，則殊塗同歸。道以多歧亡羊，學以多方喪生。其爲
> 治也亦然。〔註44〕

所謂「形雖兩而體則一」，運用來詮解「道」則將視天地宇宙之至「道」是絕對唯一
的，但體現的方向可能會有所不同。魏源將儒家聖人之「道」視以發揚天地至「道」
之陽剛面，而《老子》之「道」則發揚天地至「道」之陰柔面。就其「一主一輔」
概念中，又可以看出魏源具有視《易經》剛健中正之哲理爲尚的傾向，而在《默觚
上‧學篇四》中亦有類似的看法：

> 一陰一陽者天之道，而聖人常扶陽以抑陰；一治一亂者天之道，而聖
> 人必撥亂以反正；何其與天道相左哉？天左旋，日月五星右轉，一經一緯
> 而成文，故人之目右明，手右強，人之髮與蛛之網、螺之紋、瓜之蔓，無
> 不右旋而成章，惟不順天，乃所以爲大順也。物之涼者，火之使熱，去火
> 即復涼，物之熱者，冰之使涼，去冰不可復熱；自然常勝者陰乎！故道心

〔註43〕見〈論老子四〉，《老子本義‧論老子》，頁5～6。
〔註44〕見《默觚上‧學篇十一》，《魏源集》，頁26～27。

非操不存，人心不引自熾。政教之治亂，賢奸之進退亦然。詩曰：「天之方懠」，「天之方虐」。彼以縱任爲順天者，隨其懠而助共虐也，奚參贊裁成之有？〔註45〕

不過，從上面諸多敘述看來，魏源既然視《老子》之「道」屬陰柔，那麼《老子》之「道」的形上本源即是陰柔，在理論的開展上即應就此特性開展推衍。但魏源在說解《老子》之「道」時卻不是這樣，仍以不可名狀的絕對根源視之。這似乎有矛盾之處，而魏源也未對於這個問題進行辨明。然而，這可能是魏源在詮解語言運用上的不嚴謹所致。若試推其意，應當是視「道」爲一不可名狀的絕對形上根源，而《老子》中所言之「道」亦正是如此，只是《老子》體現「道」的方式是偏向陰柔，非以陰柔爲形上根源。不過在體現和實踐上，可以看出魏源偏向於剛健中正的積極作爲，而非順應自然的無所作爲。大體上，魏源對於《老子》之「道」的特徵，是非常指實地在體現上視爲陰柔，而此陰柔絕非是對比的虛言或是點醒的反語，故《老子》之「道」的體現在魏源看來是一具備陰柔特性的。既然《老子》體現既皆出於陰，於是在詮釋上就必須注意，詮釋得正確便能清淨慈祥，詮釋得不正確必會流於權謀詭詐。爲了讓《老子》義理能正確詮解而開展出有益於世的思想體系，那就必須將「道」視爲一絕對形上道體，並以積極的作爲來實踐，以切合現實且有益於世的方式來建立體系以爲所用，如此方能避免流弊。所以，魏源認爲《老子》雖以陰柔面體現「道」，但仍是有積極作爲在其中，爲了顯現這個積極面而避免流於他所認爲的錯誤方向，他懷著一種導正異說的使命感。

對於魏源當時所處的那個禍亂敗亡弊病叢生的現實世局，他是懷著傳統儒者經世濟民之心，而極欲在現實世務上展現他的改革熱情的。在他所抱持的儒家思想義理性格下，以經世致用爲出發點，想重新爲「道」作個指實而明確的定義，讓人們能易於接受而爲思想之指導原則。如此方才不致落入玄虛，而讓人們能在現實上有著明確的思想依靠，使得《老子》中的救世思想得以正確展現，以致有益於社稷民生發展。所以，魏源之解老首重思想根本之建立，他於〈論老子一〉中曾說道：

> 吾人視嬰兒如昨日也，萬物之於母無一日離也，百谷於其王未嘗一日離也。動極必靜，上極必下，曜極必晦，誠如此則無一物不歸其本，無一日不有太古也。求吾本心於五千言而得，求五千言於吾本心而無不得，百變不離宗，又安事支離求之乎！反本則無欲，無欲則致柔，故無爲而無不爲。以是讀太古書，庶幾哉！庶幾哉！〔註46〕

〔註45〕見《默觚上‧學篇四》，《魏源集》，頁10。
〔註46〕見〈論老子一〉，《老子本義‧論老子》，頁2。

而魏源在解老之時，無不以此求本爲要務，只要根本確立，心有所宗，便能不受外物之惑，能夠無欲而無爲。藉此能建立一絕對標準，將一切事物包含其中，不論是修養自身或者進而經世濟民，皆能臻於完美之境。

是以在魏源的解老概念當中，隱約可見其以《易經》的哲理概念爲最高，想運用儒家的哲理觀念將《老子》之「道」定義爲指實性的至高中正，以便理解實行，而積極實踐，避免無益之曲解〔註47〕。就魏源而言，將《老子》之「道」視爲絕對形上道體的概念，可說是比附於《易經》的思想特性而來，如其〈老子本義序〉開頭即言：

> 有黃老之學，有老莊之學。黃老之學出於上古，故五千言中動稱經言
> 及太上有言，又多引禮家之言、兵家之言。其宗旨見於莊子天下篇，其旁
> 出者見於靈樞經黃帝之言及淮南精神訓，其於六經也近於易。〔註48〕

已將《老》、《易》二者思想視爲相近。另外我們可從魏源於〈孫子集注序〉中所言，發現《易》、《老》實爲其構建「道」之思想的重要根源：

> 《易》其言兵之書乎！「亢之爲言也，如進而不知退，知存而不知亡，
> 如得而不知喪」，所以動而有悔也；吾於斯見兵之情。《老子》其言兵之書
> 乎！「天下莫柔弱於水，而攻堅強者莫之能先」；吾將斯見兵之形。《孫武》
> 其言道之書乎！「百戰百勝，非善之善者也；不戰而屈人之兵，善之善者
> 也。故善用兵者，無智名，無勇功。吾於斯見兵之精」。故夫經之《易》

〔註47〕就儒、道二家的形上思想差異，可引牟宗三先生之言爲說明：
> 道家式的形而上學、存有論是實踐的，平常由道德上講，那是實踐的本義或狹義。儒釋道三教都從修養上講，就是廣義的實踐的。儒家的實踐是 moral，佛教的實踐是解脫，道家很難找個恰當的名詞，大概也是解脫一類的，如灑脫自在無待逍遙這些形容名詞，籠統地就說實踐的。這種形而上學因爲從主觀講，不從存在上講，所以我給它個名詞叫「境界形態的形而上學」；客觀地從存在講就叫「實有形態的形而上學」，這是大分類。中國的形而上學——道家、佛教、儒家——都有境界形態的形而上學的意味。但儒家不只是個境界，它也有實有的意義；道家就只是境界形態，這就規定它系統性格的不同。（見牟宗三：《中國哲學十九講》，頁103。）

而就魏源解老的思想型態看來，以儒家之「道」解《老子》之「道」的特徵相當明顯。儒道家之「道」在義理性格上，可引牟宗三先生之言：
> 儒家就是創生，中庸說：「天地之道可一言而盡也：其爲物不貳，則其生物不測。」那個道就是創生萬物，有積極的創生作用。道家的道嚴格講沒有這個意思，所以結果是不生之生，就成了境界形態，境界形態的關鍵就寄託於此。（見牟宗三：《中國哲學十九講》，頁104。）

以爲基本義理上的區別說明。而魏源對《老子》之「道」的定義，則是極欲將之抽離境界形態，而以積極、實有的絕對形上視之，相當明確地展現出儒家思想的哲理觀念。

〔註48〕見〈老子本義序〉，《老子本義·老子本義序》，頁1。

也，子之《老》也，兵家之《孫》也，其道皆冒萬有，其心皆照宇宙，其
術皆合天人、綜常變者也。

…………

「弩生於弓，弓生於彈，彈生於古之孝子。」殺人以生人，匪謀曷成？
謀定而後義，斯常夫可制變，上謀之天，下謀之地，中謀之人，人謀敵謀，
乃通於神：非神之力也，心之變化所極也。變化者，仁術也；上古聖人，
因其至仁之心，挽水火而勝之，挽龍蛇虎豹犀象而勝之。恩生于害，害生
于恩，微觀於五行相生相克之原，天地間無往而非兵也，無兵而非道也，
無道而非情也。精之又精，習與性成，造父得之以御名，羿得之以射名，
稷得之以稼名，宜僚以丸，秋以奕，越女以劍。雖得諸心，口不能云；口
即能云，不能宣其所以云。若夫由其三以通其所以云，微乎！微乎！深乎！
深乎！夫非知《易》與《老》之旨者，孰與言乎！〔註49〕

「道」固然只是唯一，但就《易經》、《老子》、《孫子》對於「道」之體現，卻可涵
括世間萬有，統合一切思想與學術理論在根本上的變化，而使人易於了解與掌握。《孫
子》對於「道」能夠闡明得通曉，卻又是能深諳《易經》與《老子》之旨所致。故
《易經》與《老子》二書在魏源看來，可謂是將「道」體現得最適切的，而二者一
陽一陰互補而完全。

故就魏源的思想體系而言，「道」乃絕對唯一，為一切事物終極的本源或準則。
而《老子》所言之「道」就是這個絕對無上之「道」，只是在體現上是以陰柔面為之。
因此在《老子》的詮解上必須釐清此陰柔面所帶給人們不正確與不積極的印象，而
直指「道」的本源，方才能真正地認識「道」。

而這個至「道」的本來面目為何？魏源在其《老子本義》第一章的說解中有云：

至人無名，懷真韜晦，而未嘗語人，非祕而不宣也。道固未可以言語
顯而名迹求者也。及迫關尹之請，不得已著書，故鄭重於發言之首，曰道
至難言也。使可擬議而指名，則有一定之義，而非無往不在之真常矣。非
真常者而執以為道，則言仁而害仁，尚義而害義，襲禮而害禮。煦煦子子
詐偽之習出，而所謂道者弊，而安可常乎？老子言道，必曰常，曰玄。蓋
道無而已，真常者指其無之實，而元妙則贊其常之無也。老子見學術日歧，
滯有溺迹，思以真常不弊之道救之。故首戒人執言說名迹以為道，恐其無
所警識，因以天地萬物之理指示之。猶恐其不親切也，復即人心無欲有欲

> 時返觀之。又恐其歧有無爲二也。而後以同謂之玄渾徹於妙總括之。凡書
> 中所言道體者，皆觀其妙也。凡言應事者，皆觀其徼也。惟夫心融神化，
> 與道爲一。而至於玄之又玄，則眾徼之間，無非眾妙。凡言守雌，言不爭，
> 言慈儉，言柔弱，種種眾妙，皆從此常無中出矣。故曰眾妙之門。蓋可道
> 可名者，五千言之所具也。其不可言傳者，則在體道者之心得焉耳。全書
> 大恉，總括於此。所謂言有宗事有君也。〔註50〕

在其中可見魏源將「道」視作一形上的實體，而此形上道體乃一切之根本，可爲一切萬物的指導原則。但「道」有其不可言說處，乃因若就形下的語言賦以一定之義，便曲解了這個形上道體。「道」的本身便是「無」，然而魏源對這個「無」的詮解並不是虛無，只是非有形所能名狀。「無」是用來形容「道」的狀態，但還是有一個超越有形的絕對存在。而這個超越的存在便是眞，是超越一切之上的完美，故其有眞常不變之特性，方才能恆久不變，可爲萬物之依歸。而這個「眞常不變」的特性便是魏源對「道」的判斷標準，惟有符合者，才是「眞道」，才是「常道」，可爲人類與萬物所依循。所以在魏源看來，《老子》之「道」必須合乎不可言說的「玄」與永恆不變的「常」，而以「無」爲本體。

而魏源所謂的「玄」只是表其不可言說之特性，並非玄虛神祕。而所謂以「無」爲本體，並非視爲空無，仍是一具有實體義的概念，道的本體仍是實，只是非常人誤解之實，是無以名狀、具絕對性、永恒性並可作爲本源或遵循法則之實，其仍是一形上實體。

是以魏源在其詮解手法上讓《老子》所展現的思想回歸現實面，以爲一切形下的世界均是隨其狀態而變動，只有那主宰宇宙萬物的「道」才是恒常不變的。「道」與一般形下的事物不同之處，首先在於「道」是一種絕對性的本源，不論是萬物之源，或是一切原理原則之源，是一種超越一切的永恒存在，眞常而不變。而以這個「道」貫通到一切形下事物，形下事物方才能以正確的方式來運行。即是讓「道」成爲一絕對的形上根源，以之貫通一切事物，則一切事物便有了絕對正確而永恆的根據可以依持，而能以絕對正確的方式來運行。

綜合上面諸說，魏源所詮解出的《老子》之「道」乃擁有以下的特徵：

（1）以「無」爲本，不可名亦不可形，卻爲一具有絕對性的形上實體。

（2）爲萬物之本源，亦是萬物生化的法則。

（3）在體現上爲陰柔。

〔註50〕見《老子本義・上篇・第一章》，頁1～2。

（4）具有真常永恆不變的特性。

就此看來，魏源乃是將《老子》之「道」視為完全絕對的形上實體，可為宇宙萬物之絕對依歸，在《老子》文字中多以陰柔體現之。故《老子》之「道」是絕對的、恆常的、普遍的，而且只要人類的認知方法對，不要受到不當的語言文字影響，就可以完全認知到「道」。故魏源在詮解《老子》的發展方向上，會朝向追求完全的絕對定義而努力，意圖擺脫目前語言文字上所面臨的侷限以及玄虛之說所帶來的誤解。除去形下的偏差，還「道」一個形上的真純。

若就現代一般認可的詮解方式來看待《老子》，在此標準下跳脫文字字面上的呈現，以另一個方向來直指《老子》義理核心。可知《老子》以陰柔面說「道」，只是方便之說，是為了打破世人的偏執。而其以反言、虛言說「道」，亦是不想讓「道」的概念被視為絕對，使世人在思想上有所偏執，是以《老子》「道」之體現是應該跳脫所謂陰柔與陽剛的概念的〔註51〕。若在這個基準下作評斷，對於魏源以文字表現的陰柔面，而視《老子》義理性格為陰柔的詮解方式，恐怕將會對之下一未能深入體會《老子》的斷語。當然，這種判斷已無所謂客觀不客觀，正不正確了。那是在另一種基準立場下對魏源詮「道」之論的判斷。在此，我們不知魏源對於《老子》

〔註51〕若就《老子》中「道」的意義詮釋而言，直至現代學者仍有爭論。究竟要視為一如唐君毅先生等學者所論的「客觀實有」的形上根源或如牟宗三先生所謂之「主觀境界」的人生證成（這種區分採袁保新先生之說法，而其主要論述觀點可參閱袁保新：《老子哲學之詮釋與重建》（臺北：文津出版社，1997年12月初版二刷）中所收〈老子形上思想之詮釋與重建〉、〈老子思想中「道」之形上性格底商榷〉二文。）雖在區分上，這種「客觀實有」與「主觀境界」的二分，恐有過於簡略的情況，未必能涵蓋眾學者之說。而若完全將唐君毅先生詮解《老子》「道」義之說囿於「客觀實體」中，亦恐非唐君毅先生本意。如唐君毅先生本身對其說即有析論：

　　　然此老子之所謂道，是否當以實體之義為本以解釋之，亦實為吾等後人求解釋老子時所自造之問題。老子書中固無此所謂實體虛理等名，則吾人對解釋老子是否當以實體義為本之一問題，暫存之而不論，亦無不可。然要之可見吾昔年言道之六義一文之下篇，以實體義為本以解釋老子，只為解釋老子之言之一可能方式。吾昔之所言，固未必非，然其他之論，亦可是也。（見唐君毅：《中國哲學原論・原道篇》，頁338～340。）

亦可見唐先生對此問題另一層面的深入思考，在一個具備多種詮釋方向的可能下，並不泥於個人特定的詮釋理論，是為學者對學術思想立論時之深刻自覺。但在詮解「道」的概念上，這種區分卻能點出詮解觀念的主要歧義點，是以在此仍以之做為一論述簡易區分。雖說這恐怕尚有討論之空間，但無論是「客觀實有」與「主觀境界」的看法，對於「道」的形上依據雖有不同的立論觀點，不過若就《老子》思想中所具有的超脫面與其語言運用模式而言，卻是可見其義理性格具有不泥於語言文字的特色。而魏源解老之義理性格，則完全將《老子》超脫處給現實化，將虛言反說定義化。這的確與我們一般所認為的《老子》文本可見之特徵有不同之處。

思想的體會是因未能從此一層面思考，還是有意忽略，甚至是認爲自己指實的詮解方式才是正確。但在基本上，就《老子本義》的義理性格來看，對於《老子》所闡述的「道」是想要將其運用於實用面的。體「無」是爲了成就「有」，使「有」不致因人爲之紛亂而敗壞。想要藉由建立形上的「道」，再將正確認知形上的道體，以之貫通到形下世界的一切，糾正形下界因表象所形成的種種誤解和錯誤。而魏源在論道、器之時，即以此概念形成「道本而器末，以道御器」的道器觀。藉著這些概念在現實上的落實與發揚，爲政者即可以此掌握施政的正確方向，避免無謂的紛擾與誤謬。如《老子本義》第二十四章：

> 源案：守雌，不求勝也。守黑，不分別也。守辱，無歆豔也。樸不可以一器名，及太樸旣散，而後形而上之道，爲形而下之器矣。以道制器，則器反爲樸。蓋無爲而爲，自然而然。其視天下之理，如庖丁之視牛，恢恢乎其有餘刃，是雖宰制而未嘗割裂其樸也。道可君器，器不可宰道。此言官長，猶後章言不敢爲天下先，故能爲成器長。皆言聖人執本御末之道也。上三節，言其自末而返本。此二句，言其由本而爲末。然樸雖散而不失其本，則已散如未散。聖人雖用而不離其體，則已用如未用。是則不制之制，斯爲大制；不用之用，斯爲大用也。〔註52〕

視樸爲道展現的實體特質，爲形上之道貫通流布於形下之器時的特質。能以道制器，則器可回歸樸之特性，依道之無爲而爲、自然而然。縱使樸之外在特性已散，但因器已爲道制，是以根本猶在，散如未散。聖人若能體道而行，便能以不用之用、不制之制完成無爲的政治理想。再如魏源在《默觚上・學篇九》中也更進一步地在現實層面上，比附現實應用來表達了這個道器的概念：

> 曷謂道之器？曰禮樂。曷謂道之斷？曰兵刑。曷謂道之資？曰食貨。道形諸事謂之治，以其事筆之方策，俾天下後世得以求道而制事，謂之經。藏之成均、辟雍，掌以師氏、保氏、大樂正，謂之師儒。師儒所教育，由小學進之國學，由侯國貢之王朝，謂之士。士之能九年通經者，以淑其身，以形爲事業，則能以《周易》決疑，以《洪範》占變，以《春秋》斷事，以《禮》《樂》服制興教化，以周官致太平，以《禹貢》行河，以三百五篇當諫書，以出使專對，謂之以經術爲治術。曾有以通經致用爲詬厲者乎？以詁訓音聲蔽小學，以名物器服蔽三禮，以象數蔽《易》，以鳥獸草木蔽《詩》，畢生治易，無一言益己，無一事可驗諸治者乎？〔註53〕

〔註52〕見《老子本義・上篇》，頁 30～31。
〔註53〕見《魏源集》，頁 23～24。

其說雖是就儒家治術而言，但卻可由此見魏源對道器的認知趨向。當魏源將這些概念帶入《老子》的詮解時，忽略「道」的超脫性，建立「道」的絕對性亦屬其義理上之必要，以利其詮釋體系的建立。體現「道」乃是爲了建立客觀準則，避免無益的偏差，以爲治世所用。在這種立場下，其「偏執」是有必要的。而魏源便在這個他所認爲「絕對」與「正面」的「偏執」下，對《老子》進行有益於經世致用的詮解了。

第三節　魏源《老子本義》詮老之思想體系與特色

就整個《老子》思想體系而言，其貫通一切的主軸便是「道」。在先前的章節我們已將魏源對於《老子》「道」的詮釋作了一番說明，現在讓我們來探討魏源如何在其所詮釋的《老子》之「道」上進行種種詮解，建構他所詮解出的《老子》思想。

一、魏源詮老體系的架構

就上述所言，魏源乃以一形上實體解《老子》之「道」，此「道」可爲天地萬物之源，又可爲萬物生化所依循的根本法則。但這個「道」，恍兮惚兮卻又實存於無可名的狀態之中，其存在正是所謂的「無狀之狀，無物之象」。既無所謂形下的具體形態，所以不受形下物質的生化而毀滅，故可以爲常，永恆而不滅。而只要確實掌握住這個「道」，便能使一切有宗有君，而能正確永恆地運行生化。魏源所謂的「眞解」，其實就是要彰顯這個概念，而歷來注家無一得「眞解」，便是他們無法在實際上掌握這個概念，卻以玄虛而無確實定義的概念來說解《老子》。

至於魏源在整個《老子》思想體系的架構上，雖未明言所承，但就其「以道御器」的概念觀之。乃以眞常不變之道爲根本，平息歧出與紛亂，並以此正確指導形下一切事物。其對本末掌握的概念，大體上與王弼的「崇本息末」之說相類似。「崇本息末」是王弼詮老的重心所在，王弼在其所著的〈老子指略〉中曾說：

> 《老子》之文，欲辯而詰者，則失其旨也；欲名而責者，則違其義也。故其大歸也，論太始之原以明自然之性，演幽冥之極以定惑罔之迷。因而不爲，損而不施，崇本以息末，守母以存子，賤夫巧術，爲在未有，無責於人，必求諸己，此其大要也。〔註54〕

又說：

> 《老子》之書，其幾乎可一言而蔽之。噫！崇本息末而已矣。觀其所

〔註54〕見樓宇烈校釋：《王弼集校釋》（北京：中華書局，1980年8月1版），頁196。

由，尋其所歸，言不遠宗，事不失主。文雖五千，貫之者一；義雖廣瞻，
眾則同類。解其一言而蔽之，則無幽而不識；每事各爲意，則雖辯而愈惑。〔註55〕

其「崇本息末」之說乃是以一建立形上根本的方式來詮解《老子》，只要抓住了這個根本，便可以正確掌握《老子》思想的眞義，避免許多不必要的枝節與紛亂〔註56〕。我們可以再看《老子》三十八章的王弼注文：

> 本在無爲，母在無名，棄本捨母而適其子，功雖大焉，必有不濟。名雖美焉，僞亦必生。……
>
> 載之以道，統之以母，故顯之而無所尚，彰之而無所競，用夫無名，故名以篤焉。用夫無形，故形以成焉。守母以存其子，崇本以舉其末，則形名俱有而邪不生。大美配天而華不作，故母不可遠，本不可失。仁義，母之所生，非可以爲母。形器，匠之所成，非可以爲匠也。捨其母而用其子，棄其本而適其末，名則有所分，形則有所止，雖極其大，必有不周，雖盛其美，必有憂患，功在爲之，豈足處也。〔註57〕

可以發現王弼在這段文字中一再強調本、母之重要，只要掌握了住本、母就可以知其末、子，而末、子在展現上的正確與否又全端賴能否掌握崇本、守母。在王弼以「本末」闡義的豐富解老面象中，上述文字所表現的意義乃在視一切事物皆有所本，而事物的正確運行與否，全賴是否依其本而行。我們能否正確認識事物，也全靠我們能否在認知上掌握這個本。再就前述魏源論道的義理特質而言，魏源的詮老方式可說是近於王弼「崇本息末」之說，乃是意欲爲《老子》思想建立一形上根源。但魏源的概念闡發卻偏向於所謂「守母以存其子，崇本以舉其末」，藉「本末」建立形上體系，以形上道體之「本」指導形下事物之「末」爲主。如《老子本義》第二十七章：

> 道，即所謂常道也。道以無名爲常。故但可名以無名之樸而已。樸之爲物，未琱未琢，其體希徵而不可見，故無名。然天地之始，萬物恃之以

〔註55〕見《王弼集校釋》，頁198。

〔註56〕王弼「崇本息末」之說，就「本末」而論「有無」、「體用」，其義涵相當豐富，林麗眞先生所著《王弼》（臺北：東大圖書公司，1988年7月初版）一書，爲之論述甚爲詳盡而全面（對於「崇本息末」說相關《老子》的闡釋部分可見該書頁37～83之論述）。其以「體用關係」、「相對關係」與「統合關係」三個面象來論述「本末」關係，頗能顯現不同狀況下「本末」的關連性。惟其又以此三個面象推論爲「本末不離」、「本末相離」、「本末統合」三個思想變化層次，將青原惟信禪師見山見水三層次之開悟過程（可參見《五燈會元》（臺北：文津出版社，1991年4月初版），頁1135）來類比王弼「崇本息末」思想形成的過程。雖可顯現其個人架構王弼思想歷程之所見，但卻不免有爲架構體系而架構體系之情形，以致在這其中或許有值得商榷之處。

〔註57〕見《王弼集校釋》，頁94～95。

生。則天下孰敢臣其所自生，與其所自始者哉。侯王若能守，是見小曰明者也。知子守母者也。守之以主萬物，而萬物有不賓者乎。譬猶陰陽交和，成雨露以生萬物。雖無人使令之而自溥徧。侯王執道紀，莫之令而萬物自賓，亦猶是耳。夫侯王之守樸，守其無名者而已。守其無名，始可以制有名。制者，裁其樸而分之。禮樂政刑，皆自取也。然苟逐末而忘本，將愈遠而失宗。是故無過恃，無多求，仍貴其止，止者鎮之以無名之樸而已。由無名以制有名，故器以生。復以有名守無名，故樸不散，夫何不知常妄作凶之有。是故道之在天下，猶水之在江海。自本而末，末而不離其本也。

為侯王者，可不守樸以御物乎。〔註58〕

即表現出魏源在解老上沿用了「崇本」、「守母」的概念，具有與王弼之說相近的特色。足見魏源在解老的義理基礎上乃承襲了王弼「崇本息末」之說，用以建立其「本末」、「道器」的思想體系。乃視形上之道為一絕對根源，可支配形下器物；而器也必須依循道，才能正確地運作，不偏其本。然而在「道」作為一個本源後，其衣養萬物、內存於萬物的作用便是「德」，而整個《老子》的基礎思想體系便是由這「道」、「德」開展出去。在這方面，魏、王二人亦有類似之處。如王弼在《老子》第三十八章之注中有言：

德者，得也。常得而無喪，利而無害，故以德為名焉。何以得德？由乎道也。何以盡德？以無為用。以無為用則莫不載也，故物無焉，則無物不經，有焉，則不足以免其生。是以天地雖廣，以無為心。聖王雖大，以虛為主。故曰，以復而視，則天地之心見。至日而思之，則先王之至覩也。故滅其私而無其身，則四海莫不瞻，遠近莫不至。殊其己而有其心，則一體不能自全，肌骨不能相容，是以上德之人，唯道是用。不德其德，無執無用，故能有德而無不為，不求而得，不為而成，故雖有德而無德名也。下德求而得之，為而成之，則立善以治物，故德名有焉。求而得之必有失焉，為而成之必有敗焉，善名生則有不善應焉，故下德為之而有以為也。無以為者，無所偏為也。凡不能無為而為之者，皆下德也。仁義禮節是也，將明德之上下，輒舉下德以對上德，至於無以為，極下德下之量，上仁是也，足及於無以為而猶為之焉。為之而無以為，故有為，為之患矣。〔註59〕

在《老子》第五十一章解「道生之，德畜之，物形之，勢成之。」之注文：

物生而後畜，畜而後形，形而後成，何由而生？道也；何得而畜？德

〔註58〕見《老子本義・上篇》，頁35。
〔註59〕見《王弼集校釋》，頁93～94。

也；何由而形？物也；何使而成，勢也。唯因也，故能無物而不形；唯勢
也，故能無物而不成。凡物之所以生，功之所以成，皆有所由，有所由焉，
則莫不由乎道也。故推而極之，亦至道也。隨其所因，故各有稱焉。〔註60〕

在同一章解「是以萬物莫不尊道而貴德。」之注文：

道者，物之所由也。德者，物之所得也。由之乃得，故曰不得不失，
尊之則害，不得不貴也。〔註61〕

綜而觀之乃是以「得」解「德」，以「道」為一切萬物的本源，以「德」為下貫萬物
為萬物所擁有。是以「道」在創生萬物後，便以「德」顯現，所謂「道生」、「德蓄」。
對於「德」的概念，魏源同王弼一般，故在說解時便引用王弼的概念：

王氏弼曰：物生而後蓄，蓄而後形，形而後成。何由而生，道也。何
得而畜，德也。物之所以形，勢之所以成，有所本。道者物之所由也，德
者物之所得也。由之乃得，故不得不尊。失之則害，故不得不貴也。〔註62〕

然而「道」自「德」下貫萬物，萬物藉「歸根復命」回歸本源再體現「道」，如此循
環不已。是以在這個「道」的運用上必須抱持「真」、「常」為標準，如此方能不弊
而永久為用。正如前述，魏源對於《老子》進行詮釋時，特重此「真常」。因此，能
不能從「真常」來解《老子》，將關係著解老時能不能建構一有根源的思想體系，是
以在現實面上具有重大的意義。對於道之體用，魏源曾說解：

蓋道以虛為體，以弱為用，無事乎實與強也。故可實者惟腹而已，可
強者惟骨而已。以虛弱為心志，而置強實於無用之地。則其心志常無知無
欲矣。無知無欲則無為，縱有聰明知識者出，欲有所作為，而自不敢為。
無為之為，民返於樸而不自知，夫安有不治哉。〔註63〕

藉由了解「道以虛為體，以弱為用」的特性，才能不執於強，避免為強之外象所惑，
進而無欲而無為。不但在治世上如此，同樣可把這個概念用於澄心清知，拋開外物
的執念與影響，進而觀復而體道。在整個復觀與體道的歷程上，魏源則如此分析：

此極言體常之要。其入手在於觀復，觀復即觀徼也。夫物芸芸五句，
上即物理之自然，以推動常歸靜之旨。自知常曰明以下，乃言學道者觀復
之明，以明致虛守靜之效也。致者至其極也，虛者無欲也。無欲則靜，蓋
外物不入，則內心不出也。篤，固也。學道而至於虛，虛而至於極，則其

〔註60〕見《王弼集校釋》，頁137。
〔註61〕見《王弼集校釋》，頁137。
〔註62〕見《老子本義・上篇・第四十三章》，頁58。
〔註63〕見《老子本義・上篇・第三章》，頁4。

守靜也篤矣。故下文專即至靜而言之。致虛而未知實之即虛，守靜而未知
動之即靜者。觀無於無，而末於有觀無故耳。凡有起於虛，動起於靜，故
萬物雖並動，卒復歸於虛靜，是物之極篤也。第眾人之於物，息而後見其
復，衰而後見其歸根。惟知道者虛靜之至，則見其所以作，與其所以芸芸。
其所以作者，乃其所以復也。知作者之皆妄，而靜者之為常，則執性命以
命群物。常有而常無，常作而常靜，知幾之謂明矣。何有妄作之凶乎？夫
知非聞見測度之謂也。能渾一於物我之間，外無不容，而內無或私者，庶
乎真知之矣。是故言其大則內聖而外王，言其化則合天而盡道。盡道者無
他焉，常而已矣。久而不殆者，常之謂也。〔註64〕

因此，原本道生德蓄的萬物，只要能從「致虛極、守靜篤」中藉著復觀而體常，自
然可以體會到「道」。此外，魏源在說解這個部分時卻表達了「觀復即觀徼」的觀念，
足見他「觀復」所重者在「有」，藉著觀察萬物有形的變化以歸根復命，體常知道。
既然其所重者在「有」，那麼關於「道」之實際體現的「德」便成了魏源關注的焦點
了，也成為形上下貫形下的正確通路，並可為魏源以現實致用為目的的解老方式構
築了體系開展的方便。魏源以這些概念為《老子》「道」的思想建立了一個形上貫通
形下的體系，並以之為真常不變的真理。在此將其概要簡示如下圖：

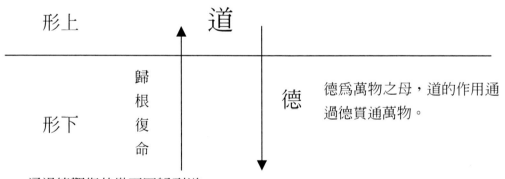

正確認知形上的道體，建構其形上形下作用的體系。這是魏源對於還原《老子》
真正義理所作的努力，以改變過去人們的誤解，重新讓《老子》可以獲致實用。但
對於具有經世濟民思想特質的魏源而言，在辨明了《老子》思想之後，最重要的還
是要讓形上的道體貫通形下世界的一切，糾正形下界因表象所形成的種種誤解和錯

〔註64〕見《老子本義‧上篇‧第十五章》，頁17。

誤，這方才是魏源詮釋《老子》的最終目的。

然而在魏源對歸根復命的詮說當中，可發現他又引入了「復性」的概念來說解。即在上述《老子本義》第十五章相關觀復的說解之後，他又引蘇轍語：

> 蘇氏轍曰：「致虛未極，則有未亡也。守靜不篤，則動未亡也。丘山雖去，而微塵未盡，未爲極與篤也。不極不篤，而責虛靜之用難矣。虛極靜篤，以觀萬物之變，而後不爲變之所亂，知作之未有不復也。苟吾方且與萬物皆作，則不足以知之矣。萬物皆作於性，皆復於性，猶華葉之生於根而歸於根。性命者萬物之根也，苟未能自復於性，雖止動息念以求靜，非靜也。惟歸根以復於命，而後湛然常存矣。不以復性爲明，則皆世俗之智，雖自謂明，非明也。」〔註65〕

這「萬物皆作於性，皆復於性」可謂是把「性」等同於具有根源義之「道」或「自然」了。《老子》文本中未見所謂「性」之概念，而儒家所謂之「性」，可視爲道德之根源。魏源即以「性」之根源概念引入，比附「道」與「自然」。如魏源在《老子本義》第二十一章的說解中即言：

> 蓋人性之大與天地參，前章言知常容，容乃公，公乃王，王乃天，天乃道。是王者人道之盡，而與天地同者也。言王者何以全其大乎，亦法天之無不覆，法地之無不載，法道之無不生而已。道本自然，法道者亦法其自然而已。自然者性之謂也。人而復性，則道之量無不全矣。〔註66〕

就其義觀之，魏源似乎是以《中庸》中由「盡其性」至「贊天地化育」進而「與天地參」的思想比附解老〔註67〕。又以宋明理學之「性」來等同「自然」，作爲人所歸復的依據，而在《老子本義》中亦多次引前人「復性」之說來輔助詮老〔註68〕。就魏源所復之「性」而言，實乃儒家之德性，而《老子》之「復命」是要回歸道之自然。兩者本有其義理概念的不同，但魏源卻未深入明析，並且視之以相近的概念而比附。就一學術上的義理析辨而言，魏源似乎無法在根本義上區別二者。但就魏源的詮老意圖而言，恐怕他本就有混同之意，才形成這種詮說。我們可見魏源這個

〔註65〕見《老子本義・上篇・第十五章》，頁17～18。

〔註66〕見《老子本義・上篇・第二十一章》，頁27。

〔註67〕如《中庸》第二十二章：
　　　　唯天下至誠，爲能盡其性。能盡其性，則能盡人之性。能盡人之性，則能盡物之性。能盡物之性，則可以贊天地之化育。可以贊天地之化育，則可以與天地參矣。(《四書集注》(臺北：世界書局，2004年10月初版第34刷)，頁44。)

〔註68〕關於《老子本義》中魏源的「復性」概念，賀廣如先生曾作詳細析論，可參賀廣如：《魏默深思想探究──以傳統經典的詮說爲討論中心》，頁77～81。

建立形上根本的概念，已擴展到了德性中。將一切德性根本的「性」形成一絕對的形上根源，等同於「道」、「自然」一般。那麼由此根源所形成的各類德性，便是真常之德，而非人爲之僞。而人們經由回歸「道」與「自然」的體悟歷程，便可「復性」完成德性修養。那麼儒老二家的概念便可合一，德性與自然也不互相衝突。這便是魏源建立實體形上根源以求會通儒老的意圖，而經過這個思想理論的建立模式，才能推演形成有利於經世致用的人生修養與政治實用理論。

在基本上，魏源似乎是仿效王弼以建立形上根本來詮說《老子》思想，而二者概念也極爲類似。但在整個體系的開展上，魏源卻顯得更爲指實。將一些概念賦予更明確的定義，使其所開展出的義理更貼近於現實面的應用。是以在說解上，我們可以發現，魏源在詮說上，似乎與王弼以及歷來宗王弼注說的注家並無大異，也經常引用他們的文字。但魏源對於王弼等注家卻也未有太大的推崇，足見魏源在個人的思想評斷標準上，必然認爲王弼等注家有不足之處。就王弼的概念而言，雖以「無」爲本，「有」生於「無」，但「有」、「無」是相對而相形的，「無」是一種概念上的形上存在，需藉「有」而顯現。魏源雖然同樣說這些，但他的「無」卻比較接近一種實體上的形上根源，只是無形無狀，無以名之而已。「崇本息末」中偏向「貴無」之哲學析論，對魏源而言還是太玄虛，亦非他所願著力之處；魏源只求一絕對原則的根本，乃以崇本來平息形下界因誤解所產生的紛爭即可，其它近於玄虛的說辭皆是多餘。以「崇本舉末」、「以本統末」來形成正確的指導方向，使形上之本母能正確指導形下之末子，方才是他認爲該發揚的重點。要如何讓「道」貫通到「器」，讓「器」正確地依「道」而行，這才是魏源所認爲的解老重心。所以王魏二者在詮老上的差異性，便在對「無爲」的解釋上顯現了出來。

一般而言王弼是以「順應自然」來解釋「無爲」，如在《老子》第二章「是以聖人處無爲之事」下之注文：

> 自然已足，爲則敗也。〔註69〕

如在《老子》第五章「天地不仁，以萬物爲芻狗」下之注文：

> 天地任自然，無爲無造，萬物自相治理，故不仁也。仁者必造立施化，有恩有爲，造立施化則物失其眞，有恩有爲，列物不具存，物不具存，則不足以備載矣。地不爲獸生芻，而獸食芻；不爲人生狗，而人食狗。無爲於萬物而萬物各適其所用，則莫不贍矣。若慧由己樹，未足任也。〔註70〕

是以只要能順應自然，便可使一切事物自化自成，避免有爲之害。故其於《老子》

〔註69〕見《王弼集校釋》，頁6。
〔註70〕見《王弼集校釋》，頁13。

第十章「明白四達，能無爲乎？」下之注文說：

> 言至明四達，無迷無惑，能無以爲乎，則物化矣。所謂道常無爲，侯
> 王若能守，則萬物自化。〔註71〕

在《老子》第四十八章「損之又損，以至於無爲。無爲而無不爲。」下之注文：

> 有爲則有所失，故無爲乃無所不爲也。〔註72〕

在《老子》第五十七章「故聖人云：『我無爲而民自化，我好靜而民自正，我無事而民自富，我無欲而民自樸。』」下之注文：

> 上之所欲，民從之速也。我之所欲，唯無欲而民亦無欲自樸也。此四
> 者，崇本以息末也。〔註73〕

皆是表明了「無爲」在運用上的道理。然而魏源在這方面的義理開展卻明顯與王弼有別，在《老子本義》第三十二章，說解《老子》「道常無爲而無不爲。侯王若能守之，萬物將自化。化而欲作，吾將鎮之以無名之樸。無名之樸，夫亦將無欲。無欲以靜，天下將自正。」內容時，魏源表現了他的看法：

> 源案：化而欲作以下，說者多失之。蓋欲作者欲生萌動也。夫萬物自
> 化，則任其自生自息而已。自生自息，而氣運日趨於文，將復有欲心萌作
> 於其間，苟無以鎮之，則太古降爲三代，三代降爲後世，其誰止之？然鎮
> 之亦豈能有所爲？亦鎮之以無名之樸而已。無名之樸者，以靜鎮動，以質
> 止文，以淳化巧，使其欲心雖將作焉而不得，將釋然自反而無欲矣。〔註74〕

若是順應萬物自化，必然會有流弊滋生。是以必須鎮之以無名之樸，即彰顯「道」的眞理而讓一切有所依循，才不致朝向人爲重文的方向運行。在魏源的觀念中，若是放任一切自行而未能以道爲根本，則人爲之害必然會滲入其中。所以，他的「無爲」便有積極導向的意義在其中，爲「無爲」並非放任自化，而是不爲無益紛擾之事，徒增人爲於其上。但合於道者，仍是要積極爲之，避免在人爲之弊產生時，才施以人爲救之而多增紛擾。如此方才能眞正掌握「無爲」之要。如在《老子本義》第五十五章中他闡明了這個概念：

> 此章皆明無爲而無不爲之旨。無事無味之下，即次以大小多少。報
> 怨以德者，以明我所謂無爲者，非徒輓斷之見，託諸空言而已。必實能
> 等觀大小，化怨爲德，難平之情，一切順受。驗之於此，而後眞能事無

〔註71〕見《王弼集校釋》，頁23。
〔註72〕見《王弼集校釋》，頁128。
〔註73〕見《王弼集校釋》，頁150。
〔註74〕見《老子本義·上篇·第三十二章》，頁42。

事之事，味無味之味。為之未有治之未亂之後，復繼以無為無執者。以
明我所謂為，非謂曲謹周密，小察機警也。其為無為，執無執，益出於
眾人之所不覺。而未嘗造作有心也。味無味，則其欲也不欲矣。事無事，
則其學也不學矣。恃，待也。待其自然而不敢以有為造作之。所謂無為
自化，清靜自正也。〔註75〕

又就呂惠卿與李嘉謨的說解而發揮：

> 呂氏惠卿曰：有為則有事，有事則有味。為而不為，則事亦無事。雖
> 反復尋繹而何味之可言乎。人所最難忘者怨，而吾一以德報之，則其他尚
> 何足嬰其心哉。天下之事大作於細，難作於易。苟有所作，吾必於易與細
> 而先見之。既則見圖而為之，所謂知幾其神者也。是以終不為大，故能成
> 其大。蓋彼方防大於其細，而安有為大於其大也。聖人猶難之，故終無難。
> 以難之於其易，而不難之於其難也。持於安，謀於未兆，則是為之於未有
> 也。破其脆，散其微，則是治之於未亂也。苟已有而為之，則欲其成而反
> 敗。已亂而治之，則執愈固而反失。聖人以不為為之則無為，以不治治之
> 則無執。民之從事，常在於既有之後。故至於幾成而敗之，以不知其本故
> 也。苟知大生於小，高起於下，遠由於近而慎之，則何敗失之有？李氏嘉
> 謨曰：自易而往，則難者亦易，自細而行，則大者亦細。是以聖人終不為
> 大，而大必歸之者，由其無心也。聖人於事未至，已常若難之者，不以我
> 必於物也。故常安其所安，而無不安。則其持無所持而易持矣。即或偶有
> 不安之萌動，即自其未兆而謀之，自其脆微而破散之，故無有撓其安者。
> 由持其安於未有，治其不安於未亂。譬如木之自牛，土之漸高，行之日遠，
> 於無為之中。自然而為，於無積之中。自然而積，故累日益去，善日益積，
> 而聖人未嘗知也。世之為道所以難成而易壞者，由其有意於為之執之。方
> 其始若無所容其勤，及其終又不免於怠，皆為之執之之咎也。使其始終不
> 為且執，則求其勤且不可得，而況於怠歟。〔註76〕

所以魏源在明析「道」為絕對形上實體後，在思想的發揮上便著重於現實面。認為
人必須積極地去體用「道」，依此「道」而行，否則必然言仁害仁，尚義害義，襲禮
害禮。而所謂害仁、害義、害禮，並非是仁義禮本身有問題，而是未能以真道貫通
仁義禮。所以，魏源解老並不視仁義禮為非，也不把仁義禮的本體視為人為。人為
之害是以非「道」之心行之，即以可道人為之文妨害了不可道自然之真。所以仁義

〔註75〕見《老子本義・下篇・第五十五章》，頁74～75。
〔註76〕見《老子本義・下篇・第五十五章》，頁76～77。

禮本身仍是有益的，也是一可爲遵循的形上根源。如《老子本義》第十六章，關於
《老子》「絕仁棄義，民復孝慈；絕聖棄智，民利百倍；絕巧棄利，盜賊無有。此三
者，以爲文不足，故令有所屬：見素裹樸，少私寡欲。」之文字，魏源引吳澄注語
而自作發揮：

> 此三者指仁義聖智巧利三事也。屬，與莊子屬其性乎仁義之屬同。猶
> 云附著也。皇之大道，實有餘，文不足。自皇而降，漸漸趨文，故遞以前
> 此之文爲不足，而各附著於所尚，是以屢變而趨於末。而豈知大道之民，
> 見素抱樸，質而已矣。如此則少私寡欲，何以文爲。上云六親不和有孝慈，
> 而又言民復孝慈者。蓋人孝慈則無孝慈之名，此名實文質之辨也。以是推
> 之，則真仁義者無仁義之迹，真聖智者無聖智之名。亦若是而已。見素抱
> 樸，少私寡欲。則我無爲而民自化，我無欲而民自樸。此聖智之大，仁義
> 之至，巧利之極也。〔註77〕

足見魏源不反對「真正的」聖智、仁義與巧智。世人之所以有著種種禍敗亂亡，實
是未能體悟真道而有種種人爲之文所致。當能依真道而行時，則自然能有真「仁義」、
「聖智」之質。所以在魏源所詮解的《老子》思想中，仁、義、禮等是有根源存在
於其中的，而魏源也認爲《老子》思想中並未輕忽這些，所以他說：

> 河上公曰：「老子言我有三寶，一慈、二儉、三不敢爲天下先。」慈
> 非仁乎？儉非義乎？不敢先非禮乎？易曰：「德言盛，禮言恭。」又曰：「昔
> 吾有先正，其言明且清。」老子有焉。〔註78〕

乃以老子所言之三寶等同於仁義禮，認爲老子並未鄙視仁義禮，並將仁義禮融入了
思想中。因此，在魏源的觀念中，仁義非人僞，這些仁義道德概念仍有其形上根源，
而這個根源就在「道」中。透過以「無」體「道」的過程便可以將其真正的根源顯
露出來，而讓人們能行真仁義，避免流於人爲之僞仁、僞義。正如前述魏源所謂的
「復性」之說一般，皆是要爲德性建立一真常的形上根源。只要依真常之「道」而
發出的仁義，便是真仁義，而非人爲之僞仁義。此爲魏源會通儒老而形成的思想體
系，而這也是他在《老子》相關仁義德性的問題處理上，所認爲的解老真義。

整體而言，魏源之「道」是具絕對完美的形上實體，可爲一切之本源，亦是萬
物運行之絕對法則。魏源之體「無」，非視「無」爲無物，乃視「無」爲「無以名狀」
的形上實體根源，雖不具人爲的意義賦予，但其本仍是存在。因此在魏源的詮老體
系的架構上，他並不深究「道」的形上探討，在所謂的形上本體之論述上亦極簡明。

〔註77〕見《老子本義·上篇·第十六章》，頁 19～20。
〔註78〕見《老子本義·論老子》，頁 3。

在《老子本義》第四章詮解《老子》「道沖而用之，又弗盈。淵兮似萬物之宗，挫其銳，解其紛，和其光，同其塵；湛兮似或存。吾不知其誰之子，象帝之先。」這段文字時，即以簡明的體用之理析論：

> 此章乃常無觀妙之事也。《說文》曰：盅，器虛也。道之體本至也，而用之有能不盈者乎。則淵然其深，物物而不物於物，似萬物之宗矣。夫人之用所以失之盈者，恃己之銳而與人爲紛，以己之光而照人之塵也。挫其銳則紛自解矣，和其光則塵自同矣，是其用之能不盈也。湛兮若存，則其體仍盅矣。世或有斯人，則體用一源，復乎道之本然，象帝之先矣。而誰其能之哉？

雖言此章所探討者爲觀妙之事，但所述之道體卻甚簡明，不故作玄虛，並進一步地切合到人事之上，著重於體用合一，以有利於人之修養與處世之圓融。並引李約、蘇轍之言以爲輔助：

> 李氏約曰：「象，似也。道性謙約，故不云定處其先而云似。」蘇氏轍曰：「銳挫紛解，則不流於妄。不搆於物，外患已去而光生焉。又從而和之，恐其與物異也。以塵之至雜而無所不同，則於萬物無所異矣。聖人之道如是而後全，則湛然常存矣。雖存而人莫之識，故似或存耳。」

更可見魏源贊同以指實層面論道體的說法，所謂眞正圓融的聖人之道，實是湛然常存，之所以有「似」、「或」等不確定的解釋。實是「道」性所然，而一般人又不能確實理解所致。魏源在最後更對自己的詮說與引用作說明：

> 源案：末二語就體道之人言之，方平易親切。諸家皆謂推極。然問道爲誰氏之子，既太支離；而推道爲在帝之先，又太幻渺。故並不取。〔註79〕

就此已可見魏源在相關「道」之本體與原則的探討上，認爲只要簡明地知其根本與體用，便可掌握住要旨，而不至於有所偏失。對於「道」之形上探討便非魏源詮老的重心，重要的是要如何正確地掌握「道」通過「德」來衣養萬物、運作萬物的現象與法則，並將正確的概念發揚到現實人生上。所以魏源之「無爲」是有積極作用的「不爲無益之事」，並非無所用事或放任自然。魏源的解老的著重點，已不完全在「無」的哲理上，而是欲彰顯「有」的正確實現。正如他在〈論老子一〉中所言：

> 老子曰：「有之以爲利，無之以爲用。」非不知有無之不可離，然以有之爲利，天下知之；而無之爲用，天下不知。故恆託指於無名，藏用於不見，損之又損，以至於無爲。無爲之道，必自無欲始也。諸子不能無欲，

〔註79〕以上三引文均見《老子本義・上篇・第四章》，頁5。

而第慕其無爲，於是陰靜堅忍，適以深其機而濟其欲。莊周無欲矣，而不知其用之柔也；列子致柔矣，而不知無之不離乎有也。故莊列離用以爲體，而體非其體。申韓鬼谷范蠡離體以爲用，而用非其用。則盍返其本矣。本何也？即所謂宗與君也。於萬物爲母，於人爲嬰兒，於天下爲百谷王，於世爲太古，於用爲雌爲下爲玄。故如蓋公黃石之徒，斂之一身，而徼玅渾然，則在我之身已羲皇矣。即推之世而去甚去奢，化嬴秦酷烈爲文景刑措，亦不曾後世羲皇矣。豈若刑名清談長生之小用而小弊，大用而大弊邪？〔註80〕

乃視「有」、「無」是緊密結合而不可離的，《老子》多言「無」是因世人不知「無」之用，故爲世人明辨之，並非是否定「有」的存在。而當世人眞正認清了可爲「有」之根本的「無」，才能正確地實現「有」之用。在魏源看來，認清「無」是爲了正確指導「有」，而非在「無」的玄理上打轉。所以「無有」不可分，「體用」不可離。要對「無有」、「體用」有正確的認知才能實行「無爲」。而要正確實行「無爲」又必須具有完美「無欲」之人格，否則必然流於運用「無爲」行權謀以逞個人之私慾。然此「無欲」又不能過於偏重獨善其身，以致於忽略了濟助天下萬民。過去莊列的錯誤乃在只注重「無」之「體」，而忽略了「有」之用，以致流於玄理，而使其「體」因不能開展出正確指導「有」的原則，那麼其「體」也就因無現實意義而不成爲一眞正之「體」了。申韓之流又因只重視「用」，使得其「用」無「體」之正確指導而流於殘忍，那麼其「用」也就非正確之「用」了。爲了避免這些各有偏執的狀況，所以魏源認爲必須要依循《老子》「言有宗，事有君」的「本」，才不致因無法正確體用而產生種種流弊。如《老子本義》第五十九章即言：

> 此嘆世人之不知至道而自知其知也。老子教人，柔弱謙下而已。其言至簡至易，初無難行，而世降俗下，天下莫有知其可貴而行之者。夫何故？蓋吾所言柔弱退下之事，固自有統會宗主之旨存焉。世人不知吾之宗主，而但見其外所言不過柔弱謙下之事。是以視爲卑卑無甚高論，而莫之貴耳，故深嘆之也。蓋大道於俗不肖，而玄德以物相反。知者自然希少，此道之所以貴乎俗而不可不知者也。使道亦俗情俗見無異，則無足寶重矣。人既莫知，則我有三寶，惟我能持而行之，若被褐懷玉而人莫知之也。夫中所懷之貴者，以其知夫言之宗、事之君，外所被之賤者，以其知而不知，若愚若晦，斯乃上德若辱者也。人既不知，則必反自以爲知。衒玉求售，必非至寶。以瑜爲瑕，以規爲瑱。雖聖人與居，不能藥而救之也，非病而

〔註80〕見《老子本義・論老子》，頁1～2。

何。使其一旦自知其病而病之，則所以去病者即在此矣。前半段言人知道
者之難，後半段嘆人妄知者之多也。蓋昧於道眞者，由惑於俗見，以人身
言之。則不知者其病之見證。而自以其妄見爲知者，則其致病之根源也。
故後以病喻之。〔註81〕

而魏源認爲世人之所以難以知道，並以妄見爲知，實乃是對於正確的認識方法未能
掌握，而且惑於表面的名言，以致無法得其眞知。從《老子本義》第二章的說解中，
可以大致窺見魏源關於認知方面的看法：

此明首章常名無名之恉也。蓋至美無美，至善無善，苟美善而使天下
皆知其爲美善，則將相與市之託之，而不可常矣。此亦猶有無難易長短高
下音聲前後之類。然當其時，適其情，則天下謂之美善。不當其時，不適
其情，則天下謂之惡與不善。聖人知有名者之不可常，是故終日爲而未嘗
爲，終日言而未嘗言。豈自知其爲美爲善哉，斯則觀徼而得妙也。

在這邊，魏源把《老子》本文中的相對問題用絕對的觀點去解釋。認爲至善、至美
仍是存在，只是不可用一般的名言去形容，若執於一般的名言，便常會造成誤解，
而所謂美與惡、善與不善的相對問題才因此產生。名言雖不可盡表美善，但並不表
示美善不可認知，惟有不惑於有名之美善，眞常的至善、至美才能被正確認知。所
以這種一般的名言無法長久存在，必須去此有爲之無益名言，而以「爲無爲」、「行
不言」的方式認知無以名之的眞正美善。也才能避免被蒙蔽，而可以由觀徼而得妙，
得到眞正的認知。是以魏源承認名言有其局限性，會妨害人們的眞知，並且運用原
來用來說明萬物化育道理的文字來說明名之不可居，展現出魏源個人獨特的詮釋見解：

若然者，萬物之來，雖亦未嘗不因應。而生不有，爲不恃，終不居其
名矣。夫有名之美善，每與所對者相與往來興廢，以其有居則有去也。苟
在己無居，夫將安去。此乃無爲不言之美善，無與爲對，何至於美斯惡，
善斯不善哉。斯眞所謂常善也。〔註82〕

魏源認爲惟有無爲不言之美善才能不受可名之名的局限，也才能成爲眞正的常善。
因此在認識方法上，魏源強調不要被充斥著世俗之見或文字謬義的可名之名所惑，
便能眞正認知到那事物的眞常。即眞知的存在，必須透過正確認知無爲不言之常名
才能獲得。就一個嚴謹的概念邏輯而言，既然一般的名言不可盡表，那麼眞常之絕
對認知由何而來？縱使是通過一個以「無爲」爲本，不執於世俗可名之名的方式，
但魏源對這個方式的態度卻也未免太絕對化了。那他的「無爲不言」豈不是又落入

〔註81〕見《老子本義‧下篇‧第五十九章》，頁83。
〔註82〕以上二引文均見《老子本義‧上篇‧第二章》，頁3。

了另一種執念，變成另一種「可名之名」？正如魏源一方面說老子不能復生，以致無法定其真義，而諸家詮說不能得其真，但在另一方面卻又把自己的詮老視為「本義」一般。其論說似乎充滿著矛盾，然而魏源卻又視為理所當然。因為這種些矛盾在魏源看來，完全不是矛盾。只要掌握本源、真知，那麼一切紛亂與迷思便可化解，至於這所謂本源、真知在建立上的邏輯問題，則可完全不論。因為這本源、真知已經被絕對化了。

從中我們可以發現，魏源將認識的問題單純化，去除複雜的相對概念辨析，認為要正確認識事物，只要去除表象的有限名言與錯誤的有為執念，以無為之真常檢視，便可認知其中的真理。如此一來，在理論的開展上便簡易而落實了。只要正確掌握《老子》「道」之「無為」，那麼便可對《老子》有正確的認知，並以之正確地指導一切事物。世人惑於莊釋刑名等諸家在文字上的誤導，導致諸說紛云，所知者不過是「有名之名」，終歸會因不合於現實之運用而消逝，並不是得以真常的真正《老子》思想。對於魏源而言，在道的性質上，或許有其不可名狀處，但這不妨害它絕對性的建立；只要能夠正確體悟，避免落入玄虛，依然可以確實掌握，順應而行。而一般的名言或許有其局限性，但這卻不妨害人類思想的正確認知；只要能夠避免認識方向的偏差與表面意義的誤解，正確而絕對的認知依然可以建立。

綜而言之，魏源的詮老體系主要以經世致用之原則來架構，頗富現實意義。在相關形上本體、宇宙生成與認識論方面，乃以簡易而明確的概念表達，並不作深入的哲理或邏輯探討，更無深奧玄虛之言。甚至就用簡明的概念作絕對的定義，形成一特定而絕對的原則，以方便確實掌握，並避免落入複雜的哲理思辯中。所著重的層面，便集中於該如何運用《老子》思想於政治上，發揮其救世之功用，而非哲理上的析辨問題。在當時那個世變紛亂之局勢下，這種詮老理念的建立乃導源於魏源對現實世界的關懷。所以魏源的詮老重心，乃在如何運用《老子》思想於政治人生上，而非探究《老子》思想的哲學面目是什麼。於是，魏源詮老的重心便落到了人生修養與政治理念上，尤以政治為重。就在魏源所認為的「道」之正確體用下，他的「無欲」概念開展了人生修養上的思想，「無為」概念開展了政治施行上的思想。以下將就魏源在《老子》人生與政治思想上的詮解進行探討，以明魏源如何將《老子》思想運用到現實人生與政治上。

二、魏源對《老子》人生思想的詮釋

在宇宙天地間，形上的「道」固然是不變，但形下界的一切卻多所變化，所謂

「禍兮福之所依，福兮禍之所伏。」(《老子》五十八章)，那麼人們要如何去自處呢？又要如何突破人生現實環境的困境，修養完美人格？

在這方面魏源大多以《老子》書中所言而發揮，與傳統注家解說大致無異，是以在相關文字的詮解上，多引他人之說以輔助，少見個人的特殊見解發揮。但卻摒除養生家言，而以修養人格爲主。其大旨乃是以「道」之柔弱爲用，發揚其「無欲」於人生修爲之中。如他在〈論老子三〉中所言：

> 黃老靜觀萬物之變，而得其闔闢之樞，惟逆而忍之，靜勝動，牝制牡，柔勝剛，欲上先下，知雄守雌，外其身而身存，無私故能成其私，所謂反者道之動，弱者道之用也。後人以急功利之心，求無欲之體不可得，而徒得其相反之機，以乘其心之過不及，欲不偏不弊得乎？老子就就乎不敢先人，不忍傷人，而學者徒得其過高過激，樂其易簡直捷，而內實決裂以從己，則所見之乖謬使然也。莊子天下篇自命天人，而處眞人至人之上。韓非解老，而又斥恬澹之學、恍惚之言爲無用之教。豈斤斤守老氏學者哉！〔註83〕

以簡潔的話語道出世人不能「無欲」的徵結乃在急於功利以致在偏執之下適得其反。再不然，則是陳義過高，徒然追求無謂之玄理而斷絕世事，以此自爲清高。這些都違背了《老子》簡顯易行的眞理，走向了偏頗之路。所以魏源對於多變之世局主要就以下幾方面來作應對與自處，破除迷思，開創自我的人生境界，以達到眞正的「無欲」：

（1）順應「道」之自然

就魏源的觀念而言，認爲一切皆有所本。在人生修養上亦是如此，必須在一開始就掌握好方向，也就是順應「道」而行。在《老子》二十三章有云：

> 希言自然。故飄風不終朝，驟雨不終日。孰爲此者？天地。天地尚不能久，而況於人乎？故從事於道者，同於道；德者，同於德；失者，同於失。同於道者，道亦樂得之；同於德者，德亦樂得之；同於失者，失亦樂得之。信不足焉，有不信焉。

二十四章則云：

> 企者不立；跨者不行；自見者不明；自是者不彰；自伐者無功；自矜者不長。其在道也，曰：餘食贅形。物或惡之，故有道者不處。

而魏源《老子本義》二十章合《老子》此二章而有如此說解：

〔註83〕見《老子本義‧論老子》，頁5。

上章言有道者所抱之事，此章言與道相反之失，義互相發。觀自見
自是自伐自矜四語，與上章重出，而一正言，一反言是也。希言而玄同，
自然者也。風之飄，雨之驟，立之企，行之跨，食之餘，形之贅，皆非
自然者也。蓋時然後言，人不厭其言。如是雨之應會而至，不疾不徐。
若非自然而強談詭辯以驚世，此猶飄風暴雨，徒盛於暫時而已。道者德
者失者，統言世上從事於學之人，有此三等也。全其自然之謂道，有得
於自然之謂德，失其自然之謂失。同，猶尚書與治同道與亂同事之同。
得之猶從之。言爲道爲德爲失，初非生而分別。但人之從事於學者丐所
得各有不齊，是以各以類別耳。道本自然，人每以造作失之，無非自取。
〔註84〕

天地間一時形成的風雨尚且不長久，況且是人爲的造作呢？惟有順應自然，依「道」
而行，方能夠避開無謂造作所帶來的危害。所以自自然然的順「道」而行，方才
能使自己達到「道」的境界，否則就易流於失卻「道」的狀態，以此說明順應「道」
之自然的重要，並批評常人以造作失之的缺失。在人生修養的根本上便是要回歸
「道」之自然，而魏源對於這種回歸，常以「復性」爲說。回顧前述相關內容中
有關「復性」與「仁義」的探究，我們可知魏源除了將仁義的形上根本內含於「道」，
就連人性的根源也用同樣的概念看待。由於魏源對於人性也賦予了一形上根源，
所以只要懂得「復性」，藉著「道」之自然而回歸人性本源，便可發揚人性的最高
境界而與天地參。當人性之道德本源得到發揚，則一切作爲合乎道德，自然便不
會追求有害於道德的慾望，那麼也就可以達到「無欲」的境界了。是以《老子》
之「道」除了被魏源賦予形上實體的概念外，他還以這個概念作爲儒家道德與聖
人完美人格實踐上的根源，藉以輔翼儒家道德的形上理論。由此亦可見魏源詮解
《老子》人生思想時，仍是以會通儒老的方式來開展他的思想理論，讓兩者相輔
相成，而求道德與自然的相融。

（2）保持謙和不爭之心

當人保持謙和的狀態下時，才不會執意與人相爭，才能避開相爭時的衝突，以
致不會產生怨尤。如《老子》第八章：

上善若水。水善利萬物而不爭，處眾人之所惡，故幾於道。居善地，
心善淵，與善仁，言善信，政善治，事善能，動善時。夫唯不爭，故無尤。

魏源《老子本義》第七章則引李贄、呂惠卿之說來解釋：

〔註84〕見《老子本義・上篇・第二十章》，頁25。

李氏贄曰：凡利物之謂善。而利物者又不能不爭，非上善也。惟水不
然。眾人處上，彼獨處下；眾人處易，彼獨處險；眾人處潔，彼獨處穢。
所處盡眾人之所惡，夫誰與之爭乎？此所以爲上善也。居善地以下，則言
聖人利物而不爭之實，非仍指水也。呂氏惠卿曰：江海所以能爲百谷王者，
以其善下之，所謂居善地也。七者皆出於不爭，而要以處善地爲本。蓋居
善地則能處眾人之所惡，故不爭而天下莫能與爭矣。吳氏澄曰：所舉居善
地以下數事，皆擇取眾人之所善者以爲善，非上善也。惟有此善而能不爭，
如水之源處上而甘處於下，乃上善也。眾人惡處下則必好處上，欲上人者
有爭心，有爭則有尤矣。不爭則何尤之有？〔註85〕

惟有處於低下，不與人爭，方才是上善。能以不爭處於上善，亦是掌握「道」之守
柔處弱，而使自身平和安詳。是以魏源在《老子本義》第十九章即言：

蓋式者車所俯憑，物卑而人敬之，故以喻聖人沖虛之德也。夫目至明
而不自見，使目而自見則不明矣。人之不自是自矜自伐，亦猶是也。能是
者無他焉，抱一則無我，無我則不爭。夫惟不爭，故天下樂推而曲全之耳。
曲則全，蓋古有是語，而老子述之，故又申之曰此豈虛語哉。夫固誠然之
理之效也。蓋正言若反，天下莫不知而莫能行，孰是執信不惑者乎。其丁
寧之意至矣。〔註86〕

在《老子本義》第五十七章又云：

惟下乃大，老氏宗旨也。天下歸往之謂王，百川歸會之謂海。人知王
之至尊，而不知所以尊者。由其至大，所以能成其大者。由其能下而無不
容也。汝惟不矜，天下莫與汝爭能。汝惟不伐，天下莫與汝爭功。使天下
忘其上且先，而爭樂推之使上，推之使先，斯道也可謂大矣。〔註87〕

乃以謙下不爭，故能反省內觀，而知一切爭奪之心最終皆無意義。靜觀事物之變而
自處於禍亂之外，是以最後無能與之爭者。藉由保持謙和不爭之心可讓人更容易學
習容忍與謙讓，也就能守柔處弱，節制慾望。由此返璞歸眞，進而體道，而達到「無
欲」之境界。

（3）守柔處弱，鎮樸節慾

所謂「道者弱之用」，《老子》書中多闡明用弱之理，因以弱爲用可以掌握到「道」
的精髓，而避免剛強的傷害，以致能夠永久常存。如《老子》五十二章：

〔註85〕見《老子本義・上篇・第七章》，頁8～9。
〔註86〕見《老子本義・上篇・第十九章》，頁24。
〔註87〕見《老子本義・下篇・第五十七章》，頁79。

　　　　天下有始，以爲天下母。既得其母，以知其子，複守其母，沒身不殆。
　　　　塞其兌，閉其門，終身不勤。開其兌，濟其事，終身不救。見小曰明，守
　　　　柔曰強。用其光，複歸其明，無遺身殃；是爲襲常。

而魏源《老子本義》四十五章則引王弼、張爾岐、呂惠卿等人的說法來解釋這段文
字中關於守柔的原則：

　　　　王氏弼曰：母，本也。子，末也。……爲治之功不在大，見大不明，
　　　　見小乃明，守強不強，守柔乃強也。……張氏爾岐曰：此章言體道之事。
　　　　始與母，指道也子，萬物也知小守柔即守母也。小柔即希夷微之意，形容
　　　　道妙之辭。視之而不可見者小也，能見此不可見，是曰明。守之而無可守
　　　　者柔也，能守此無可守，是曰強。暫用其外見之光，後殮歸其本然之明。
　　　　無外馳不返以遺身殃，是與常道合一者也。呂氏惠卿曰：聞道易，得道難；
　　　　得道易，守道難。……夫惟守其母則寂然不動者也。寂然不動者，常見其
　　　　心於動之微，故明矣。見而常守之，則以無形之至柔，而物莫之能勝，故
　　　　強矣。既用其光以見於動之微，復歸其明以返於寂然，終身未嘗開兌濟事
　　　　以陷於不救。何殃之有？〔註88〕

所以只要掌握這個創生天地萬物之母的「道」，閉塞情慾，保持內心的虛靜，便可
以在生命歷程中避開種種危害。而「道」的運用便在「守弱」，只要能「守弱」，
便能夠遵循常道而行，而能夠「襲常」方才證明實行的方式可長可久，也才是眞
正掌握了「道」，這正是魏源所一再強調的。如在《老子本義》三十六章魏源即言：

　　　　源案此章原弱所以爲道之用者，全在沖氣爲和一言。蓋沖和之氣未有
　　　　不柔弱者。故人之生也柔弱，而死也堅強；草木之生也柔弱，其死也枯槁。
　　　　凡乖戾不和之氣則堅強矣。故萬物之生，必常不失此沖和之氣，而後得天
　　　　之生道。反是則死道矣。前章弱者道之用，而申之以天下萬物生於有，有
　　　　生於無。此章正承其指，故書中凡言合德之厚，則比於赤子；專氣至柔，
　　　　則必如嬰兒。皆體道貴弱之旨。〔註89〕

在《老子本義》六十三章魏源則引呂惠卿之言而發揮：

　　　　呂氏惠卿曰：道之爲物，無形而不爭，則天下之至柔，而人莫之喻也，
　　　　故以有形喻之。人與草木之形體，皆以堅強而死，柔弱而生。況欲體無形
　　　　之道者，而不致其柔弱，其可得乎？是柔弱勝剛強之理。非但兵驕則敗。
　　　　木強則伐爲然也。天以清虛在上。地以堅實在下。臣以有爲事上。君以無

〔註88〕見《老子本義‧下篇‧第四十五章》，頁59～60。
〔註89〕見《老子本義‧下篇‧第三十六章》，頁51。

－100－

爲任下。凡物之理莫不然也。然則體道之貴柔明矣。〔註90〕

由於能知柔弱之用，才不致於被剛強的外在所眩惑。才能長保柔弱之益，免於爭逞剛強之害。並拋開剛強的外在執念與蒙蔽，藉由柔弱而眞正體悟道之眞義。同時經由柔弱的修養又可使爲政者保持謙下，能接受屈辱成爲有度量而平和的領導者，是以在《老子本義》六十五章魏源即言：

> 柔弱勝剛強，老子屢言之，而人多易視之者，故知之而莫能行。乃於書之將終，復舉而言曰。吾之此言，愼毋視爲易易也。蓋凡有血氣，皆有爭心。平日非不知柔弱之爲善，及至垢辱橫逆之加，不覺勃然，其剛強之忽發而不能堪矣。夫山藪藏疾，川澤納污，國君含垢。今挾其才力，而常爲名尸智主，事任謀府，爭心所累，是惡能保其爲侯王乎。此言若反乎俗情，而實含乎正道。俗以受垢受不祥爲殃故也。下章和大怨有餘怨，亦承此意而申之耳。〔註91〕

將此概念向有爲世界推演，方才能重內在之質而不被外在之文所惑，進而斷絕追求外在之文的欲望，如此方能安於「見素抱樸，少私寡欲」。所以，在人生處世上，「守柔處弱，節制慾望」是爲現實面上的方法運用。可以助人明「道」之體用而修養自身，進一步地完成「無欲」之修養境界。而所謂「無欲」正是於體「道」之後在人生層面的落實表現，可使人免於因追求欲望招來禍患，亦是在上位者治民之時所需自持的。然而人之所以不斷追求欲望，其原因在於不知足。是故在《老子本義》三十九章解「罪莫大於可欲，咎莫大於欲得，禍莫大於不知足。故知足之足常足」時，魏源引李嘉謨之言而發揮：

> 李氏嘉謨曰：有道則能使兵爲民，無道則能使民爲兵。可欲者愛也，不知足者取也，欲得者有也。由愛生取，由取生有，遂爲無窮之咎。觀不知足者雖足而不足，則知足之足常足也。可知矣。〔註92〕

以慾望的氾濫實源於不知足，若能知足便可避免不必要的慾望追求，不以不足爲不足，便可因知足而常足。而要避免不知足的情況發生，其所重者在不被引發慾望的外物所役，如《老子本義》十一章引葉思靖之言：

> 葉氏思靖曰：凡所欲之外物，皆害身者也。聖人但爲實腹而養己，不爲悅目而徇物。然食味別聲被色，數者皆不可絕。惟雖動而不著于物，乃

〔註90〕見《老子本義・下篇・第六十三章》，頁88。
〔註91〕見《老子本義・下篇・第六十五章》，頁90～91。
〔註92〕見《老子本義・下篇・第三十九章》，頁53。

湛然無欲矣。〔註93〕

惟有不被外物所惑而節制慾望，才能達到真正的「無欲」境界。這種「無欲」亦非由強制而來，是需要體會到「道」的無名之樸，才能以此無名之樸鎮之，自然由心而行。而這個「道」的無名之樸不但可以鎮己，使自身無欲而不妄為，亦可推至政治與教化實施上。用以鎮世，以免日趨巧詐而每況愈下；用以鎮民，使民心不妄求利而自正。是以魏源從施政化民的角度來詮說這「鎮以無名之樸」的重要性：

> 源案化而欲作以下，說者多失之。蓋欲作者欲生萌動也。夫萬物自化，則任其自生自息而已。自生自息，而氣運日趨於文。將復有欲心萌作於其間，苟無以鎮之，則太古降為三代，三代降為後世，其誰止之。然鎮之亦豈能有所為，亦鎮之以無名之樸而已。無名之樸者，以靜鎮動，以質止文，以淳化巧，使其欲心雖將作焉而不得，將釋然自反而無欲矣。無欲則靜，靜則正而返於無名之樸矣。所謂我無欲而民自樸，我好靜而民自正。〔註94〕

藉由鎮以無名之樸，方可化息欲心之妄作，而其作用不只是獨善其身，更要兼善天下，進而化民濟世。而此「無欲」也才能由個人修養層面進入政治施行層面發生作用，讓《老子》人生修養思想的積極意義得以展現。

就魏源對於《老子》人生處世與修養層面的思想闡發而言，其萬法不離一個「道」。以「道」之真常作為準則，以「道」來開展自身種種的應對方式，而也惟有正確地掌握那真常永恆的「道之用」——弱，才能用「道」於人生之中，發揚內在德性，保持謙和不爭，守柔處弱，鎮樸節慾，求得心境的安寧。然而這個人生修養層面的完成，在魏源看來並不光是精神境界的提升而已，而是要成為行聖人治道的根本。所謂「無為之道，必自無欲始也」，由無欲而完成完美人格，具備此無欲之人格方能無私地實行「無為」之道於政治上。

三、魏源對《老子》政治思想的詮釋

魏源之解老，其最重要的目的就是要開展出《老子》中有利於治世的部分，讓《老子》成為政治治術的思想依據。而在《老子》政治思想這方面的開展，主要在「明道」與「無為」。魏源在《老子本義》第五十一章中有云：

> 《老子》之書，上之可以明道，中之可以治身，推之可以治人。〔註95〕

〔註93〕見《老子本義・上篇・第十一章》，頁13。
〔註94〕見《老子本義・上篇・第三十二章》，頁42。
〔註95〕見《老子本義・下篇・第五十一章》，頁70。

在魏源的解老思想中，詮解《老子》最高的境界爲「明道」，在明道之後便可以推演至修身與治人之上。而這個「明道」在政治層面上而言，便是要能辨明「道」的絕對形上實體特質，然後以爲根本貫通至一切治術之上。讓一切施政有其根本，可常可久而有益於民生。如在《默觚下·治篇十四》魏源說明爲政之道時似乎便發揮了《老子》「守本」的思想於其中：

> 萬事莫不有其本，守其本者常有餘，失其本者常不足。宮室之設，本庇風雨也；飲食之設，本慰飢渴也；衣裳之設，本禦寒暑也；器物之設，本利日用也。風雨已庇而求輪奐，輪奐不已而競雕藻，于是棟宇之本意亡；飢渴已慰而求甘旨，甘旨不已而錯山海，于是飽腹之本意亡；寒暑已禦而辨章服，章服不已而尚珍奇，于是裘葛之本意亡；利用已備而貴精麗，精麗不已而尚淫巧，于是制器之本意亡。主奢一則下奢一，主奢五則下奢五，主奢十則下奢十，是合十天下爲一天下也。以一天下養十天下，則不足之勢多矣：不足生覬覦，覬覦生僭越，僭越生攘奪，王者常居天下可憂之地矣。禍莫大于不知足，不知足莫大于忘本，故禮樂野人從先進，欲反周末之文于忠、質也。炳兮煥兮，日益之患兮；寂兮寞兮，日損之樂兮；能知損之益、益之損者，可以治天下矣。帝王之道貴守一，質儉非一也而去一近，故可守焉，非若奢、文之去一遠也。詩曰：「不思其反？反是不思，亦已焉哉！」〔註96〕

其意即是要能認清一切制度產生的眞正本源，避免無意義的慾望滋生而產生不必要的作爲，以致傷害制度本意徒增混亂。而若要彰顯和守住這個「本」，在實際運用面上，卻必須以「無爲」行之。「無爲」乃魏源闡發《老子》政治思想的最主要部分，對於治國治世的「無爲」，魏源在《老子本義·下篇》第五十章釋《老子》五十七章、五十八章時，則引呂惠卿之語以論說：

> 呂氏惠卿曰：以智治國國之賊，不以智治國國之福。則有事之不足以取天下明矣。何以知無事之足以取天下？以有事之不足取天下而知之也。自以爲正而民愈貧、國愈昏、俗愈偝，此法令所以滋彰而盜賊多也。凡以有事取天下之過也。若夫聖人無爲而民自化，則無忌諱之弊。上好靜而民自正，則無法令盜賊之害。上無事而民自富，則無利器之滋昏。上無欲而民自樸，則無技巧奇衰之尚矣。是故以無事取天下，則其政悶悶，不以察察爲快，其民亦淳淳，而不澆於薄也。以智治國，以有事取天下，則其政

察察而反乎悶悶，故其民亦缺缺而不全於樸也。察察缺缺，故避禍而未必
免，求福而未必得。以爲正且善者，有時而爲奇且訞。禍福奇正善訞，究
未知孰在者，徒令智多而難治耳。民自有知以來，迷而固執已久，奈何重
之以察察之政，使不得反樸而全其性乎。故聖人反之，以無爲爲本。〔註97〕

故所謂的「無爲」是治國之本，其本雖絕對而唯一，但在不同的狀況下卻有著不同
的運用與展現，如魏源在〈論老子二〉中有云：

孰謂末世與太古如夢覺不相入乎？今夫赤子乳哺時，知識未開，呵禁
無用，此太古之無爲也；逮長，天眞未漓，則無實以嗜欲，無芽其機智，
此中古之無爲也；及有過而漸喻之，感悟之，無迫束以決裂，此末世之無
爲也。時不同，無爲亦不同；而太古心未嘗一日廢。夫豈形如木偶而化馳
若神哉。〔註98〕

隨著時代的不同，「無爲」亦不同，應用方式也不同。正如前述，魏源所謂之「無爲」
絕非放任自然的「無爲」，而是「不爲無益、擾民之事」的「無爲」。縱使隨著歷史
演進而使現實環境有了種種變化，只要掌握住「無爲」這個原則，在不同的環境中，
便可行不同的「不擾民之事」。而其所謂的「無爲而無不爲」，也就是無爲不擾民之
事，則益民之事無不爲。所以他的「無爲」在實用上是有積極意義的，並不完全是
一種精神境界形態，卻是一種可依循的絕對法則，所謂「無爲而治」在他的詮說下
成爲「行無爲而治」，而這也合乎他一貫從經世致用與社會事功爲出發點的思想特
性。我們再看看他對《老子》第五章「天地不仁，以萬物爲芻狗。聖人不仁，以百
姓爲芻狗。」等文字的詮說：

此老子知己道不行，憫世亂之不救，而思遺世隱處，獨善其身之言也。
聖人，斥當世之君，予聖自雄者。結芻爲狗，用之祭祀，既畢事則棄而踐
之。老子見亂世民命如寄，故感而言曰。悲哉天地有時而不仁乎，乃視萬
物如土苴而聽其生死也。聖人其不重仁乎，乃視斯民如草芥而無所顧惜也。
諉之於天地，尊之爲聖人。蓋悲天憫人，無所歸咎之詞。然將諉之於天地，
而天地不可諉也。夫天地無心而成化，猶橐籥然。中虛無物，氣機所至，
動而愈出。所謂顯諸仁，藏諸用，鼓萬物而不與聖人同憂也。是聖人固宜
有憂矣。天地無心而成化，聖人則有心而無爲。百姓萬物之責，在於聖人，
則非天地之能芻狗之，而人之芻狗之矣。言至此而老子不欲長言矣。〔註99〕

〔註97〕見《老子本義・下篇・第五十章》，頁68。
〔註98〕見《老子本義・論老子》，頁3。
〔註99〕見《老子本義・上篇・第五章》，頁6。

就魏源不從順應自然的道理去解這一段文字，即可知他並不崇尚「自然無爲」，亦不願將此概念用於現實治世之上。他爲了怕世人誤會老子不重仁，甚至轉化意義來說這是老子的獨善其身之道，是隱世之言，是以聖人才會因隱遁而棄百姓如芻狗。此乃環境之不得已，並非聖人不仁。然後再強調聖人仍以萬物百姓爲己任，有心行「具有積極作爲之無爲」。是以可見魏源對於聖人的概念，仍是以儒家爲本，不但具有仁義之心，更有以天下爲己任的胸懷。我們再看魏源於此章標目下之註語：

> 此章自來解者皆首尾橫決，詞義間隔，其尤誤者，莫如以不仁芻狗爲明因物無心之道。夫人與芻狗爲二物，若聖人之於百姓，同一人耳，安得而芻狗之乎。且三寶首慈，天將衛之，以慈救之，而惓惓致痛於佳兵不祥之戒。若以不仁爲教，豈一人之言而矛盾若此。且如其說，與通章亦不相貫。而以橐籥爲守中之喻，以數窮爲多言之耗氣，皆支離之甚。〔註100〕

更是強調此章眞義實非以不仁爲教，而聖人對百姓必須施以仁義。可見魏源對於《老子》中具有順應自然之超脫境界的文字，並不贊同以此不具現實意義的方式解之，甚至認爲此非《老子》眞義而極力辯解，並以入世之現實需要轉化爲魏源所認爲的眞義。雖說《老子》思想可以用來振衰起弊和輔翼治世，但儒家的仁政思想才是魏源在政治上的理想境界，是以仁義的道德觀念不可廢，更要以此作爲行政的依據。由此可見魏源對《老子》政治理想的發揚，頗有偏向儒家政治思想的傾向。在前面有關「復性」、「仁義」以及將「三寶」比附「仁義禮」的探討中，我們已知魏源對於道德賦以形上根源的觀念。所謂的「道」、「無爲」，便是魏源實踐的根源法則，同時由此才能得到眞仁義。以此眞仁義施行無爲之仁政，方能避免人爲妄作之害，使政治清明；以此眞仁義化民教民，便可使人民也得此眞仁義，避免流於假仁假義之僞。

　　雖說《老子本義》中並沒有直接提出現實政治上的改革方針與措施，但當中首重的是思想上的闡發與運用，表達出他對現實政治上的關懷與期許。而這些思想的闡發雖本於《老子》，但卻多被魏源賦予了現實意義，而使之能切合世用。這類例子在《老子本義》中可謂履見不鮮，這在前述內容中已所見甚多，再舉魏源對《老子》七十四章「民不畏死，奈何以死懼之？」等文字之詮解爲例。魏源對於其中簡省刑罰的觀念自是讚揚，但對於相關以人爲刑罰代替天地司殺的執疑和指控，他卻作了另一種詮解：

> 源案：此老子憫時救世之心也。見當世勇於用刑，故戒之曰。人之用

勇不可不慎也。有勇於敢者，則常主於必殺；有勇於不敢者，則常主於活人。此兩者其用勇則同，而一利一害分焉，不可不審也。何則？人之勇於敢殺者，豈不自以為順天之所惡，故毅然行之而無難，然天意深矣遠矣。孰知其果為天所惡之人乎。是以雖奉天討之聖人，而於刑誅之際，猶兢兢然不敢輕易之。何者？蓋天之生萬物，猶父母之生眾子。生之而不欲殺之者，其本心。及其自趨於死，雖欲宥之而不可得，則亦傾者覆之。此所以恢恢疎闊而自無漏網之人也，何待人之代執其咎哉。是以聖人誅罰，一聽諸天之自然，而未嘗以己意與之。則雖極好生之德，而未嘗失有罪之誅。是以網漏吞舟之魚，而為奇者吾奉天討以殺之。孰敢不畏？所謂刑一人而天下懲，誅四罪而天下服。蓋我不敢者，人亦不敢之也。苟其不然，天以恢恢之網，而吾以察察之網乘之。法網愈密，掛網愈眾，而人之不畏死者愈甚。何則？我敢者人亦敢之也。奉天者聽命，而代天者專權。敢與不敢，或利或害，可不慎乎！〔註101〕

這已是就現實秩序維護的需要來詮說了，是以魏源不以代司為罪，仍視刑法之施行為必須，但重要的是其施行適當與否，是否能謹慎行之。適當的刑罰是順天所惡，故其施行是奉天而行，也是必要的；不適當的刑罰是以己意恣為，故其施行是代天專權，是會招致反抗的。如此一來，便可維護刑罰的正當性，同時給刑罰之施用定下準則，避免社會秩序之紛亂。而這一類的詮說方式在魏源而言，既可避免誤導，又具有益於現實社會的指導性。遂成為他在《老子》政治思想發揚上的基本立場，也展現出獨特的現實色彩。

在過去周文疲弊的時代，老子以其對社會與人文的關懷，留下了《老子》思想，以期能點醒世人改變現狀。同樣地，處在清代由盛轉衰時期的魏源對於同處在類似時代背景的老子有著情感上的認同，也希望運用《老子》思想來振衰起敝。故他希望能以太古之治矯末世之弊：

老子，教世之書也。故首二章統言宗恉。此遂以太古之治，矯末世之弊。夫世之不治，以有為亂之也。有為由於有欲，有欲由於有知。日啟其無涯之知，而後節其無涯之欲。是濫觴江河，而徐以一葦障之也。太上未嘗自謂有知，未嘗見有可欲。故其治世也亦然。所謂賢者，專指塊材畸行而言。蓋君子好名，小人好利。賢與貨皆可欲之具。是故人以相賢為尚，則民恥不若而至於爭。貨以難得為貴，則民病其無而至於盜，皆由見可欲

耳。治世人尚純樸，無事乎以賢知勝人，物取養人，無貴乎難得而無用，
則賢與不賢同用，難得與易得等視。民不至見之以亂其心，而爭盜之原絕
矣。夫民心之不虛者，以其有可尚可貴可欲之事也；志以不弱者，以其有
爭盜悖亂之萌也。今既心無外慕而虛矣，則腹雖實而含哺鼓腹，自無所紛
其心；志無忿競而弱矣，則骨雖強而精足筋完，自無所逞其力。蓋道以虛
爲體，以弱爲用，無事乎實與強也。故可實者惟腹而已，可強者惟骨而已。
以虛弱爲心志，而置強實於無用之地，則其心志常無知無欲矣。無知無欲
則無爲，縱有聰明知識者出，欲有所作爲，而自不敢爲。無爲之爲，民返
於樸而不自知，夫安有不治哉。〔註102〕

然而這個向太古之治取法的方式是屬於思想與精神上的，並非死板於制度上的移
植。乃是要運用這個概念去除造成紛擾的原因，以「無欲」讓人民返歸於樸，以「無
爲」避免人爲聰明作出有爲擾民禍敗之事。但是欲返回太古無爭無欲之治，在精神
面上、在教化面上是可以爲理想的。但在制度面上卻是必須斟酌的，要能視時代需
要因時、因地制宜。故魏源在《老子本義・下篇》第六十七章釋《老子》八十章關
於小國寡民等思想時，曾引諸家說法闡明此概念：

　　蘇氏軾曰：老子生於衰周，文勝俗弊，將以無爲救之。故於書之將終，
言其所志，願得小國寡民以試焉而不可得耳。內足則外無所慕，故以其所
有爲美，以其所處爲樂，而不復求也。姚氏鼐曰：上古建國多而小，後世
建國少而大。國大人眾，雖欲返上古之治而不可得也。故老子欲小其國而
寡其民。吳氏澄曰：舟車甲兵，非一人可獨用，謂什伯人之器也。民淳事
簡，則書契亦可不用，不但不用什伯之器而已。以所產之衣食爲甘且美，
以居之土俗爲安且樂，則不肯遠徙矣。雖至近而老死不相往來，則又不但
不遠徙而已也。王氏雱曰：國小民寡，則人淳厚。國大民眾，則利害相摩，
巧僞日生。觀都邑與聚落之民，質詐殊俗，則其驗也。無道之世，末勝本
衰，利欲在乎厚生，而貪求生於外慕，於是車徹足運交乎四方矣。考論語
孟子之終篇，皆稱堯舜禹湯聖人之事。蓋以舉其書而加之政，亦若是也。
老子抱太上之德以處末世，故其志亦如此耳。呂氏惠卿曰：莊周稱至德之
世，而歷數之曰：昔者大庭氏容成氏以至於祝融伏犧神農氏。當是時也，
民結繩而用之。甘其食，美其服，安其居，樂其俗。鄰國相望，雞犬之音
相聞，民至老死而不相往來。則若此者非特老子之言也，古固有是道也。

然書起於唐虞，而老子欲反太古之治，世之去太古遠矣，其遂可盡復乎？
曰未可也。未可而言之，何也？夫衰周文弊，淳質亡喪盡矣。非大道不足
使人反性命之情，言道而不及其世，不足以知大道之已試，此其所以必反
太古之治也。禮至於兼三王，樂至於備六代，而不以玄水措醴酒之下，嘒
管加疏越之上者。使人知禮樂之不得已者如彼，而所當反本者如此也。故
聞古有什器不用，舟車甲兵不陳。則舉大事用大眾，非得已也。聞其民結
繩而治，老死不相往來，則煩文倦令，輪蹄輻轃，非得已也。其尚肯煩事
爲以深治人之過乎。欲天下不安平泰，不可得也。苟歿而不言，猶屏玄水，
徹疏越。其孰知禮之儉樂之節，爲反本復始之意乎。漢承秦後，卒以無爲
清靜，幾致刑措。然則至人之言，豈小補哉。〔註103〕

而〈論老子二〉亦說：

> 然則太古之道，徒無用於世乎？抑世可太古而人不之用乎？曰：聖人
> 經世之書，而老子救世書也。使生成周比戶可封之時，則亦嘿爾已矣！自
> 非然者，去甚去奢去泰之恉，必有時而信於天下。夫治始黃帝，成於堯，
> 備於三代，殲於秦；迨漢氣運再造，民脫水火，登衽席，亦不啻太古矣。
> 則曹參文景，斷琱爲樸，網漏吞舟，而天下化之。蓋毒痛乎秦，酷劑峻攻
> 乎項，一旦清涼和解之，漸進飲食而勿藥自愈。蓋病因藥發者，則不藥亦
> 得中醫，與至人無病之說，勢易而道同也。孰謂末世與太古如夢覺不相入
> 乎？今夫赤子乳哺時，知識未開，呵禁無用，此太古之無爲也；逮長，天
> 眞末漓，則無實以嗜欲，無芽其機智，此中古之無爲也；及有過而漸喻之，
> 感悟之，無迫束以決裂，此末世之無爲也。時不同，無爲亦不同；而太古
> 心未嘗一日廢。夫豈形如木偶而化馳若神哉。〔註104〕

在這些說明與事例中一再強調「無爲」的運用要隨時代而變，不可泥古，必須順應
每個時代的狀況與文明進步的情形，作最適切的實行。以免讓人有所誤用，也方才
不致讓人因誤用之敝而產生誤解，認爲太古之「道」無法用於治世。在此，魏源並
未大力抨擊《老子》思想具有實施愚民政策之傾向，也不視《老子》思想爲反文明、
反進步。他以歷史變易的觀點來說明時勢在不同的歷史階段會有不同的變化，《老子》
中所言，是爲合其上古世代之勢。今人處於今世則不必泥古，最重要的是要把握《老
子》「無爲」的根本精神。是以在運用上雖因時代環境有所不同，但太古之「道」與
太古之「心」（即以「道」治國之心）卻始終如一。因此，魏源認爲治國之「道」雖

〔註103〕見《老子本義・下篇・第六十七章》，頁92～93。
〔註104〕見《老子本義・論老子》，頁3。

是唯一，即是運用恆常而不變的「無為」，但其運用卻必須因時、因地制宜，不可有所固執。同時魏源仍是極力辨明「無為」之用世是積極而為當為之事，並非「形如木偶而化馳若神」的消極作為。

　　至於《老子》之學在政治的實際應用上，魏源也舉出了歷史上的人物事例為證，如〈論老子三〉：

　　　　漢人學黃老者，蓋公、曹參、汲黯為用世之學；疏廣、劉德為知足之學；四皓為隱退之學；子房猶龍，出入三者，體用從容。漢宣始承黃老，濟以申韓，其謂王伯雜用，亦謂黃老王而申韓伯也。惟孔明澹泊寧靜，法制嚴平，似黃老非黃老，手寫申韓教後主而實非申韓。嗚呼！甘酸辛苦味不同，蘄於適口，藥無偏勝，對症為功，在人用之而已。內聖外王之學，闇而不明，百家又往而不返，五穀夷稗，同歸無成，悲夫！知以不忍不敢為學，則仁義之實行其間焉可也。〔註105〕

評論各個人物在黃老思想上的運用特色，所謂「甘酸辛苦味不同，蘄於適口，藥無偏勝，對症為功，在人用之而已。」正表現出魏源對於《老子》之用的重心強調所在，即因時因地而制宜活用，才不致因墨守錯誤之理念而造成施行上的失敗，使人對《老子》用世之成效產生誤解。而話語當中一再感嘆的，便是歷來諸家對於解老無法抓住要點。就魏源的信念而言，若能掌握到詮解的要點，必可以《老子》思想來施行仁義之治，而使《老子》思想在治世上發揮最大成效。所以，從魏源對《老子》政治思想的詮解中，可以看出他偏重於經世實用的傾向，也展現出他欲使儒道思想相輔相成的政治理念。

第四節　魏源對《老子》的澄清

　　對於中國傳統以儒家為正統中心的讀書人而言，若要有利於社稷民生，必當依循儒家的治術。而其他如老莊、釋家之流，頂多只是修養心性之一法而已，若以之用於治世之上，不但無益，反而有害。王夫之就曾將老莊、釋家與韓非同視為三害，如其《讀通鑑論》中在論及梁武帝時就表示：

　　　　蓋嘗論之，古今之大害有三：老莊也，浮屠也，申韓也。三者之致禍異，而相沿以生者，其歸必合於一。不相濟則禍猶淺，而相沿剋則必烈。〔註106〕

〔註105〕見《老子本義・論老子》，頁5。
〔註106〕見王夫之：《讀通鑑論》（臺北：漢京文化事業有限公司，1984年7月再版），頁580。

從當中我們可以見到一般以儒家為正統的儒者對於道、釋、法三家離經叛道的看法。而魏源在其義理性格上雖屬儒者，但因肯定《老子》有救世之用，所以並不看輕《老子》。為了不讓《老子》因這類傳統的看法而遭受誤解，避免使之與此三害同屬，他必須對《老子》思想進行釐析，證明《老子》與此三者不同。為了還原魏源所認為的《老子》真義，於是他在詮老的過程中，必須要對歷來許多相關《老子》的傳統看法進行澄清和析辨，以解除常人之迷思，並維護他所詮《老子》之義理的正當性。於是魏源在以下幾方面進行努力：

一、以現實的精神來發揚《老子》思想

魏源既以救世之書看待《老子》，所以他對《老子》精神的發揚亦偏重於現實面。首先他要做的便是去除《老子》的神秘性，這個澄清的作法，明顯表現在兩方面：在考證上，他要去除老子的神秘色彩；在義理上，他要跳脫玄虛。

就魏源如此一位務實的學者而言，自然不會相信什麼神異之說。所以若是讓老子扯上了一些神話，一則顯得沒有現實根據，再則會讓老子所留下來的思想蒙上神秘色彩，以致於降低說服力。所以魏源從現實面上肯定老子為古代確曾實際存在的有德隱君子，否定所謂仙人等神秘的非現實傳說，以使老子之言具有現實歷史上的憑據，非依託假造。如此一來，老子便是現實人物，其所言者亦非空言。而可在現實面上建立老子思想的正當性和合理性，故魏源在《老子本義》對老子的考證中極力證明老子為現實人物，以破除神話迷思。

一個思想體系若無簡明的根本，那麼必然難以作為一種明確的心靈支持。過於複雜與玄虛的論述只有使人徒增迷惑而已，惟有跳脫玄虛，才能避免迷惑。前述章節中，對於魏源解老體系已多所論述。可知魏源將《老子》之「道」視為一絕對的形上實體，以此進行「道」的詮解，以開展其思想體系。而魏源之所以要賦予實體性於「道」的目的，乃因對於魏源所認為正確的思想系統開展而言，一個可明確認知的根源是極重要的。必須有絕對的根源存在，那麼所衍生出的種種，才是有根據的，而不至於顯得虛浮無根。因此對於這個貫通《老子》思想的關鍵所在——「道」，就必須要讓其成為一絕對的形上根源。否則若由一不具實體義的根源貫通到形下的話，形下的一切便也失去了根源，那麼那可為常法並永恆不滅的依據便無法建立。而從非形上實體的「道」所推演、所內化的一切，全都成了海市蜃樓，而整個建構出來的體系便因沒有根源而瓦解了。因此，「道」雖以無為體，但卻是仍在無的狀態下，作為一種沒有形象的實體存在。所以，「道」固然非形下實體，但在形上境界中卻有實體的意義存在。而魏源解老便是要辨明這個形

上實體，使其具有現實義，以免人們形成誤解而以非實體義造成種種詮解上的紛亂。

在魏源看來，許多傳統的解老方式，其根源就是無本或不明的，其開展出的系統自然是不正確的，而流於虛浮玄理以致於無法切合於實用。爲了解決這個問題，魏源深覺建立「道」的絕對性是極爲重要的，也只有在這種具有絕對根源的「道」所開展的思想體系，方才是堅實而能經得起考驗的，也才能在實際應用上帶給人們信念，以利各種事務的進行。

所以，在「道」的實體義建立後，便是要將這「道」的精神推到現實應用面上的一切，作爲思想根源，建立精神支柱。正如上述種種魏源對《老子》思想的開展，不論是「無」或「無爲」，都將之定義導離他所認爲的無本虛幻玄理，而以現實面上的意義來發揚。此乃是魏源建構《老子》思想的基礎，亦是魏源對《老子》思想的澄清。以便從世人的長期誤解中，還《老子》一個魏源所認爲該有的眞面目，並使之在現實中獲致實用。

二、與其他思想劃清界線以顯現《老子》學說的主體性

在根本上，魏源便把《老子》思想歸於致世實用一派，極欲排除其與玄理的關連，故其於〈老子本義序〉開宗明義即言：

> 有黃老之學，有老莊之學。黃老之學出於上古，故五千言中動稱經言及太上有言，又多引禮家之言、兵家之言。其宗旨見於莊子天下篇，其旁出者見於靈樞經黃帝之言及淮南精神訓，其於六經也近於易。其末章欲得小國寡民而治之，又言以身治身、以家國天下治家國天下、則其輒言大下無爲者，非枯坐拱手而化行若馳也。〔註107〕

魏源解老常以黃老合稱，便是要將《老子》思想引到治術上面，而與他所認爲的莊周玄理區分。是有治世傳統的上古之學，非後起而徒亂人心的玄理，也表現了魏源對「無爲而治」的看法。就如前述，魏源的「無爲」是帶有積極態度的，並非枯坐拱手而已，此可見魏源詮老的現實取向。而在這個基本立場上，魏源將《老子》與其它思想區分開來，以明《老子》學說的主體性。

雖說魏源肯定《老子》可用於救世，而其解老方式中又頗多會通儒老之處，但這個會通只是就儒家思想中絕對概念的「道」與經世濟民的現實意義來詮說《老子》，並非混儒老爲一。在性質上，他仍認爲儒老二者有所差別：

〔註107〕見〈老子本義序〉，《老子本義・老子本義序》，頁1。

老子與儒合乎？曰否否。天地之道，一陽一陰。而聖人之道，恆以扶陽抑陰爲事，其學無欲則剛。是以乾道純陽，剛健中正，而後足以綱維三寸，主張皇極。老子主柔賓剛，而取牝、取雌、取母、取水之善下，其體用皆出於陰。〔註108〕

魏源已經以一完全絕對的形上根本釋「道」了，是以《老子》之道在本源上，已和儒家之道相近。而魏源所認爲的差別，並不在「道」的義理根本，而在性質的體現方向。這種差別正是因魏源視《老子》之「道」的體現應用乃偏向處下守柔之陰，而儒家聖人之「道」的體現應用則偏向剛健中正之陽。所以，就此體用的陰陽不同，儒與老無法完全相合。而二者不只在思想特質上有陰陽之別，此外在運用時機上亦是有別。所謂「聖人經世之書，而《老子》救世書也〔註109〕」已表現魏源在二者思想運用上的看法。在亂世之際，社會動亂，制度瓦解，故需運用《老子》思想安定人心，使人們因體道而不做人爲有害之事，而使動亂漸平。但到了世局平定之後，那麼儒家經世濟民之學便要登場，在實際運用面上展現其功。是以這個儒老之分，卻並非要將《老子》貶抑，只是性質上的區分。表示《老子》與儒家二者雖皆可用於治世，但時機不同，運用面亦不同。《老子》雖與儒家有性質上的不同，但卻不是什麼異說，只要運用得當，同樣可以救世。故魏源論老、儒，皆站在肯定的立場，只在義理性格與運用時機上仍有區別。

至於世人對《老子》思想的誤解，乃在未能以《老子》看《老子》，而將《老子》混同了後起的莊周、楊朱、列子、申韓刑名以及後來傳入的佛家。這在魏源注解《老子》時便已有區分之意，如《老子本義》第九章中便引用朱子之語以輔助其說：

朱子曰：「老子之學，以虛靜無爲、沖退自守爲主，與莊生、釋氏之恉，初不相蒙，而說者常欲合而一之，以爲神常載魄，而無所不知，此解老者之通蔽也。」〔註110〕

爲了能更進一步將澄清觀念，分別界線，魏源在〈論老子〉四篇中提出了析辨：

嗚呼！道一而已，老氏出而二，諸子百家出而且百，天下果有不一之道乎？老氏徒惟關尹具體而微，無得而稱焉。傳之列禦寇楊朱莊周，爲虛無之學，爲爲我之學，爲放曠之學。列子虛無，釋氏近之；然性沖恬邃，未嘗貴我賤物，自高詆聖，誣愚自是，固亦無惡天下。楊朱而刑名宗之，莊周而晉人宗之，入主出奴，罔外二派。夫楊子爲我，宗無爲也；莊子放

〔註108〕見〈論老子四〉，《老子本義‧論老子》，頁5。

〔註109〕見〈論老子二〉，《老子本義‧論老子》，頁3。

〔註110〕見《老子本義‧上篇‧第九章》，頁11～12。

蕩，宗自然也。豈自然不可治身，無爲不可治天下哉！〔註111〕

又說：

> 老子言絕仁棄義，而不忍不敢，意末嘗不行其間。莊周乃以徜徉玩世，
> 薄勢利遂訶帝王，厭禮法則盜聖人。至於魏晉之士，其無欲又不及周，且
> 不知無爲治天下者果如何也，意糠粃一切，拱手不事事而治乎？卒之王綱
> 解紐，而萬事瓦裂。刑名者流，因欲督責行之，萬物一付諸法，而己得清
> 淨而治。於是不禁己欲而禁人之欲，不勇於不敢而勇於敢，不忍於不忍而
> 忍於忍，煦煦孑孑之仁義退，而涼薄之道德進，豈盡老子道乎？豈盡非老
> 子道乎？〔註112〕

魏源認爲在老子之後，各家依據對其學說的不同理解而分化爲列子的「虛無之
學」、楊朱的「爲我之學」、莊子的「放曠之學」、申韓的「刑名之學」。若只由各
家的詮說去理解《老子》，皆會產生對《老子》的誤解。於是，在《老子》的詮解
上，魏源必須將《老子》與各家劃清界線，以使《老子》的「致用」之途不致走
向岐異。

除了楊莊申韓之外，對於佛家與《老子》的相近之處，魏源亦是嚴加分別。世
人常以「佛老」並稱，自是認爲其中多有共通處，而歷代解老者，會通佛老或引佛
入老者亦多有所在，如焦竑《老子翼》合三教之說以解老，當中便多引佛家之言。
再如釋德清《道德經解》更是多引佛理解老，認爲非佛理不能盡《老子》之妙。但
在魏源詮解《老子》義理的立論基點上，並不想讓佛家與《老子》扯上太多關連，
以免世人對《老子》的理解便又會偏向玄理方面了。

正如前述，魏源於著《老子本義·上下篇》時，在區分釋老與莊老之別的概念上，
雖有其意但卻不嚴謹明確，只就章句解釋上剔除一些引釋而不合老旨者，對於世人任
意混同釋家概念於《老子》之中的解老方式表示反對。然而在〈論老子〉四篇中，魏
源在劃清老子與佛家的界線上便多有著力，而且是從義理性格上去區分，如：

> 老子與佛合乎？曰否否。窈冥恍惚中有精有物，即所謂雌與母，在佛
> 家謂之玩弄光景，不離識神，未得歸於真寂海。何則？老明生而釋明死也，
> 老用世而佛出世也，老中國上古之道而佛六合以外之教也。故近禪者惟列
> 禦寇氏，而老子固與禪不相入也。宋以來禪悅之士，類多援老入佛。經云：
> 「民不畏威，大威至矣。」蘇子由乃謂：「人苟於死生得喪之妄見，坦然
> 無所怖畏。則吾性中光明廣大之大威，赫然見於前矣。」何異指鹿篇馬，

〔註111〕見〈論老子三〉，《老子本義·論老子》，頁4。
〔註112〕見〈論老子三〉，《老子本義·論老子》，頁4～5。

種黍生稗。尊老誣老，援佛謗佛；合之兩傷，何如離之兩美乎！〔註113〕
對於這佛老之分即有其明確的見地，以《老子》明生用世而釋家明死出世的思想特質表現二者最基本的分別。而在思想本質上，魏源認爲《老子》之「道」乃爲絕對形上根源，於窈冥恍惚中有精有物。但這種概念就佛家看來，尚不離識神，未達眞空之境界。是以二者在思想的根本上便已有所不同，絕不可互相混淆，又怎麼能夠引用佛家概念來解老呢？當中這「尊老誣老，援佛謗佛；合之兩傷，何如離之兩美乎！」更表明了魏源視佛老不能混爲一談的立場。

此外，魏源對於混淆《老子》思想的諸家學說，亦有價值上的評斷。將列了、佛家劃歸一類，認爲其「然性冲怡遙，未嘗貴我賤物，自高詆聖，誣愚自是，固亦無惡天下。」但對於楊朱、莊周就沒那麼客氣了，所謂「貴我賤物，自高詆聖，誣愚自是」的批判之語就是指他們。轉個彎來說，便是指他們「有惡於天下」了。而「揚朱而刑名宗之，莊周而晉人宗之。入主出奴，罔外二派。夫楊子爲我，宗無爲也，莊子放蕩，宗自然也。」也就是說楊朱衍出了刑名惡法，莊周衍出了清談誤國，正是其「有惡於天下」的證明。

由此處我們可以看出魏源評價學術思想的標準，主要在看它對社會的影響是否有益？會不會造成不好的結果？由此也就不難理解魏源解老的立論基礎：要把《老子》詮釋爲救世之書，要將當中的思想運用於救世之上，方才是正確之途。

三、證明《老子》思想的確可爲現實所用

如果《老子》思想只是無法應用於實際的理論，那麼縱使其根源再明確，其體系再堅實，也是無用於現實。因此，除了正確建構《老子》思想體系、辨明學說主體外，還必須證明《老子》思想的確可爲現實所用。爲了明白表現出《老子》乃爲救世所著，並可爲現實所用，魏源對於《老子》有著以下的析論：

（一）《老子》是救世之書且確可為治世所用

魏源既然視《老子》之旨趣就在救世，故《老子》當中思想析論的最終目的便是爲了能使之明確可用，作爲救世之依據。而這種功能與儒家政治思想的功能有別，正如前述評論二者的運用時機。以儒家經典是講經世濟民的，可在治世上發揮其功用；而《老子》則是救世之書，可在國家社會陷於危難時期時發揮振衰起弊的挽救作用。因此就魏源的看法而言，整個《老子》思想與理論的闡發，其最終極目的即是要發揮救世的功能而將亂世導正，而《老子》確實是可爲現實所用的救世之書。

〔註113〕見〈論老子四〉，《老子本義・論老子》，頁6。

因此，在魏源所身處的那個時代環境中，他懷著撥亂反正之心，也有著期盼：只要能正確應用《老子》思想，便可以發揮其振衰起弊的功用。

魏源認為《老子》學說乃為救世而生，而且其學說不光只是一種理想而已，同時還能夠確實在治世上發揮功用，為了證明這一點，他提出了例證：

> 夫治始黃帝，成於堯，備於三代，殞于秦，迨漢氣運再造，民脫水火，登衽席，亦不啻太古矣。則曹參、文、景，斲琱為樸，網漏吞舟，而天下化之。蓋毒痛乎秦，酷劑峻攻乎項，一旦清涼和解之，漸進飲食而勿藥自愈。蓋病因藥發者，則不藥亦得中醫，與至人無病之說，勢易而道同也。
> 孰謂末世與太古如夢覺不相入乎？〔註114〕

所以曹參、文、景之治，帶給了魏源信心。即使是在秦世隳壞凋敝之後，只要能正確善用《老子》思想，也能夠改變衰敗混亂的世間。而當魏源所處之時代，正交織著內憂外患，在那個政治衰敗、民生凋敝的情狀下，正需要振衰起敝的力量注入。對於有著類似的時代背景下所產生的《老子》思想，自是有著可為借鑑參考之處。而至於要如何善用《老子》思想來做為當代救世的力量？魏源認為其首要之務便是要能正確詮釋《老子》思想。而詮釋《老子》思想的正確方向並不在哲理的發揚，而在能確實地運用於治國上。所以魏源認為：

> 文、景、曹參之學，豈深于嵇、阮、王、何乎？而西漢、西晉、燕、趙焉。則晉人以莊為老，而漢人以老為老也。〔註115〕

以文、景、曹參之學，並非深奧玄義，但他們卻能解決現實問題，開創治世。其原因就在於他們掌握了《老子》真正的思想，即他們解釋《老子》的方向是正確的，將黃老治術的精神發揮，用於治國安民之上。所以「漢人以老為老」，是真正抓到了要旨，能夠整治社稷，安康生計。至於「晉人以莊為老」，便是脫離了現實，空談玄理，徒以清談誤國。所以，就魏源的看法而言，《老子》思想若要真正獲致實用，其重心並不在於能深究其深奧義理，而在於能確實應用於現實。至於《老子》思想何以可用，當用於何時，魏源則有以下的析論：

> 天下之生久矣，一治一亂，如遇大寒暑、大病苦之後，則惟診治調息，以養復其元，而未可施以肥濃腠削之劑。如西漢承周末文勝、七國贏秦湯火之後，當天下生民大災患、大痀瘰之時，故留侯師黃石佐高祖，約法三章，盡革奇政酷刑；曹相師蓋公，輔齊漢，不擾獄市，不更法令，致文、景刑措之治；亦不啻重覩太古焉。此黃老無為可治天下。後世如東漢光武、

〔註114〕見〈論老子二〉，《老子本義‧論老子》，頁3。
〔註115〕見〈論老子一〉，《老子本義‧論老子》，頁1。

> 孝明、元魏孝文、五代唐明宗、宋仁宗、金世宗，皆得其遺意。是古無爲
> 之治，非不可用於世，明矣。〔註116〕

因此魏源認爲《老子》思想可用於亂世，尤其是在天下大亂之後，國家與人民需要休息生養，而《老子》思想於此時更能發揮其治國上的功用。魏源舉漢初張良約法三章、曹參不擾獄市、文景刑措之治皆爲《老子》思想可治天下之證。而後世如東漢光武、孝明、元魏孝文、五代唐明宗、宋仁宗、金世宗，也能在施政上師法《老子》思想而有其成效。

所以魏源認爲黃老之學絕對可用於治世，而世人所謂之不能用於治世，非《老子》思想不能用於治世，而是《老子》思想遭到世人誤解以致不能用。而這種詮解方式亦隱含著魏源期待運用《老子》思想爲當代時局注入改革新力量的想法，只要善於運用《老子》思想，在正確的方向上發揮其功能，那麼《老子》思想亦可爲混亂的時局帶來改變，而使時局走向安定，就猶如歷史上那些運用《老子》思想成功救世用世的例證一般。

（二）《老子》學說之無法確實爲世所用乃因世人的誤解

司馬遷於漢世黃老治效最著之際，以史官之筆深切表達眞正《老子》眞義。對此魏源是稱許而贊同的：

> 黃帝治效莫著於漢世，故史遷舉老子我無爲而民自化，我好靜而民自
> 正之語，以明其宗恉，而正其末流也。〔註117〕

所以漢初的盛世正代表了《老子》學說可以用世的例證。而至後世與當世之所以不再有如此治效，魏源認爲其原因乃在於世人未能以《老子》看《老子》，而將《老子》混同了後起的莊周、楊朱、列子與申韓刑名，以至於流於玄虛殘忍而不能用以治世。爲了能矯正滲入莊列刑名的黃老末流，爲了能扭轉世人對《老子》思想的誤解，爲了澄清觀念、分別界線，魏源對《老子》與莊列刑名間的差別提出了析辨：

> 老子言絕仁棄義，而不忍不敢，意未嘗不行其間。莊周乃以徜徉玩世，
> 薄勢利遂訶帝王，厭禮法則盜聖人。至於魏晉之士，其無欲又不及周，且
> 不知無爲治天下者果如何也，意糠粃一切，拱手不事事而治乎？卒之王綱
> 解紐，而萬事瓦裂。刑名者流，因欲督責行之，萬物一付諸法，而己得清
> 淨而治。於是不禁己欲而禁人之欲，不勇於不敢而勇於敢，不忍於不忍而
> 忍於忍，煦煦孑孑之仁義退，而涼薄之道德進，豈盡老子道乎？豈盡非老

〔註116〕見《老子本義・老子本義序》，頁1。
〔註117〕見《老子本義・老子本義序》，頁2。

子道乎？〔註118〕

以表明《老子》思想在根本上便已與莊列刑名不同，是屬於不同的理念。以「無爲」之概念爲例：莊列之流徜徉玩世，無所事事；形名之流一切歸法，無需用心。而魏源所認定的《老子》「無爲」卻是具有積極作爲的，其概念和莊列刑名自是有所不同。魏晉之士未能詳辨，錯將學莊當學老，無所事事的結果自然導致制度崩毀、綱紀敗壞。刑名一切依法，自然會流於殘忍，成爲君王禁制他人欲望而擴展一己之利的工具。所以若把莊列刑名的治國之弊歸罪於《老子》，則是未能明其本源而形成誤解。爲了釐清世人對於《老子》思想的誤解，魏源對《老子》的政治思想做了更進一步的闡明，來說明《老子》雖是太古之書，但其內蘊的思想仍能針砭時弊，而「反言」與「無爲」絕非表面上的意義，其背後實涵有可積極用於世的深意：

> 老之自然，從虛極靜篤中得其體之至嚴至密者以爲本。欲靜不欲躁，欲重不欲輕，欲嗇不欲豐，容勝奇，畏勝肆，要勝煩，故於事恆因而不倡，迫而後動，不先事而爲。夫是之謂自然也，豈混蕩爲自然乎！其無爲治天下，非治之而不治，乃不治以治之也。功惟不居故不去，名爲不爭故莫爭。圖難於易，故終無難；不貴難得之貨，而非棄有用於地也；兵不得已用之，未嘗不用兵也。去甚去奢去泰，非並常事去之也。治大國若烹小鮮，但不傷之，即所保全之也。以退爲進，以勝爲不美，以無用爲用，孰謂無爲不足治天下乎。〔註119〕

因此，魏源認爲若能把握《老子》思想上的要旨，不爲文字上的意義所惑，必能得其眞義而不致誤解。而在其所認爲是眞義的詮解概念中，以《老子》中之「自然」爲絕對形上之本，是必須由虛極靜篤中體會，並非無所爲的混蕩而已。以「無爲」非完全不爲，乃是不爲無益之事，故「無爲治天下」是以不爲無益擾民之事以治天下。「不居功、不爭名」非是消極退縮，而是以謙遜處世。「圖難於易」並非要人逃避取巧，而是要循序漸進。「不貴難得之貨」是要人莫放縱物慾，非斷絕一切物質。「兵不得已用之」並非主張拋棄用兵，而是要於必要時用之。故《老子》中所要人去除的全是非常態的極端，而非斷絕常態的現實。所以對於「自然」、「無爲」以及諸多《老子》中的「反言」，魏源都賦予了文字表象下的積極概念，而使之易於爲人所了解，避免無謂的玄虛概念形成迷惑而造成誤解。

在魏源看來，《老子》乃救世之書，《老子》學說亦是可實用以爲救世的。而魏源詮解《老子》的一個基本立場，便是要在歷代注家的誤解泥淖中，爲《老子》洗

〔註118〕見〈論老子三〉，《老子本義‧論老子》，頁4～5。
〔註119〕見〈論老子三〉，《老子本義‧論老子》，頁4。

去蒙蔽，還原《老子》的眞相。所以魏源《老子本義》詮解《老子》的目的並不全在章句訓詁，也不在哲理發揚，而在以一明確清楚的方式將《老子》思想體系建構出來，將魏源所認爲的《老子》眞面目釐清出來。證明《老子》學說的確可以爲現實所用，並在此基礎上發揚《老子》中的經世致用之學。另外從《老子本義》中可見，魏源在評價一種思想學說的觀點上，會將焦距放在其說是否能對政治與社會有積極正面的影響。所以，他對楊朱的「爲我之學」、莊子的「放曠之學」以及佛禪之說是帶著輕蔑態度而極欲使之與《老子》區分。就在這種態度下，魏源《老子本義》對《老子》的詮解便以現實的政治面爲主軸，走向偏重於救世與政治思想的闡發了。

第五章　魏源《老子本義》評述

　　本章主在對於魏源老子學進行綜合評述，乃就魏源個人學術思想性格與斯時之時代背景引入探討，說明魏源《老子本義》的時代意義以及影響，並就魏源老子學的思想特質來說明其說在歷代《老子》研究中的立場與價值所在。

第一節　魏源《老子本義》的時代意義

　　在不同的時代背景下，動亂問題的產生會有不同的狀況，其中所包含的因素甚多。然而，民生經濟問題卻常是當中最重要的因素，每每成為引發動亂的導火線。而許多平日隱藏的政治、體制、軍事與社會問題都會在民生經濟崩潰後彰顯出，促使動亂的加劇。自清建國以來，康雍乾的盛世使得人口增長。但在過去那個以農業為經濟生產根本的時代，當人口的增加與耕地的增加不成比例〔註1〕，而統治機構

〔註1〕當時清代人口與耕地的比例狀況如下表：

	耕　地（頃）	人　口（人）
順治　2年　（1645） 　　　18年　（1661）	4,033,925	19,203,233
康熙　24年　（1685） 　　　50年　（1711）	6,078,430	24,621,324
雍正　2年　（1724） 　　　12年　（1734）	6,837,914	26,417,932
乾隆　18年　（1753） 　　　60年　（1795）	7,081,142	296,960,545
嘉慶　17年　（1812） 　　　24年　（1819）	7,915,251	301,260,545
道光　13年　（1833） 　　　29年　（1849）	7,375,129	412,986,649

因循陋習卻又不能有效率地處理與應變時，常會形成民生經濟上的失調問題。若是於豐年經濟無虞之際，那麼勉強可以維持平靜；但若遭逢災荒或者經濟秩序失調，當演變至統治階層不能爲人民解決問題而賦稅制度卻又使人民負擔重到無以生存之時，民變的叛亂問題遂生。在乾隆讓位於嘉慶的第一年（1796），原本零星的白蓮教叛亂，形成了規模空前的民變，至此清朝的統治基礎開始動搖。到了嘉慶十八年（1813），天理教的叛亂甚至在宦官的內應下，闖入了紫禁城的皇宮之內。是以嘉慶一朝，有大半的時日都在處理其內部的民變問題，但其處理方式也不過是以鎮壓平亂來換取政府的威望與局面控制而已，並未眞正改變其社會經濟問題。而至道光二十年（1840），鴉片戰爭發生，外國侵擾的問題也正式浮上檯面，清朝政府更是走向內外交迫的局面。

在這嘉、道這個逐漸要走上「末世」的世變之際，魏源懷抱理想，以天下興亡爲己任，講究經世致用之學。學術要能發揮經世致用的功能，就必須含有有益於當代國家人民的理論，並且對實際事務有所貢獻。魏源一生的學術思想著作甚豐，其所主要致力者，便是要從各類學術思想中析出有利於國家民生的元素。他認爲文人如果過分埋首於學術研究，反而會容易忽略國計民生，是以必須拿捏好自己的分寸，避免流於書生無用之譏。故於《默觚上·學篇二》有云：

> 有鳳皇之德，而後其羽可用爲儀，未有燕雀其質，而鷿皇其章者。飄風不可以調官商，巧婦不可以主中饋，文章之士不可以治國家。將文章之罪歟？文之用，源於道德而委於政事，百官萬民，非此不醜：君臣上下，非此不捅：師弟友朋，守先待後，非此不壽。夫是以內疊其性情而外綱其皇極，〔共〕縕之也有原，其出之也有倫，其究極之也動天地而感鬼神，文之外無道，文之外無治也，經天緯地之文，由勤學好問之文而入，文之外無學，文之外無教也。孰是以求今日售世譁世之文，文哉，文哉！詩曰：巧言如簧，顏之厚矣！〔註2〕

魏源在學術上提倡經世之學，就是避免讓文學淪爲沒有現實效應的純學術，所以他認爲經世體用乃是研究經史學術的終極目標。如魏源在〈家塾示兒者〉中，簡析了古來學術紛爭之無益，而體用之學方是爲孔門正統所重：

> 儒墨甫息爭，儒復歧漢宋。漢學今古文，宋學朱陸鬩。出入各主奴，鴻溝虞芮訟。試登洙泗堂，幾見殊體用。〔註3〕

表格資料引自陳耀南：《魏源研究》（香港：乾惕書屋，1982年11月再版），頁30。
〔註2〕見《魏源集》，頁8。
〔註3〕見《魏源集》，頁653。

　　同樣地，對於清代各學術流派中一些魏源所認為的亂象，他在〈武進李申耆先生傳〉中曾評論道：

> 自乾隆中葉後，海內士大夫興漢學，而大江南北尤盛。蘇州惠氏、江氏，常州臧氏、孫氏，嘉定錢氏，金壇段氏，高郵王氏，徽州戴氏、程氏，爭治詁訓音聲，瓜剖釽析，視國初崑山、常熟二顧，及四明黃南雷、萬季野、全謝山諸公，皆擯為史學，非經學，或謂宋學，非漢學。錮天下聰明知慧，使盡出于無用一途。〔註4〕

以為這些學派皆禁錮天下才俊之智於無用，以致不能使學者運用心力於經世，徒為末流之學。是以齊思和先生曾視魏源為改變清代學術風氣的代表人物：

> 有清三百年間，學術風氣凡三變。清初諸大儒，多勝國遺老，痛空談之亡國，恨書生之乏術，黜虛崇質，提倡實學。說經者則講求典章名物。聲音訓詁，而厭薄玩弄性靈。講學者亦以篤行實踐為依歸，不喜離事而言理。皆志在講求天下之利病，隱求民族之復興，此學風之一變也。其代表人物為顧炎武先生。至乾嘉之世，清室君有天下，已逾百年，威立而政舉，漢人已安於其治；且文網嚴密，士大夫諱言本朝事。於是學者羣趨於考據一途，為純學術的研究；而聲音訓詁之學，遂突過前代，此學風之再變也。其代表人物為戴東原先生。至道咸以來，變亂疊起，國漸貧弱。學者又好言經世，以圖富強，厭棄考證，以為無用，此學風之三變也。其代表人物為魏默深先生。此三先生者，皆集前修之大成，開一時之風氣，繼往而開來，守先而待後，繫乎百餘年學術之升沉者也。〔註5〕

對於時代學風的變化，其中影響因素甚多，能否由一二學者之提倡即形成風潮，當中又有許多值得商榷之處。而歷史的詮釋常在人為，當後世人們對於歷史發展有著特別的期望時，常會從那段歷史中尋一些合乎期望色彩的特定人物，由我們的期待而賦予這些歷史人物特定的地位。若從現實角度觀察當時的歷史，對於魏源在那個時代是否具有「集前修之大成，開一時之風氣，繼往而開來，守先而待後，繫乎百餘年學術之升沉者也」的影響力，這自然有值得探討與斟酌之處。但若將魏源視為斯時一個致力將學術思想導向經世方面的代表人物，卻也是具有指標性與參考性的。而魏源處於近代歷史的轉折點上，面對清朝嚴重內憂外患的局勢，意圖改革。在這種現實精神下，的確使他的思想與學術展現出不同傳統的風貌。

〔註4〕 見《魏源集》，頁358～359。
〔註5〕 見齊思和：〈魏源與晚清學風〉（收於《近代中國思想人物論——晚清思想》，臺北：時報文化出版事業有限公司，1985年11月初版，頁193～242），頁193。

由於處在那個世變之局勢當中，惟有變革才能讓國家與人民面對接踵而至的挑戰。然而，變革又不能亂變，否則必會流於混亂，所以必須有一心靈上的精神基礎作爲遵循的依據。在魏源的歷史觀中認爲時代有演進，制度有不同，主張各項政事、治法都應該要能因時、因地制宜而變，反對泥古不化，主張要順應客觀情勢發展而採取應變措施，但是內蘊於其中的最根本道理卻是不變的。他曾於《默觚下·治篇五》中闡述說：

> 三代以上，天皆不同今日之天，地皆不同今日之地，人皆不同今日之人，物皆不同今日之物。……故氣化無一息不變者也，其不變者道而已，勢者日變而不可復者也。〔註6〕

又說：

> 莊生喜言上古，上古之風必不可復，徒使晉人糠粃禮法而禍世教；宋儒專言三代，三代井田、封建、選舉必不可復，徒使功利之徒以迂疏病儒術。君子之爲治也，無三代以上之心則必俗，不知三代以下之情勢則必迂。讀父書者不可與言兵，守陳案者不可與言律，好剽襲者不可與言文，善琴弈者不視譜，善相馬者不按圖，善治民者不泥法；無他，親歷諸身而已。讀黃、農之書，用以殺人，謂之庸醫；讀周、孔之書，用以誤天下，得不謂之庸儒乎？靡獨無益一時也，又使天下之人不信聖人之道。詩曰：「爰有樹檀，其下維蘀。」君子學古之道猶食筍而去其蘀也。
> 〔註7〕

對於世人泥古而誣古的狀況，魏源認爲皆是未能認識事物的根本所致。是以對於以「道」爲本的《老子》思想，魏源自然有意思要移植來作爲建構經世思想的精神本源。在沒有確切的證據下，我們自然無從判定，究竟是魏源是受了《老子》思想的啓發而形成這種概念，或者是魏源思想中本有這種傾向而讓他認同以《老子》思想來建構思想根源。但我們卻可以知道，魏源這種思想建構的方式實和他所處的時代有密切關連。

由於在學術思想上，魏源宗今文經學而尚經世致用，提倡「通經致用」的學術觀念，批判當時脫離實際政治與民生事務的漢學末流和宋學末流。於是他爲學之意圖便是不斷地求知、求新與求眞，希望能學習最現代的知識，也期待從各種傳統學術中找到能夠適應時代，並可以改善時弊的成分。而他這個尋找的範圍不只限於儒家傳統的經書，更擴展到了子書當中。所以魏源他將「通經致用」的範圍更加擴大

〔註6〕見《魏源集》，頁47～48。
〔註7〕見《魏源集》，頁49。

成為「通子致用」〔註8〕，這顯現出了當時學者基於時代的需要，開始將各類傳統思想的面貌改造以符合經世需要的一種現象。魏源《老子本義》的著作也正表現了這種情形，其內容的呈現上，也正由於作者意圖的傾向而偏重於展現其可以輔助經世的部分。

　　在沒有明確證明的情形下，我們不能一廂情願地就著作風格來斷定《老子本義》的著作正是清季這種現象的開始，或者是認為《老子本義》造成了這種風潮。但卻可以將它當作是一個代表性的例子，從其背景時代的情勢，彰顯出其時代的意義來。

　　在周文疲敝的時代所形成對人為現實反思的《老子》思想，一直在中國歷代發揮其影響力。這種影響力無疑是極富吸引力的，魏源意欲通過解老將《老子》振衰起弊的內涵給彰顯出來，能為清末世變的時代所用，而使世局轉危為安。正如前述，魏源的解老是建立在現實面上的，乃藉《老子》思想形成一套能讓人心安定於絕對的、完美的並可以明確實行的準則，作為人們立身行事的精神力量。這種現實的精神的形成，乃因當時知識份子在遭受時代劇變之際，開始發現他們所抱持的理念已經無法應對世局的挑戰。於是他們為了能找到改變世局的理念，開始從傳統經典中去找尋可為現實所用的成分，以為建構改革信念的依據。不論是析分，或者是改造，在當中我們可以看到他們當時對絕對真理的追求以及對建立救世理念的渴望。而《老子本義》以帶有現實精神的外貌出現在那個時代，其所顯現的正是斯時知識份子意圖援傳統經典以救時弊的現象。

第二節　魏源《老子本義》之價值

　　黃象離於〈重刊古微堂集跋〉中曾言：

> 日持論家謂龔、魏兩家皆深於釋氏之學，龔氏之於釋氏，固自謂造深微，先生蓋深於道家言，其〈論學篇〉往往見之，而〈老子本義序〉尤為深至明晰。〔註9〕

〔註8〕如羅檢秋：〈從魏源《老子本義》看清代學術的轉變〉（收於（大陸）《近代史研究》
　　　1995年01期，頁81）一文即言：
　　　　　魏源是主張經世致用的重要代表人物，同時也受到這種思潮的推動。他被看
　　　　作今文經學家，但其學術又不限於儒經。他大膽地肯定《老子》的社會價值把通
　　　　「經」致用發展到通「子」致用。經世致用思潮是社會危機加深之時，傳統學術
　　　　的自身調整和轉變。
〔註9〕見《魏源集》，頁845。

這或許是爲人作跋時的客套溢美之詞，也或許是其判斷上亦就儒家立場來看待道家之說，是以頗能贊同魏源之說而贊其「深於道家言」。然就《老子本義》的整體評價而言：在考證訓詁上，其價值或許不高；在思想上，偏重現實精神的展現；在時代變遷上，我們可以藉此看到當時學者援傳統經典以救時弊的現象。然而站在一個老子學的評論角度，我們要如何定位《老子本義》的價值呢？

就魏源《老子本義》中所見，其在章句上大致承襲吳澄《道德眞經注》的分章與文字，再以據其所屬意之其他版本或個人見解加以分合、改字與修飾。而在義理上則大致承襲王弼「崇本息末」的詮解體系，但卻賦予更明確的定義在「道」、「無」與「無爲」等概念上，而開展出富有現實精神的詮說理路。而在其對莊楊列老等學派之區別上，大致可以說是在唐代陸希聲的見解上加以發揮。雖說在沒有確切證據下，我們不能斷定他們有學術上的直接源流關係，但就其莊釋列老之別與儒老互補的詮解型態而言，陸希聲確實可說是魏源辨別莊楊列老之說的一個先例。在〈道德眞經傳序〉中，陸希聲對歷代老學有過這樣的總結：

> 夫唯老氏之術，道以爲體，名以爲用，無爲無不爲，而格於皇極者也。
> 楊朱宗老氏之體，失於不及，以至於貴身賤物；莊周述老氏之用，失於太過，故務欲絕聖智；申、韓失老氏之名，而弊於苛繳刻急；王、何失老氏之道，而流於虛無放誕。此六子者，皆老氏之罪人也。而世因謂老氏之指，其歸不合于仲尼，故訾其名則曰槌提仁義，絕滅禮學；病其道則曰獨任清虛，何以爲治。於乎！世之迷其來遠矣，是使老氏受誣於千載，道德不行於當世，良有以也。……自昔言老氏術者，獨太史公近之；爲治少得其道，唯漢文耳。其他辭詭説，皆不足取。〔註10〕

以其從現實與治世層面來切入廓清的觀點看來，實與魏源之說頗爲相近。而陸希聲在〈道德眞經傳序〉中亦論證孔老之旨歸實爲相同，是以他說：

> 仲尼闡五代之文，以扶其衰；老氏據三皇之質，以救其亂，其揆一也。
> 蓋仲尼之術興于文，文以治情；老氏之術本於質，質以複性。性情之極，聖人所不能異；文質之變，萬世所不能。〔註11〕

這同於自王弼以來諸學者會通儒老的意圖。歷代儒者論老，若不闢老，則多以儒老會通。此種調和二家的詮老模式，實可與魏源之解老互映。然而就此學理上可能的影響辨析之之外，我們對於魏源的《老子本義》應該有更多想法。

《老子》中對於「道」的概念從未明確立說，對於所謂「無」與「無爲」的概

〔註10〕見《道德眞經傳》，頁1～2。
〔註11〕見《道德眞經傳》，頁1。

念又多以超脫人類語言文字的思想概念形容之，亦未明確定義。但在魏源詮解《老子》的過程中，以王弼賦予形上根本的概念爲基礎，將一切都明確定義了出來。我們在此不免疑惑：魏源的解老是不是一種誤解？如果是一種誤解，那麼其在整個老子學研究中的價值何在？而我們又要從什麼立場與標準來看待魏源的解老？

由於《老子》的語言文字特性，在中國歷代以來形成多樣化的詮說著述與體系。由於詮解者立論基點的不同，就會開展出不同的詮說方式。舉個一直爲學者們所廣泛討論的例子來說：《老子》思想是一種藉「貴柔守弱」而反制的權謀思想嗎？

從過去到現在，這種視《老子》思想爲權謀的論點，的確成爲一些學者對《老子》的質疑所在，甚至批評老子爲陰謀家，《老子》書爲權謀書。如宋代的朱熹便曾如此批評《老子》思想，其《朱子語類·卷一百二十五》中說：

> 老氏之學最忍，它閒時似箇虛無卑弱底人，莫教緊要處發出來，更教你枝梧不住，如張子房是也。子房皆老氏之學。如嶢關之戰，與秦將連和了，忽乘其懈擊之；鴻溝之約，與項羽講和了，忽回軍殺之，這箇便是他柔弱之發處。可畏！可畏！它計策不須多，只消兩三次如此，高祖之業成矣。〔註12〕

而近代學者錢穆先生的批評則更烈：

> 但在老子書中，卻像有一個天道隱隱管制著，不許不平等。但這些天道，卻給一位懷著私心的聖人窺破了。於是此懷私之聖人，卻轉過身來，利用這些天道以完成其一己之計謀，而天道終亦莫奈何得他。因此，老子曰：「將欲歙之，必固張之。將欲弱之，必固強之。將欲廢之，必固興之。將欲奪之，必固與之，是謂微明。柔弱勝剛強。魚不可脫於淵，國之利器不可以示人。」此乃聖人之權謀，亦即是聖人之不仁與可怕也。老子書中聖人之可怕，首在其存心之不仁，又在其窺破了天道，於是有聖人之權術。聖人者，憑其所窺破之天道，而善爲運成以默成其不仁之私，而即此以爲政於天下也。〔註13〕

尤其是錢先生所引述的《老子》第三十六章文字，一向爲批判《老子》思想爲權謀者所引證，尤其是「將欲奪之，必固與之」這段文字更是使人有所爭論。當然，歷來對於此段文字亦多有澄清者〔註14〕，此舉明代薛蕙《老子集解》的詮說爲例：

〔註12〕見（宋）黎靖德編：《朱子語類》（臺北：文津出版社，1986 年 12 月），頁 2987。
〔註13〕見錢穆：《莊老通辨》（臺北：東大圖書，1991 年 12 月初版），頁 126～127。
〔註14〕陳鼓應先生在〈誤解的澄清——代序〉（收於陳鼓應：《老子今註今釋及評介》（臺北：臺灣商務印書館，1998 年 8 月二次修訂版），頁 1～6）一文中曾對於《老子》三十

程子嘗曰：老子書，其言自不相入處如冰炭。其初意欲談道之極玄妙處，後來卻入權詐上去，如「將欲取之，必固與之」之類。程子之言，豈可謂其不然。然學者務在求是而已，理苟未安，雖大儒之言固未可盡執以弗是也。竊謂此章首明物盛則衰之理，次言剛強之不如柔弱，末則因戒人之不可用剛也。豈誠權詐之術而與二篇之言相反哉。夫仁義聖智，老子且猶病之，況權詐乎。按史記陳平本治黃帝老子之術，及其封侯，嘗自言曰：「我多陰謀，道家之所禁。吾世即廢亦已矣。終不能復起，以吾多陰福也。」由是言之，謂老子為權數之學，是親犯所禁，而復為書以教人，必不然矣。〔註15〕

而其於《老子》三十六章「將欲歙之……是謂微明。」文句下的註解則解釋：

歙，闔也。張，開也。固者，本然之辭。微明，其理難明而實隱微也。

董思靖曰：必固云者，言物之將歙，必是本來已張，然後歙者隨之，此消息盈虛相因之理也。〔註16〕

就其所言關於《老子》：「將欲歙之，必固張之。將欲弱之，必固強之。將欲廢之，必固興之。將欲奪之，必固與之。」此段文句所闡述的本意應當是：將要合起來的，其本來必是張開的；將要衰弱的，其本來必是強盛的；將要荒廢的，其本來必是興盛的；將要被奪取的，其本來必是人家所給與的。若就此解，則其涵意便在闡明「物盛則衰，盈虛相因」之理，毫無所謂權謀之論。

此外，或可就版本字句上考證「奪」字本應作「取」字，則可使「奪」字所代表的強硬程度降低，而不致使文字表現上那麼有權謀味，如蔣錫昌《老子校詁》中對此句的考證：

馬敘倫曰：『《韓非喻老篇》引無「廢之」二句。『奪』范及《韓非喻老篇》引並作「取」。各本及後漢書桓譚傳引「將欲廢之」四句同此。』

錫昌按：史記管晏列傳云：『故曰，知與之為取，政之寶也。』索隱：『《老子》曰：「將欲取之，必固與之。」』看《史記》用『故曰』云云，疑『與之為取』即本之《老子》『將欲取之，必固與之』而來。是《史記》與《索隱》並作『取』也。論義，亦以作『取』為是。當據《韓非》改正。〔註17〕

六章的誤解作出澄清，當中羅列漢到宋明多家學者之詮解，可見其概要。

〔註15〕見（明）薛蕙：《老子集解》（北京：中華書局，1985年，北京新一版），頁23。

〔註16〕見《老子集解》，頁22。

〔註17〕見蔣錫昌：《老子校詁》（臺北：明倫出版社，1971年2月初版），頁236～237。

亦可以從訓詁上以「脫落，失去」來解釋「奪」字之義，而使人不致誤解其有奪取之義。如《說文解字》段注：

> 奪，手持隹失之也。引申爲凡失去物之稱，凡手中遺落物當作此字。
> 今乃用脫爲之，而用奪爲爭敓字。〔註18〕

是以在此段文字詮解的切入方式上可謂多元，也產生了許多不同的解釋。而在這眾多的詮說中，我們再來看看魏源是怎麼來討論這個問題的。在《老子本義》三十一章中，魏源是這樣說的：

> 此言君子待小人之術也。柔勝剛，弱勝強，是其本旨。魚與利器，皆喻也。蓋將欲如彼者，殺機也。必固如此者，密用也。魚不可脫於淵，喻必然之密用不可失，失則非柔弱矣。利器不可示人，以喻將然之殺機不可露，露則不善用其剛強矣。水最柔弱，人之有道，如魚之有水。兵器最鋒利，事之有機，如國之有利器。柔弱者其體，剛明者其用。然魚無一時可離於水，此聖人柔道藏身之固，而守以終身者也。利器有用有不用，此聖人智勇深沈之機，而愼於臨時者也。非明不能見，非微明不能守，故切譬以明之。蓋惡不積不足以滅身。聖人待小人，常因天道之自然，而不費人力。若太王事獯鬻，文王事昆夷，勾踐事吳，以及張良之待秦項，漢文帝之待佗濞，亦皆是也。是故有權宜以待小人，如有網罟以待禽獸，亦自然之理。如必以徑情直行爲得，則是伏羲不應作網罟，行軍不應好謀而成也。尺蠖屈以求伸，龍蛇蟄以存身。天之道，人之理，物之勢，未有不如此者。與易之消息盈虛一理也。或曰：示人當從說苑作借人。蓋予奪翕張之術，聖人以除暴銷惡，而小人亦借之以行其私。陰符經云：其盜機也。天下莫能見莫能知。君子得之固躬，小人得之輕命。此不可借人之謂也。〔註19〕

魏源以一貫求實運用的立場認爲此段文字的意義雖爲權謀，但卻是君子對待小人之權謀，是持之以剷除罪惡的，是站在益於維持世間秩序的立場而用之。故老子在本質上非權謀家，其思想亦不能就此段文字而視爲權謀術。此與奪之說仍是因應以善制惡的自然之理，其目的乃是爲了給予善者一個制惡的利器，亦是道術之下因時制宜而用者。然而運用者本身的道德修養卻可主宰道術能否運用得當，是以不可將之隨意展示或借予給小人之輩。於是，與奪之說的解釋對於魏源而言，已不在文字的

〔註18〕見（漢）許愼撰（清）段玉裁注：《説文解字注》（臺北：黎明文化事業股份有限公司，1991年8月增訂八版），頁145。

〔註19〕見《老子本義‧上篇》，頁39～40。

涵義或章句的詮說中打轉，而偏向從現實的運用面上來論述。

就以上這些說法固然可以從許多不同的角度駁斥《老子》思想爲權謀之說，還《老子》一個清白。然而我們從這個爭論當中，應該得到更多的啓發。由於訓詁上的字義解釋，或者對於文字句式的解釋方式不同，都可以使同樣的文字展現出不同的意義。基於詮解者對語言文字的詮解不同，就其詮解所開展出去的思想立場自然有所不同，以至於所建構出來的思想體系亦不同，是以形成多樣化的詮說方向實是在所難免。而我們在評斷各種詮解方向時，極可能是在以自身詮解方式的立論與立場上去看待其他的詮解。上述《老子》章句詮解的例子便是此一現象的縮影顯現。

當我們以一個站在哲理詮析的評斷基準來看待魏源的解老，或許會覺得魏源解老解得太實，又多以個人意志改造之，以致未能竟《老子》之意。但若就魏源自身的立論角度而言，他所著重的乃是《老子》思想在現實政治上的應用性。並且自認《老子》思想中對於現實人生與政治的關懷，也惟有在他這種詮解方式中才最能表現出來。所以若將時空轉移到魏源的時代，或可看到魏源正在以自己的立論基準感嘆歷代解老者「無一得其眞」。

若就思想上與詮解態度上的評斷而言，只要有評斷，那麼必會有評斷者自身所依持的立場作準則。這個立場只能算是一種相對的標準，並非是一種絕對的衡量。所以在就思想上作評斷時，難免會因是基於某一種思想形態來當標準，而使的評斷有失公允。在此就思想上而言，我們爲了避免這種現象，便以忠實呈現魏源《老子本義》所展現出的思想特色爲主。在所謂的批評之前，亦自明個人立場以表此一相對評斷的基準，不做絕對性的是非論斷。然而在學術研究的評斷上，我們卻可以用一個確切的標準來評斷，因而發現魏源《老子本義》中研究論述《老子》時所產生的一些缺失。

這些缺失在前述各章節中已有評斷，在此綜合其論述要點，簡明地歸納列出幾項缺失：

（1）對於章句的校讎不嚴謹

就《老子本義》中對《老子》原文字句的斷句、取捨與校正上，魏源參考了甚多的版本，然而卻不是以嚴謹的校讎方式來進行這項工作。他是以個人所認爲「可以明確說明義理」的角度，去決定要依照何種版本來進行文字的取捨和修正。對於諸家的注說，亦是選取當中能合己意所用的注說部分，引以爲說解。故其對於文字與注說的修正和取捨乃是以能合乎個人詮解義理的方式爲準則，雖可表達個人的思想性，但卻有違嚴謹的學術研究精神。

（2）考據不詳實

就魏源當時所處的學術環境而言，固然有其時代環境的侷限，沒有許多新的考古資料可資參考。但歷代所遺留下的考證與注說仍是甚多，就學術研究而言，仍多有可資參考與比較者，但魏源似乎未在其上多所著力。尤其是對老子其人與《老子》其書的考證，其可採用作為評斷的資料應是更多，但魏源所引證者不過寥寥數語，便下結論。或許是魏源認為這些部分已成定論，無需多言，但就考證資料的詳實度而言，卻是有所欠缺的。

（3）收取的資料多有意識上的偏頗

就魏源附錄所引用的記載來觀察，卻見其並不是全面性地搜羅各經典相關記載而納入，而是具有選擇性的。至於其選擇性的態度，雖未於其書中言明，但我們可在魏源引用《莊子》中相關老子的記載文字裡看出一二：那就是以儒家為本位。觀察魏源從《莊子》中截取在其意識析辨中認為可用之記載的現象，常見其依需要而對相關資料有所斷章剪裁。尤其就其附錄中引用《莊子》的狀況看來，應是為了尊孔與避免批孔的文字（或許在魏源心中已認為這類批孔的文字乃偽造，不具可信度，故不選入），以維護其信念。但就一學術研究的態度而言，卻是不嚴謹的。

（4）誤以黃老之說為《老子》之源

黃老之說中的黃帝論述並非真傳之於黃帝，多半是後學依托之說。而所謂黃老者乃出自《老子》，非《老子》出之於黃帝。而魏源又誤以為黃帝金人銘乃黃老之源，故為《老子》所宗，則未免本末倒置。

（5）對歷代《老子》注本評斷有不客觀之處

《淮南子》中所引《老子》文字較《韓非子》所引為晚出，但魏源就其個人感覺視《淮南子》所引文句勝於諸家，並多以之校改文字。此雖是就其思想立場而言所為，但卻是一種欠缺嚴謹態度與正確觀念的考據與校勘方式。此外視傅奕本的章句為最疵，評價亦失公允。

而以上這些缺失的形成有一大部分是因魏源側重於義理解說而忽略考證所致。在此再根據上面諸章節的論述，我們可將魏源《老子本義》中所展現的解老特色簡明歸納如下：

（1）不重章句訓詁與考證，而以義理的闡發為主

在《老子》的文字訓詁與相關考證上，魏源並不多所著力，而將重心放在義理的闡發上。而魏源對於《老子》義理的發揮，是傾向於魏源所認為有益於社會人生的現實面來進行，更力求其說理必須是明確且能運用於經世之上，讓理論可

以獲致實用。

（２）以救世之書看待《老子》

魏源認爲當年老子著作《老子》書，實是爲了於亂世之中點醒世人，其本意乃是爲了救世淑世的。只要能正確運用當中的道理，便可以發揮救世的功能。

（３）以實體義說「道」

魏源將《老子》之「道」視爲完全絕對的形上實體，在應用上具有陰柔之特性，可爲宇宙萬物之絕對依歸。故其是絕對的、恆常的、普遍的，而且只要人類的認知方法對，就可以完全認知。故魏源在詮解《老子》的發展方向上，會朝向追求完全的絕對定義而努力，意圖擺脫目前語言文字上所面臨的侷限以及玄虛之說所帶來的誤解。以期建立更精確的詮解定義，讓人們可以簡明地體會那魏源所認爲《老子》中的「言有宗、事有君」之所在，強化自己的心靈力量，方才能對魏源所認爲《老子》中的眞理「甚易知、甚易行」。在這種情形下，人們方能擁有明確的思想指導，掌握自己的人生方向，也才能藉由這種明確的指導，在各類的治世事功上朝向正確的方向而行。

（４）明辨《老子》與其它思想的區別

魏源認爲在老子之後，各家依據對其學說的不同理解而分化爲列子的「虛無之學」、楊朱的「爲我之學」、莊子的「放曠之學」、申韓的「刑名之學」。而自佛教傳入後，附會佛家之說以解老者亦所在多有。若只由各家的詮說去理解《老子》，皆會產生對《老子》的誤解。於是，在《老子》的詮解上，魏源認爲必須將《老子》與各家劃清界線，以使《老子》的「致用」之途不致走向岐異。

（５）注重《老子》思想的實用性而非哲學性

由於魏源是以救世書而非哲理書來看待《老子》，故其所發展出來的思想體系便著重於實用性，期望架構一明確而有根源的思想，成爲人們思想上的信念支持或滿足心理建設的需要。不論在人生修養或政治實用上，都能據此實踐而臻理想之境界。

就以上各章節的論述來探討，魏源《老子本義》所展現的老學理論或許在歷代諸多的老學研究中，未必具有較高的學術與哲理價值；但在思想上卻展現出異於諸家的現實特色，以開展出深具魏源個人色彩的《老子》詮解方向。而就魏源在《老子本義》中動輒以黃老爲稱的情況看來，足見他視發揚黃老學派中的現實政治精神爲詮老重心。雖說在黃老源流上魏源有所誤解，但在思想的承繼上，其詮老學說可謂是對黃老政治思想的現實發揚。在形上哲學或認識論等方面，魏源或許並未建立

精微的理論；但在政治思想的現實應用上，魏源卻展現了重建理想的努力。就魏源的詮老在老學發展史上而言，其思想價值性的展現，並不在於他建立了什麼了不起的詮解系統，讓過去一直處於撲朔迷離的《老子》詮解有了明確的方向。而是藉由觀察他的學說，擴充了我們在詮解《老子》時的思考範圍，帶給我們另一種屬於務實層次的解老方式，而可與其他眾多的詮老體系對比，讓我們有著更多思想上的激盪與啟示。

第六章　結　論

　　雖然《老子》僅有短短五千言，但後世學者卻能從中衍生出各種詮釋角度及詮釋結果，並產生了許許多多見仁見智的不同角度觀點論述。至於在這眾多的詮釋中，那一種才真能解釋《老子》或符合《老子》原意？似乎也不易斷定。或許就哲學上認識論與詮釋學的觀點而言，《老子》原意是無法真正認知與解釋的。而詮解者所採用的每一種觀點，頂多只能代表詮解者本身的見解，未必能完全地與《老子》相契合。

　　終究老子思想的詮釋，除了其文字意義上的深究外，也極易在文本自身所形成的想像空間上成為一種解釋者對其義理延伸的再創造。自從《老子》思想出現以來，經過人們以各種詮解方法來解釋，已有兩千餘年了。在時間的累積下，已經形成了多樣而大量的詮解系統。對於這種現象，我們當用一種什麼樣的心態面對呢？是該懷抱著希望認為《老子》的真面目即將在未來被清晰釐出呢？還是要感嘆「為學日益」而讓眾人離《老子》的大道越來越遠了呢？

　　或許我們可以如此認為：由於老子當年著說的意圖便是希望人們能將對語言文字、世俗禮教與準則理論的執念打破，使人們可跳脫侷限，體會那無以言喻但卻又無時無地不在的人生真義，進而在人生與政治上能破除現實面的迷思，而能以一種更貼近人類心靈生命的方式來重新生活。為了避免用有侷限性的文字將其中非語言文字所能確切表達的部分給死板定義，以致使人無法體會其中真義。是以在《老子》中有時必須運用一些模糊或反邏輯的文字來破除迷思，但這種表達方式卻使得詮解者各依立場角度詮說，為《老子》帶來了無限的解讀空間。然而，我們該注意的是，每一種觀點頂多只能代表該詮解者本身的見解，是該詮解者站在自己所認定的立場上所形成的。那麼只是一種在「相對」立場中所形成的解釋，並非是一種「絕對」完美的評斷，是未必能完全地契合《老子》原意，只能代表個別立場上所形成的詮解結果。除非當年老子一開始就運用邏輯化的語言將其所言做好定義，讓所有的文

字在精準的範圍內，將其義理明確地表達清楚。那麼我們才能在人類的知識體系下找到那個屬於體系中可完美定義的「絕對」。但就《老子》的著成背景而言，爲了避免語言文字的侷限，此已是不可能爲之之事。所謂《老子》「原意」，恐怕就在其形成文本的那一瞬間便已失去。而後世的我們只得從世傳文本與眾多的詮解中去「感受」《老子》可能要表達的眞意，進而有了種種自我的詮解方式。

而自韓非的〈解老〉、〈喻老〉經重新的解義，以道爲理爲其法家術勢服務起，歷代諸家如：王弼以「崇本息末」之原則注老子，爲「道」與「有」、「無」賦上形上學解釋；焦竑《老子翼》匯集眾說，欲合三教之說以闡義；釋德清《道德經解》以佛理解老，欲會通佛老之旨；王船山《老子衍》藉批判《老子》之執一道，轉化道器之兩執而用中……等等解老或闡老的著作來看，常見注說諸家多就《老子》中取其所需，賦上新義，以爲正解。甚至由於個人學術歷程與義理性格所致，在詮解上只是援老爲己說輔翼，以致另成一家之言。

正如魏源所批判的歷代注家與他自己，都在有意爲之或不知不覺中進行著這種再創造。或許本文之論述亦是逃不開此情形，帶有筆者某種未能爲自我察知的主觀，但仍謹以淺薄之識見，嘗試釐析出魏源在詮解《老子》時所採取的態度與方向，以期能與那多如繁星般的種種《老子》思想詮解作一個對應。

在人類多樣性的思維模式裡，相信對於《老子》詮解的辨證還會繼續下去，而人類也將在這些辨證中繼續發展出多樣的詮解理論。自古而今，在《老子》的詮解上，這種多樣性已經顯現了豐富的風貌，而未來相信也將會繼續建構出各種不同類型的詮解理論。而這一切所顯現的是《老子》思想的豐富生命力，其演化的結果將不斷地爲人類思想歷程增添種種痕跡，讓我們從觀察其現象當中獲取種種啓示。

而處於清代由盛轉衰的「世變」之際，魏源解老的意圖正是想讓《老子》中的思想活起來，並能爲另一個疲敝的末世所用。所以魏源著《老子本義》除了自詡能眞正爲《老子》解義外，更是帶著歷史使命感的。其意圖將「道」的詮釋從哲理的虛無面帶到政治的實用面，重新爲「道」、「無爲」、「無欲」等《老子》思想概念下定義，使《老子》之道的體用更切乎實際，而將自己救世的期望與思想融入其中。

相較歷代解老之說而言，魏源《老子本義》對《老子》的主要詮釋重點，跳脫了修道體悟的哲學思想，卻以經世濟民的政治思想爲主，的確是特出的。而其以儒家易經爲旨，帶著以「君子自強不息」概念解老的意圖，無非想爲亂世生民與治者在心靈思想上建立紮實的基礎，以致能夠積極面對變局，解救末世之敝。

老子以個人思想境界體會認識宇宙天地、人生世事與學術知識，而詮釋以《老子》書，後學及諸注家又以一己之體會增補其悟，遂成今日之《老子》。魏源體會認

識世傳《老子》書之文字，配合上自己對宇宙天地、人生世事與學術知識的體會認識，而有《老子本義》來詮釋他所認爲正確的《老子》思想。對於魏源《老子本義》所詮，或許站在我們現在的學術思想立場上，我們會對它有著種種不同的批判。但這些批判，除了一些信而有徵的考據或研究方法評述的層面外，我們也無法用絕對的「是非」來論斷思想上的問題。所以，我們或許可以說魏源的老子學在考據和研究方法上並不嚴謹，也產生了一些缺失。但我們卻不能用一種很肯定的態度來判斷，魏源對《老子》思想的詮釋是錯誤的，或者是低下的。

而本文在此經過層層論述，說明魏源的解老方式，也並非要證明魏源是不是誤解了《老子》，或者是他對《老子》的解釋才是眞解。只是要將其思想特質彰顯出來，藉由這個彰顯的動作，使之特色展現，而能爲他的詮老方式在眾多的詮老方式中找一個定位。

因爲，魏源對《老子》的詮說正如過去與現在的諸多《老子》詮說一般，都是《老子》思想在人類思想中綻放其獨特生命樣貌後的痕跡，而我們可以藉由觀察這些痕跡來帶給我們更多的啓發。

當我們審視古今中外眾多的詮老體系時，在每一次的析論進行中，都有可能會在自我的價值判斷上對被檢視者進行其內涵成分拋棄和認可。然而這種思想上的工作卻未必是一種判斷上的終結，而可能是一個起點，一個邁向未來更多可能性的起點。這種多元的可能性，將讓人類所展現的思想型態更加豐富。就在不斷的拋棄與認可中，進行著思想成分上的增補，我們在上面所獲得的啓發也越來越多。同樣地，不論我們對魏源解老的論斷爲何，魏源的解老都爲《老子》的義理發展增添了更多樣性的風貌，也增添了我們對《老子》思想的視野。

就本文對於魏源個人所架構老子學理論的探討而言，我們或許可以將魏源詮解《老子》的方式定位成一種輕考據，重義理，而卻又將思想發展開拓到經世實務上的一種詮老方式，斷定其是一種以形上實體爲根源所開展出來的思想體系，極富現實精神。但這一切只是基於我們現在人類的知識基礎所作的論定，只是用人類「有爲」的知識系統所架構出來的解釋。這些解釋就人類的知識體系而言，的確有它的意義存在，同時人類也將就此作出種種評斷，而成爲知識體系內可供探討研究之物。然而在此之外，我們對於其價值之論斷，當不限於知識學理之中。或許該看看其所帶給我們的啓示，如此才能眞正相對顯現其價值所在。

所以對於魏源的解老，我們或許會基於自身的思想型態而有價值上的判斷，但我們不必執於其上，應儘可能地從歷史、學術與思想的整體面去考查，以期看到更多、更廣的涵義。在現實層面上，我們可以用更廣闊的視野看到歷史環境對人類思

想形成的影響，不論是在周文疲敝的時代，或是在清末世變的時代。經由那些因時代環境衝擊所激發出的思想，讓我們有所省思，有所借鑑。在知識學術上，藉由多種不同類型思想體系的對比，讓我們將研究探索的方向延伸到更多不同的層面，豐富人類的知識。在人生體悟上，讓我們可以放開胸懷去深思自身的錮囿，拋去浮面的執念，進而得到更多的啓發。

理解、詮釋或許是我們認知《老子》理念的一個過程，但非全部，也非唯一。重要的是我們要能放開對詮釋方式的執念，或者對詮釋者在價值上的好惡判定，雖然在認知上所接觸的只是具有侷限性的語言文字，但卻可以從中激發出無窮盡的體悟。而本文的寫作，亦只是一點小小的努力，藉由分析魏源的詮老方式，期待能捕捉到《老子》思想在人類思想中展現其生命多樣性的一點風貌、一點痕跡。謹此就教於方家。

附錄一：魏源生平與重要著述介紹 [註1]

　　魏源先世爲江西太和人，明初始遷至湖南邵陽金潭村。曾祖大公，字席儒，國子監生，幼失怙，事祖母及母，以孝順聞名，家中產業豐饒饒，並好施予救濟。祖志順，字孝立，隱居不仕，篤行著邑乘。父邦魯，字鐘毓，一字春煦，善醫術，性好施予。歷任江蘇嘉定、吳江等地巡檢，以廉惠著稱。曾經主持蘇州錢局，能破除橫習、不因循陋規，前後布政司林則徐、賀長齡、梁章鉅與巡撫陶澍等人咸禮遇之。官至寶山主簿，道光十年（1830）卒。生有四子，魏源排行第二 [註2]（乾隆五十九年（1794）三月二十四日辰時生）。魏氏家族世代皆勤學樂善 [註3]，魏源當受此家風影響，在日後爲政之時能勤政愛民，且學術特重經世濟民。

　　魏源幼有異稟，不似一般孩童喜愛嬉戲，反倒是寡嬉笑，常獨坐。魏源祖父孝立公特別喜歡他，常對家人說：「此子性貌並不恒，勿以常兒育之也。」魏源性甚勤學，用力之勤，異於常人。七、八歲入家塾，深居一室研讀，甚少外出，以致偶出之時家犬不識，視爲外人而吠之。又常徹夜不寐，研讀達旦，其母陳氏憫其過勤，每當夜晚當就寢之時便令其熄燈入眠，但魏源還是趁雙親入睡後，偷偷在被中點燈閱讀。後爲其母所發覺，涕泣勸喻，才稍爲收斂。九歲時應童子試，能當場應聲屬

〔註 1〕 本附錄相關魏源生平事蹟與重要著述之論述乃參考魏耆〈邵陽魏府君事略〉，王家儉先生《魏源年譜》，黃麗鏞先生《魏源年譜》，李瑚先生《魏源研究》、《魏源詩文繫年》與〈魏源事跡繫年〉，以及李漢武先生《魏源傳》等書的考證與内容擇要整理而成。

〔註 2〕 魏源家世、族譜可詳見黃麗鏞先生《魏源年譜》所考，此就〈邵陽魏府君事略〉所載（見《魏源集》，頁 847）及黃麗鏞先生《魏源年譜》所考證（見黃麗鏞《魏源年譜》，頁 20～21）綜而簡述之。

〔註 3〕 魏耆〈邵陽魏府君事略〉：
　　　　家素封，累世好施予，敬斯文，至席儒公尤篤。雖傭佃有子弟就傅者，亦捐其租入之半給膏火；有全不納者，亦聽之。（見《魏源集》，頁 847）

對。〔註4〕

嘉慶八年（1803），魏源十歲，夏秋間邵陽大饑，百姓因之多積欠稅賦，有司摧之甚急，幾乎釀成民變，魏家孝立公散盡家產代民完稅，遂化解衝突，但魏家家道因此中落。雖說生活變得極為困苦，但魏源仍能安貧攻讀〔註5〕。

嘉慶十二年（1807），魏源十四歲，開始到邵陽縣城愛蓮書院讀書〔註6〕，隨後至其父江蘇任所，開始對江南狀況有所了解〔註7〕。

嘉慶十三年（1808），魏源十五歲，補縣學弟子員，開始研究陽明之學，又好讀史〔註8〕。為湖南學政李宗瀚所賞識〔註9〕，後來魏源到北京時生活上還多得其照應〔註10〕。

嘉慶十五年（1810），魏源十七歲，以成績優異，食縣學餼，名聲益廣，之後魏源回鄉授徒，從學者眾。〔註11〕

嘉慶十七年（1812）〔註12〕，魏源十九歲，讀書於長沙嶽麓書院，沈潛於宋儒程朱諸書，是為其深入研究宋學的開始〔註13〕，並選取拔貢。

嘉慶十八年（1813）〔註14〕，魏源二十歲，舉拔貢，與李克鈿、何慶元、陳起詩兄弟等人相善。初次以拔貢至北京應試，不久即還鄉〔註15〕。

嘉慶十九年（1814）〔註16〕，魏源二十一歲，春隨父北上辦理其父復官之事，途中見黃河失修，災情慘重，饑民遍野，感慨甚深，作詩抒懷，有「手成水利書，副以溝洫圖，拜獻神禹前，冀免斯民魚」的詩句〔註17〕，在其心中已有興水利

〔註4〕 以上事蹟見《魏源集》魏耆〈邵陽魏府君事略〉，頁847。

〔註5〕 事見《魏源集》魏耆〈邵陽魏府君事略〉，頁847。黃麗鏞：《魏源年譜》考為嘉慶八年（1803）魏源十歲時所發生之事，見該書頁29。

〔註6〕 見李瑚：《魏源研究》〈魏源〉，頁12。

〔註7〕 見李瑚：《魏源研究》〈魏源事跡繫年〉，頁235。

〔註8〕 見《魏源集》魏耆〈邵陽魏府君事略〉，頁847。

〔註9〕 見李瑚：《魏源研究》〈魏源事跡繫年〉，頁236。

〔註10〕 見李瑚：《魏源研究》〈魏源〉，頁12。

〔註11〕 見《魏源集》魏耆〈邵陽魏府君事略〉，頁848。

〔註12〕 當年事蹟見李瑚：《魏源研究》〈魏源事跡繫年〉，頁239。

〔註13〕 關於魏源在嶽麓書院讀書之事以及當時他對宋學的研究情形，可參李瑚：《魏源研究》〈魏源〉，頁12～15。

〔註14〕 當年事蹟見黃麗鏞：《魏源年譜》，頁33～35。

〔註15〕 此事見李瑚：《魏源研究》〈魏源〉，頁12；在《魏源研究》〈魏源傳〉，頁99～100，對此事有考證。

〔註16〕 當年事蹟見黃麗鏞：《魏源年譜》，頁35～42。

〔註17〕 詩句見〈北上雜詩七首同鄧湘皋孝廉〉之四，《魏源集》，頁577。然此詩之著作時間，李瑚《魏源詩文繫年》、〈魏源事跡繫年〉均繫於嘉慶十八年（1813）魏源首次

以安民的志向產生。至京後，從胡承珙處問漢儒家法，又問宋儒之學於姚學塽，學《公羊》於劉逢祿，與董桂敷、龔自珍等切磋古文辭。並因勤治《大學》古本，竟至五十餘日不過候，其拔貢座師湯金釗知之，以珍愛自身相勸。李宗瀚斯時爲侍郎，至是亦延館京邸，待之甚厚〔註18〕。取甲戌年以前所作之詩爲《清夜齋詩鈔》二卷，請董桂敷訂定。輯有《北道集》，友人陳沆、李毅等賦詩題之。在這段求學歷程中受益最多的，當是從師於胡承珙與劉逢祿。胡承珙精研詩經，對後來魏源著《詩古微》有一定的影響；劉逢祿的公羊學對魏源應是多有啓迪，在魏源後來的著作中，屢屢有運用公羊思想之處。

嘉慶二十年（1815）〔註19〕，魏源二十二歲，在京師以教學爲生。

嘉慶二十一年（1816）〔註20〕，魏源二十三歲，父邦魯調署江蘇嘉定諸翟巡檢，多郵囑魏源：「汝力貧中學」、「年少愼交游」，魏源作〈京師接家書〉詩七首。是年冬天回鄉，歸途登泰山。

嘉慶二十二年（1817）〔註21〕，魏源二十四歲，居家邵陽注《曾子》，並與陳沆相聚於長沙。

嘉慶二十三年（1818）〔註22〕，魏源二十五歲，春與嚴翊義之女結婚。後與友人同往辰州，應辰沅永靖兵備道桐城姚興詀邀，纂修《屯防志》及《鳳凰廳志》〔註23〕。

嘉慶二十四年（1819）〔註24〕，魏源二十六歲，再次入京，中順天鄉試副貢生，同年七月初五，應胡培翬之邀，於京師萬柳堂參與祭祀鄭康成之活動。其後亦曾至山西任學政賀長齡幕，但爲時不長，隨即遊嵩山、華山，出潼關，過子午谷，並至成都訪陶澍、羅思舉〔註25〕。

進京時。然考詩中有「去歲大兵後，大祲今苦饑」之語，此「去歲大兵」當指嘉慶十八年（1813）天理教作亂之事。而詩中尚有「中野種蕎麥，春風吹麥新」之語，所述之季節當爲春季。故應爲魏源於嘉慶十九年（1814）春隨父入京時所作，故從黃麗鏞：《魏源年譜》繫於嘉慶十九年（1814）。

〔註18〕以上於京中之事蹟見《魏源集》魏耆〈邵陽魏府君事略〉，頁848。
〔註19〕當年事蹟見黃麗鏞：《魏源年譜》，頁42～43。
〔註20〕當年事蹟見黃麗鏞：《魏源年譜》，頁43～45。
〔註21〕當年事蹟見黃麗鏞：《魏源年譜》，頁45～47。
〔註22〕當年事蹟見黃麗鏞：《魏源年譜》，頁48～49。
〔註23〕此事見李瑚：《魏源研究》〈魏源事跡繫年〉，頁264～265，當中有詳細考證。黃麗鏞先生則繫於道光四年（黃麗鏞：《魏源年譜》，頁65。），未見詳考。此從李說。
〔註24〕當年事蹟見黃麗鏞：《魏源年譜》，頁49～53。
〔註25〕見李瑚：《魏源研究》〈魏源事跡繫年〉，頁271～273。

嘉慶二十五年（1820）〔註26〕，魏源二十七歲，春，南歸邵陽，奉母沿江東下，赴
　　其父江蘇任所，於舟中錄《老子本義》一書，是爲《老子本義》初稿完成〔註27〕。

道光元年（1821）〔註28〕，魏源二十八歲，隨父任張渚司巡檢，後入京應試，再中
　　順天鄉試副貢生，居京期間作〈大學古本敘〉、〈孝經集傳序〉、〈曾子章句序〉
　　等書。

道光二年（1822）〔註29〕，魏源二十九歲，中順天鄉試舉人第二名；於京師水月庵
　　以所注《大學古本》請教於姚學塽，姚氏指其得失，魏源憬然有悟，請執弟子
　　禮，姚氏不允。直隸總督楊芳來函邀約，默深與鄧傳密同至古北口楊芳家中，
　　教讀子弟，並考察山川關隘，後鄧傳密先返京師，魏源與之有書信往來。

道光三年（1823）〔註30〕，魏源三十歲，識交姚瑩，姚贊魏源「史才」。在北京常
　　與龔自珍、姚瑩、湯鵬、張際亮等往來，研究時務，探討時文〔註31〕。

道光四年（1824）〔註32〕，魏源三十一歲，兩至江蘇江陰縣會晤李兆洛，請其爲所
　　著《詩古微》作序，並逕行付梓〔註33〕，而後來劉逢祿亦爲此書作序〔註34〕。
　　秋，魏源在常德湖南提督楊芳署中遇陳階平。

道光五年（1825）〔註35〕，魏源三十二歲，入江蘇布政使賀長齡幕，爲賀編輯《皇
　　朝經世文編》，代賀作〈復魏制府詢海運書〉，作《籌漕篇》等文。五月，陶澍
　　調任江蘇巡撫，倚重默深文章經濟之學，凡海運、水利諸要政皆與之相籌議。
　　在南京烏龍潭買宅居住，自稱湖干草堂〔註36〕。

道光六年（1826）〔註37〕，魏源三十三歲，春，入都應會試，與龔自珍二人均不第，

〔註26〕當年事蹟見黃麗鏞：《魏源年譜》，頁 53～54。
〔註27〕關於《老子本義》的著作時間之探討，詳見第三章第一節之論述。
〔註28〕當年事蹟見黃麗鏞：《魏源年譜》，頁 54～58。
〔註29〕當年事蹟見黃麗鏞：《魏源年譜》，頁 59～63。
〔註30〕當年事蹟見黃麗鏞：《魏源年譜》，頁 64。
〔註31〕見李瑚：《魏源研究》〈魏源事跡繫年〉，頁 288。
〔註32〕當年事蹟見黃麗鏞：《魏源年譜》，頁 65～66。
〔註33〕賀廣如先生考《詩古微》初刻本首次刊刻於此時，其說見賀廣如：《魏默深思想探究
　　　——以傳統經典的詮說爲討論中心》（臺北：臺大出版委員會，1999 年 6 月初版），
　　　頁 98～104。
〔註34〕劉逢祿此序著作時間未知時間，推測應在《詩古微》初刻本付梓不久後，但當不晚於
　　　劉逢祿去世的道光九年（1829）。其序文可見劉逢祿《劉禮部集》卷九，頁四～六（《續
　　　修四庫全書》1501，集部別集類，續修四庫全書編纂委員會編，上海：上海古籍出
　　　版社，2002 年，頁 169～170）。
〔註35〕當年事蹟見黃麗鏞：《魏源年譜》，頁 66～68。
〔註36〕見李瑚：《魏源研究》〈魏源事跡繫年〉，頁 295。
〔註37〕當年事蹟見黃麗鏞：《魏源年譜》，頁 69～77。

劉逢祿作〈題浙江、湖南遺卷〉以惜之，龔魏二人由此齊名。試畢，隨後即返回江蘇賀長齡幕。得《李紱齊蘇勒復奏淮揚運河摺》，請包世臣質其是非。四月七日包世臣復題其後以歸魏源，足見魏源對河事之留意。仲冬輯成《皇朝經世文編》百二十卷，並代賀作〈皇朝經世文編敘〉，並作〈皇朝經世文編五例〉，《皇朝經世文編》可謂爲清代經世文編文類的開山之作，書中收錄清初至道光三年間的文章二千二百多篇，共一百二十卷〔註 38〕，而魏源在此次編纂中，閱讀了許多關於經世的相關文章，大大開拓了他的眼界，爲他經世思想的形成，注入了新元素。同年間《江蘇海運全案》刊刻成書，魏源爲校刊之一，先後代諸人作〈海運全案序〉（代賀長齡）、〈海運全案跋〉（代陳鑾）、〈道光丙戌海運記〉（代李景峰）等文。

道光七年（1827）〔註 39〕，魏源三十四歲，三月，賀長齡調任山東布政使，李景峰招同魏源與松江知府陳鑾等人在蘇州穹窿道院爲之餞行。四月，代賀長齡往吳門訪包世臣詢問山東治要。夏，又作〈籌漕下篇〉，並代陶澍作〈復蔣中堂論南漕書〉〔註 40〕。

道光八年（1828）〔註 41〕，魏源三十五歲，遊杭州，寓錢東甫宅，從學釋典，求出世之要，潛心禪理，並延曦潤、慈峰二法師講《楞嚴》、《法華》諸大乘經典，後自杭返蘇。魏源此段經歷是爲其深究佛學之始。後與龔自珍、宗稷辰、吳嵩梁、端木國瑚五人被譽爲「薇垣五名士」。

道光九年（1829）〔註 42〕，魏源三十六歲，四月，楊芳自喀什噶爾入京，魏源與龔自珍、徐松等人會見楊芳。之後便在京應禮部會試，不第。捐貲爲內閣中書舍人，瀏覽史館秘閣藏書及士大夫私家著述、故老傳說，爲日後編纂《聖武記》等書累積了資料〔註 43〕。胡承珙讀《詩古微》並寄書評其是非〔註 44〕。是年，

〔註 38〕就編排體例來說，《皇朝經世文編》囊括了清代前中期近 200 年間的經世名篇，全書共分八個大類：「學術」、「治體」、「吏政」、「戶政」、「禮政」、「兵政」、「刑政」及「工政」，在八部分下又細分出六十五個小目。《皇朝經世文編》編選文章以經世爲宗旨，以實用並切合於當代時勢者爲貴，廣收廣存當代士人的經世文章。其書之大略可見黃麗鏞：《魏源年譜》，頁 71～76 之說明。亦可見李瑚《魏源研究》〈魏源〉，頁 25～27 之說明。

〔註 39〕當年事蹟見黃麗鏞：《魏源年譜》，頁 79～81。

〔註 40〕見李瑚：《魏源詩文繫年》，頁 51～52 有考證論述。而黃麗鏞：《魏源年譜》繫此文於道光八年，未有詳論，此從李說。

〔註 41〕當年事蹟見黃麗鏞：《魏源年譜》，頁 81～83。

〔註 42〕當年事蹟見黃麗鏞：《魏源年譜》，頁 83～89。

〔註 43〕關於魏源瀏覽史館秘閣藏書及士大夫私家著述、故老傳說之事，年代或有異說，魏耆〈邵陽魏府君事略〉與黃麗鏞《魏源年譜》均繫於道光八年（1828），而李瑚先生

湖北大潦，王鳳生奉命總理堤工，未成。後作〈楚艖紀略〉，筆其利害。魏源代
陶謝爲是書作敘。後易名〈湖北堤防議〉，存之以當水利議。

道光十年（1830）〔註45〕，魏源三十七歲，論定劉逢祿遺書編並作序。十月，楊芳
奉命往剿回疆之亂，魏源請從，并作〈西師〉六首。行至嘉裕關，聞亂平而返
〔註46〕。撰〈兩漢經師今古文家法考敘〉〔註47〕。

道光十一年（1831）〔註48〕，魏源三十八歲，春，因父病重，乞假南歸省親，並訪
晤章謙存，爲其書作序。七月，父邦魯卒於江蘇寶山，魏源居憂，究堪輿術以
擇葬父之地。

道光十二年（1832）〔註49〕，魏源三十九歲，春，至京師應試。應龔自珍之邀，與
宋翔鳳、包世臣、端木國瑚等人以及在京應試名士集會於花之寺〔註50〕。因未
中式，南還卜居金陵烏龍潭。後再返江南陶樹幕中，參與兩淮鹽法改革，積極
主張實行票鹽。冬，因墓地難以驟遷，暫停父柩於蘇州城外金姬墩。

道光十三年（1833）〔註51〕，魏源四十歲，代陶澍序《東南七郡水利略》。作〈湖
廣水利論〉、〈湖北堤防議〉〔註52〕。

道光十四年（1834）〔註53〕，魏源四十一歲，正月，在江蘇巡撫林則徐處，應邀代
林則徐閱卷。七月，與謝元淮、曹楙堅等同游海州雲臺山，代陶澍作〈海曙樓
銘〉〔註54〕。

就魏源行程考之，以爲當繫於此年，詳見李瑚：《魏源研究》〈魏源事跡繫年〉，頁
271～273。

〔註44〕見黃麗鏞：《魏源年譜》，頁86。此外，黃麗鏞先生繫劉逢祿爲《詩古微》作序於當
年（《魏源年譜》，頁85），不知何據，暫存疑。此序未明著作時間，應在魏源《詩
古微》初刻本首次刊布的道光四年（1824）之後（賀廣如先生認爲《詩古微》初刻
本最早的刻本非道光九年（1829）的修吉堂刊本，而在道光四年（1824）即有刻本，
當時是李兆洛作序，劉逢祿的序當在《詩古微》初刻本首次刊刻之後所作。考證過
程見賀廣如：《魏默深思想探究——以傳統經典的詮說爲討論中心》，頁98～104。），
雖不知其年代，但當不晚於劉逢祿去世的道光九年（1829）。

〔註45〕當年事蹟見黃麗鏞：《魏源年譜》，頁89～94。

〔註46〕魏耆〈邵陽魏府君事略〉於魏源從楊芳往剿回疆亂事上，部分記載有誤，黃麗鏞先生
對之有所辨正（見《魏源年譜》，頁91）。

〔註47〕《兩漢經師今古文家法考》已失佚，今只留序文（見《魏源集》，頁152～153）。

〔註48〕當年事蹟見黃麗鏞：《魏源年譜》，頁94～96。

〔註49〕當年事蹟見黃麗鏞：《魏源年譜》，頁96～98。

〔註50〕見李瑚：《魏源研究》〈魏源事跡繫年〉，頁329。

〔註51〕當年事蹟見黃麗鏞：《魏源年譜》，頁98。

〔註52〕見李瑚：《魏源詩文繫年》，頁62～64。

〔註53〕當年事蹟見黃麗鏞：《魏源年譜》，頁98～100。

〔註54〕見李瑚：《魏源詩文繫年》，頁65。

道光十五年（1835）〔註55〕，魏源四十二歲，代江蘇元和知縣黃冕撰〈三江口寶帶
　　橋記〉，又代陶澍作〈雲臺山廟碑銘〉。買園於揚州新城，名曰「絜園」，古微堂
　　即在其中，魏源後常於此著述。冬，受陶澍命編成《御書印心石屋詩文錄》，並
　　作敘。

道光十六年（1836）〔註56〕，魏源四十三歲，居南京，爲同在陶澍幕府的陳世鎔送
　　行。在揚州，海州分司運判謝元淮邀魏源、許喬林等人聚會〔註57〕。

道光十七年（1837）〔註58〕，魏源四十四歲，遊淮安，訪周濟。在揚州與張際亮會
　　晤〔註59〕。在揚州絜園序其所輯《明代食兵二政錄》。

道光十八年（1838）〔註60〕，魏源四十五歲，代陶澍作〈國朝古文類鈔敘〉。《淮北
　　票鹽志略》由兩淮鹽運使司海州分司運判童濂總修，魏源、許喬林纂編，是年
　　魏源爲之作序〔註61〕。

道光十九年（1839）〔註62〕，魏源四十六歲，歸鄉掃墓，與族中父老子弟議修族譜
　　事〔註63〕。五月，龔自珍南歸，路過揚州，魏源與之會晤。六月初二，兩江總
　　督陶澍卒，由於魏源長期在其幕中，與之交情至深，爲之作〈太子太保兩江總
　　督陶文毅公神道碑銘〉、〈太子太保兩江總督祀賢良祠陶文毅公墓誌銘〉。六月初
　　五，致書賀熙齡，以自身經營票鹽之成敗甘苦，答所詢淮北票鹽情形。草〈籌
　　鹺篇〉。七月初三，周濟卒，魏源作〈荊溪周君保緒傳〉。請羅士琳推算焦山舊
　　藏周無專鼎銘月、日干支，以證《詩經》〈出車〉〈常武〉等篇爲周宣王時詩〔註
　　64〕。秋，魏源在絜園宴請何紹基。爲新化羅金鑑序《地理綱目》、《支隴承氣論》。

道光二十年（1840）〔註65〕，魏源四十七歲，奉命督潘徒陽河。爲友人邀至浙江寧
　　波，赴欽差大臣伊里布營中審訊英俘安突德，了解英國情況，旁採他聞，後於
　　道光二十一年（1841）寫成〈英吉利小記〉一文〔註66〕。九月，林則徐被革職，

〔註55〕當年事蹟見黃麗鏞：《魏源年譜》，頁 100～102。
〔註56〕當年事蹟見黃麗鏞：《魏源年譜》，頁 102。
〔註57〕見李瑚：《魏源研究》〈魏源事跡繫年〉，頁 346～347。
〔註58〕當年事蹟見黃麗鏞：《魏源年譜》，頁 102～106。
〔註59〕見李瑚：《魏源研究》〈魏源事跡繫年〉，頁 347～348。
〔註60〕當年事蹟見黃麗鏞：《魏源年譜》，頁 106～107。
〔註61〕見李瑚：《魏源研究》〈魏源事跡繫年〉，頁 350。
〔註62〕當年事蹟見黃麗鏞：《魏源年譜》，頁 107～112。
〔註63〕見李瑚：《魏源研究》〈魏源事跡繫年〉，頁 351～352。
〔註64〕見李瑚：《魏源研究》〈魏源事跡繫年〉，頁 354～355。
〔註65〕當年事蹟見黃麗鏞：《魏源年譜》，頁 113～116。
〔註66〕見李瑚：《魏源詩文繫年》，頁 77。

魏源聞而有感作〈寰海〉詩。重刻《詩古微》，成二十卷，並作〈詩古微序〉。
作〈書明史稿一〉、〈書明史稿二〉〔註67〕。

道光二十一年（1841）〔註68〕，魏源四十八歲，春，欽差大臣裕謙抵鎮海籌辦浙江
防守事務，林則徐受命赴鎮海協防。魏源入裕謙幕，然因裕謙並未採納魏源主
張，致使定海失守，魏源遂辭歸揚州〔註69〕。五月，林則徐遭革職，遣戍伊犁。
六月，林則徐從浙江到揚州途中與魏源晤於京口，將《四洲志》手稿交付魏源，
囑撰《海國圖志》。張穆從《永樂大典》畫出元經世大典西北地圖贈魏源，魏源
以之刻入所輯《海國圖志》。七月八日，李兆洛卒，魏源作〈武進李申耆先生傳〉
以論其學。八月，龔自珍至揚州，借宿絜園數日。八月十二日龔自珍卒於丹陽。
十二月，湖北崇陽縣鐘人傑起義，魏源認為，起義與錢漕弊政有關，法窮宜變，
急宜改革〔註70〕。

道光二十二年（1842）〔註71〕，魏源四十九歲，七月，在揚州成《聖武記》十四卷，
是月十六日作序於絜園。作〈籌河篇〉上中下三篇，輯成《海國圖志》五十卷，
十二月作序於絜園。

道光二十三年（1843）〔註72〕，魏源五十歲，仲春，魏源請包世臣代為審定《聖武
記》，四月初六包世臣覆書陳說己見。夏，龔自珍子龔橙前來請代其父編定文集
〔註73〕，成《定盦文錄》十二卷和《定盦外錄》十二卷兩種，並撰〈定盦文錄
敘〉。是年，鄧顯鶴輯《沅湘耆舊集》，默深為搜訪者之一，致書建議將「沅湘」
改為「三湘」。

道光二十四年（1844）〔註74〕，魏源五十一歲，春，從固安渡永定河，考察水利，向

〔註67〕見李瑚：《魏源詩文繫年》，頁76。

〔註68〕當年事蹟見黃麗鏞：《魏源年譜》，頁116～121。

〔註69〕此事魏耆〈邵陽魏府君事略〉繫於道光二十二年（見《魏源集》魏耆〈邵陽魏府君事
略〉，頁849）。李瑚：《魏源研究》〈魏源事蹟繫年〉，頁359考裕謙於道光二十年七
月署兩江總督，於道光二十一年九月殉職，故〈邵陽魏府君事略〉記載有誤。

〔註70〕此事〈魏源事蹟繫年〉（李瑚：《魏源研究》〈魏源事蹟繫年〉，頁366）繫於道光二
十二年，然考〈定盦文錄敘〉中有「道光二十有一載，禮部儀制司主事仁和龔君卒
於丹陽。越明年夏，共孤橙抱其遺書來揚州，就正於其執友邵陽魏源。」語（見《魏
源集》，頁238），可知實當為道光二十三年事，故從黃麗鏞：《魏源年譜》繫於道光
二十三年。

〔註71〕當年事蹟見黃麗鏞：《魏源年譜》，頁121～128。

〔註72〕當年事蹟見黃麗鏞：《魏源年譜》，頁128～133。

〔註73〕李瑚：《魏源研究》〈魏源事蹟繫年〉，頁371～372。

〔註74〕當年事蹟見黃麗鏞：《魏源年譜》，頁134～142。

當地人民了解治河經驗〔註75〕。同時再行入京應試，中禮部會試第十九名，然因
試卷稿草模糊，罰停殿試一年。在蘇州重訂《聖武記》，亦自訂詩稿，得四卷。

道光二十五年（1845）〔註76〕，魏源五十二歲，春，再次北上從固安渡永定河，考
察水利，作《畿輔河渠議》〔註77〕。補行殿試，得中三甲九十三名，賜同進士
出身，以知州用，分發江蘇。六月二十八日，至山東曲阜訪孔憲彝。贈朱琦《海
國圖志》，希代陳朝廷，整頓邊防。朱琦寄詩致謝，並云，此書在京重刻後，京
中要人紛紛購買〔註78〕。秋，奉檄暫權江蘇揚州府東臺縣事，友人鄧傳密等隨
行〔註79〕。鄧顯鶴總纂《寶慶府志》，請魏源為「邵陽采訪」〔註80〕。

道光二十六年（1846）〔註81〕，魏源五十三歲，就錢漕弊病上書江蘇巡撫李星沅。
夏，以母憂去官。在揚州第三次重訂《聖武記》。入江蘇巡撫陸建瀛幕，力主以
海運補江蘇漕弊，作〈上江蘇巡撫陸公論海漕書〉一文〔註82〕。

道光二十七年（1847）〔註83〕，魏源五十四歲，擬將《籌鹺篇》送呈兩江總督李星
沅，惜未能成行〔註84〕。遊嶺南，訪張維屏於番禺聽松園，又與陳澧討論《海
國圖志》之是非，後並據陳澧意屢改其書。至澳門、香港遊覽，作〈澳門花園
聽夷女洋琴歌〉諸詩。北歸途中，歷遊廣東、廣西、湖南、湖北、江西、安徽、
江蘇等省。多，與黃冕、湯貽汾等人會於南京。增補《海國圖志》為六十卷，
刊於揚州。

道光二十八年（1848）〔註85〕，魏源五十五歲，葬父於江蘇上元縣，葬母於句容縣。
陳世鎔寄書魏源，答所詢關中形勢，魏源《關中形勢論》約作於此前後。

道光二十九年（1849）〔註86〕，魏源五十六歲，六月，任揚州府興化知縣，鄧傳密
隨之赴任，並為其抄《老子本義》及《墨子章句》。蒞任時正值當地連旬大雨，
魏源冒雨督民卒晝夜築壩搶救河堤，以防湖水泛溢。歲竟大豐，民感其德，謂

〔註75〕 李瑚：《魏源研究》〈魏源事蹟繫年〉，頁 378。
〔註76〕 當年事蹟見黃麗鏞：《魏源年譜》，頁 142～146。
〔註77〕 李瑚：《魏源研究》〈魏源事蹟繫年〉，頁 388。
〔註78〕 李瑚：《魏源研究》〈魏源事蹟繫年〉，頁 393。
〔註79〕 李瑚：《魏源研究》〈魏源事蹟繫年〉，頁 395。
〔註80〕 李瑚：《魏源研究》〈魏源事蹟繫年〉，頁 397。
〔註81〕 當年事蹟見黃麗鏞：《魏源年譜》，頁 146～149。
〔註82〕 李瑚：《魏源研究》〈魏源事蹟繫年〉，頁 400～401。
〔註83〕 當年事蹟見黃麗鏞：《魏源年譜》，頁 149～154。
〔註84〕 李瑚：《魏源研究》〈魏源事蹟繫年〉，頁 405～406。
〔註85〕 當年事蹟見黃麗鏞：《魏源年譜》，頁 154～157。
〔註86〕 當年事蹟見黃麗鏞：《魏源年譜》，頁 157～163。

其稻為「魏公稻」。《寶慶府志》成書，魏源為邵陽采訪之一。於興化一地修書院及育嬰堂等設施。七月，在揚州絜園序其著作《小學古經》。考察河道作〈上陸制府論下河水利書〉。

道光三十年（1850）〔註87〕，魏源五十七歲，兩江總督陸建瀛欲推廣淮北票鹽至淮南，遂檄調魏源任淮北海州分司運判，以淮北鹽課接濟淮南之不足。十一月，在海州分司任上作〈辛亥綱開局兼收南課稟〉。力促並協助興化縣知縣梁園棣纂修《興化縣志》〔註88〕。

咸豐元年（1851）〔註89〕，魏源五十八歲，補高郵州知州。赴任前，在南京晤陳世鎔。閏八月，致書包世臣，問治河之法，包世臣以「以清送漕，不治下河而下河自保之法」回覆。合《說文》、《爾雅》為一，成《說文儗雅》，並作〈說文轉注釋例〉、〈說文假借釋例〉和〈說文會意諧聲指事象形釋例〉。以前年防堤積勞，患疽疾，至是年秋方瘳。

咸豐二年（1852）〔註90〕，魏源五十九歲，在高郵知州任上仍兼海州分司，作〈上陸制軍請運北鹽協南課狀〉。鄒漢勛由京師至高郵來訪，與魏源合撰〈堯典釋天〉一卷，又代繪〈唐虞天象總圖〉。魏源補輯《海國圖志》，成百卷本，作〈海國圖志敘〉。汪士鐸亦館魏源寓所，助輯《海國圖志》，並在金陵籌刊。改定〈道光洋艘征撫記〉。請陳澧駁正所著〈禹貢說〉〔註91〕。作《書趙校《水經注》後》等〔註92〕。

咸豐三年（1853）〔註93〕，魏源六十歲，二月，太平軍攻克揚州，魏源組織團練，親督巡防，極力抵抗，迨援兵至，民心乃定。以《遼史稿》及生平未刊稿託交鄒漢勛，促其西歸長沙。三月，奉命督辦江北防剿事宜的南河總督楊以增，奏劾魏源遲誤文報，導致南北信息不通，魏源隨即遭革職。七月，《元史新編》脫稿，作〈擬進呈元史新編序〉，此書除了考證與增補過去元史中的缺漏外，乃以元朝的滅亡為殷鑑，期望能讓清朝政府與人民有所警惕〔註94〕。後奉命赴皖，助周天爵鎮壓捻軍。十一月，以剿捻有功，奉旨復官，然魏源此時年逾六十，

〔註87〕當年事蹟見黃麗鏞：《魏源年譜》，頁163～166。
〔註88〕李瑚：《魏源研究》〈魏源事跡繫年〉，頁424。
〔註89〕當年事蹟見黃麗鏞：《魏源年譜》，頁166～174。
〔註90〕當年事蹟見黃麗鏞：《魏源年譜》，頁174～179。
〔註91〕李瑚：《魏源研究》〈魏源事跡繫年〉，頁432。
〔註92〕李瑚：《魏源詩文繫年》，頁114。
〔註93〕當年事蹟見黃麗鏞：《魏源年譜》，頁179～188。
〔註94〕關於《元史新編》其大略之介紹可參見黃麗鏞：《魏源年譜》，頁183～186。李瑚：《魏源研究》〈魏源傳〉，頁219～221。

因遭遇坎坷，又世亂多故，已無心仕宦，遂辭官而歸。

咸豐四年（1854）〔註95〕，魏源六十一歲，避兵僑居興化，手訂生平著述，研究佛教經典並篤信佛教，尤其專心於淨土一宗，自稱「菩薩戒弟子魏承貫」，會譯《無量壽經》，又輯《觀無量壽佛經》、《阿彌陀經》、《普賢行願品》合爲《淨土四經》，分別爲之作序，並作總序〈淨土四經總敘〉一篇。增撰《詩古微》成。赴蘇州，爲陳抗著作《詩比興箋》、《簡學齋詩集》寫序。

咸豐五年（1855）〔註96〕，魏源六十二歲，《書古微》撰成，正月敘於高郵。將舊稿〈與曲阜孔繡山孝廉書〉改爲奏摺，交與通政使嚴正基轉奏，建議改正孔林三碑之方位、分泗水一脈以環孔林、並將泮水行宮改爲泮水書院等〔註97〕。六月，黃河決口，改道北流，一如魏源〈籌河篇〉中所預料。

咸豐六年（1856）〔註98〕，魏源六十三歲，病中手錄《淨土四經》，寄書周詰樸擬請代爲刊刻流布。秋，遊杭州，寄宿僧舍。與何紹基、金安清等在西湖各攜金石書畫共賞。另撰〈擬進呈元史新編表〉，擬將《元史新編》委託浙江巡撫何桂清奏進，因太平軍向江浙進軍而未果。

咸豐七年（1857）〔註99〕，魏源六十四歲，譚獻、陸心源先後訪見魏源，魏源出其文集請陸心源作序。三月初一酉時，魏源卒於杭州僧舍。以生平喜愛西湖，遂葬於南屏山之方家峪。

〔註95〕 當年事蹟見黃麗鏞：《魏源年譜》，頁 188～192。
〔註96〕 當年事蹟見黃麗鏞：《魏源年譜》，頁 192～194。
〔註97〕 李瑚：《魏源研究》〈魏源事跡繫年〉，頁 448。
〔註98〕 當年事蹟見黃麗鏞：《魏源年譜》，頁 194～196。
〔註99〕 當年事蹟見黃麗鏞：《魏源年譜》，頁 196～199。

附錄二：吳澄《道德眞經注》與魏源《老子本義》
章句比較表

	吳澄《道德真經注》	魏源《老子本義》	備 註
第一章	道可道，非常道。名可名，非常名。無名，天地之始；有名，萬物之母。常無欲，以觀其妙；常有欲，以觀其徼。此兩者同，出而異名，同謂之玄。玄之又玄，眾妙之門。	道可道，非常道。名可名，非常名。無名，天地之始；有名，萬物之母。故常無欲，以觀其妙；常有欲，以觀其徼。此兩者同出而異名，同謂之玄。玄之又玄，眾妙之門。	魏源「常無欲」前多一「故」字。 二者斷句略有不同。吳澄作「此兩者同，出而異名」，魏源作「此兩者同出而異名」。魏源認爲吳澄句亦通〔註1〕。
第二章	天下皆知美之爲美，斯惡已。皆知善之爲善，斯不善已。故有無相生，難易相成，長短相形，高下相傾，音聲相和，前後相隨。是以聖人處無爲之事，行不言之教。萬物作而不辭，生而不有，爲而不恃，功成而不居。夫惟不居，是以不去。	天下皆知美之爲美，斯惡已。皆知善之爲善，斯不善已。故有無相生，難易相成，長短相形，高下相傾，音聲相和，前後相隨。是以聖人處無爲之事，行不言之教。萬物作焉而不辭，生而不有，爲而不恃，功成而不居。夫惟不居，是以不去。	「萬物作而不辭」句魏源作「萬物作焉而不辭」，多一「焉」字。
第三章	不尚賢，使民不爭；不貴難得之貨，使民不爲盜；不見可欲，使民心不亂。是以聖人之治，虛其心，實其腹，弱其志，強其骨。常使民無知無欲。使夫知者不敢爲也。爲無爲，則無不治矣。	不尚賢，使民不爭；不貴難得之貨，使民不爲盜；不見可欲，使心不亂。是以聖人之治，虛其心，實其腹，弱其志，彊其骨。常使無知無欲。使夫知者不敢爲也。爲無爲，則無不治。	「『強』其骨」魏源作「『彊』其骨」。 「使民心不亂」魏源從《淮南子》作「使心不亂」。 「常使民無知無欲」魏源作「常使無知無欲」。 魏源從河上公及王弼本，「則無不治」下少一「矣」字。

〔註 1〕 《老子本義・上篇》第一章章末夾註末有云：「陳景元、吳澄皆以「此兩者同」爲句，亦通。」（見《老子本義・上篇》，頁 1）

第四章	道沖而用之，或不盈。淵兮似萬物之宗，挫其銳，解其紛，和其光，同其塵，湛兮似或存。吾不知誰之子，象帝之先。	道沖而用之，又弗盈。淵兮似萬物之宗，挫其銳，解其紛，和其光，同其塵，湛兮似或存。吾不知其誰之子，象帝之先。	「或不盈」魏源從《淮南子》作「又弗盈」。 「吾不知誰之子」魏源作「吾不知其誰之子」。
第五章	天地不仁，以萬物為芻狗；聖人不仁，以百姓為芻狗。天地之間，其猶橐籥乎。虛而不屈，動而俞出。多言數窮，不如守中。谷神不死，是謂玄牝。玄牝之門，是謂天地根。綿緜若存，用之不勤。	天地不仁，以萬物為芻狗；聖人不仁，以百姓為芻狗。天地之間，其猶橐籥乎。虛而不屈，動而俞出。多言數窮，不如守中。谷神不死，是謂玄牝。玄牝之門，是謂天地根。綿綿若存，用之不勤。	
第六章	天長地久。天地所以能長且久者，以其不自生，故能長久。是以聖人後其身而身先，外其身而身存。非以其無私邪，故能成其私。	天長地久。天地所以能長且久者，以其不自生，故能長生。是以聖人後其身而身先，外其身而身存。非以其無私邪，故能成其私。	「故能長久」魏源作「故能長生」。
第七章	上善若水，水善利萬物而不爭。處眾人之所惡，故幾於道。居善地，心善淵，與善仁，言善信，政善治，事善能，動善時。夫惟不爭故無尤。	上善若水，水善利萬物而不爭。處眾人之所惡，故幾於道。居善地，心善淵，與善仁，言善信，政善治，事善能，動善時。夫惟不爭故無尤。	
第八章	持而盈之，不如其已。揣而銳之，不可長保。金玉滿堂，莫之能守。富貴而驕，自遺其咎。功成名遂身退，天之道。	持而盈之，不如其已。揣而銳之，不可長保。金玉滿室，莫之能守。富貴而驕，自遺其咎。功成名遂身退，天之道。	「金玉滿堂」魏源從王弼、傅奕本作「金玉滿室」。
第九章	載營魄，抱一，能無離乎？專氣致柔，能嬰兒乎？滌除玄覽，能無疵乎？愛民治國，能無為乎？天門開闔，能為雌乎？明白四達，能無知乎？生之畜之，生而不有，為而不恃，長而不宰，是謂玄德。	載營魄，抱一，能無離乎？專氣致柔，能如嬰兒乎？滌除玄覽，能無疵乎？愛民治國，能無為乎？天門開闔，能為雌乎？明白四達，能無以知乎？生之畜之，生而不有，為而不恃，長而不宰，是謂玄德。	「能嬰兒乎」魏源作「能如嬰兒乎」。 「能無知乎」魏源作「能無以知乎」。
第十章	三十輻共一轂，當其無，有車之用。埏埴以為器，當其無，有器之用。鑿戶牖以為室，當其無，有室之用。故有之以為利，無之以為用。	三十輻共一轂，當其無，有車之用。埏埴以為器，當其無，有器之用。鑿戶牖以為室，當其無，有室之用。故有之以為利，無之以為用。	
第十一章	五色令人目盲；五音令人耳聾；五味令人口爽；馳騁田獵，令人心發狂；難得之貨，令人行妨。是以聖人為腹不為目，故去彼取此。	五色令人目盲；五音令人耳聾；五味令人口爽；馳騁田獵，令人心發狂；難得之貨，令人行妨。是以聖人為腹不為目，故去彼取此。	

第十二章	寵辱若驚，貴大患若身。何謂寵辱？辱為下。得之若驚，失之若驚。何謂貴大患若身？吾所以有大患者，為吾有身。及吾無身，吾有何患！故貴以身為天下，則可以寄天下；愛以身為天下，則可以託天下。	寵辱若驚，貴大患若身。何謂寵辱？寵為下。得之若驚，失之若驚，是謂寵辱若驚。何謂貴大患若身？吾所以有大患者，惟吾有身。苟吾無身，吾有何患！故貴以身為天下，則可以寄於天下；愛以身為天下，乃可託於天下矣。	「辱為下」魏源王弼、傅奕、開元本作「寵為下」。 「失之若驚」下魏源多「是謂寵辱若驚」六字。 「為吾有身」魏源作「惟吾有身」。 「及吾無身」魏源從傅奕本作「苟吾無身」。 「故貴以身為天下，則可以寄天下；愛以身為天下，則可以託天下。」魏源從《淮南子》、河上公本而改「故貴以身為天下，則可以寄於天下；愛以身為天下，乃可託於天下矣。」多二「於」字。
第十三章	視之不見名曰夷，聽之不聞名曰希，搏之不得名曰微。此三者不可致詰，故混而為一。其上不皦，其下不昧。繩繩兮不可名，復歸於無物。是謂無狀之狀，無象之象，是謂惚恍。迎之不見其首，隨之不見其後。執古之道以御今之有，能知古始，是謂道紀。	視之不見名曰夷，聽之不聞名曰希，搏之不得名曰微。此三者不可致詰，故混而為一。其上不皦，其下不昧。繩繩不可名，復歸於無物。是謂無狀之狀，無象之象，是謂忽悅。迎之不見其首，隨之不見其後。執古之道以御今之有，能知古始，是謂道紀。	魏源「惚恍」作「忽悅」。
第十四章	古之善為士者，微妙玄通，深不可識。夫惟不可識，故強為之容。豫兮若多涉川，猶兮若畏四鄰，儼兮其若客，渙兮若冰之將釋，敦兮其若樸，曠兮其若谷，渾兮其若濁。孰能濁？以靜之徐清。孰能安？以動之徐生。保此道者不欲盈。夫惟不盈，故能敝不新成。	古之善為士者，微妙玄通，深不可識。夫惟不可識，故強為之容。豫若多涉川，猶若畏四鄰，儼若客，渙若冰將釋，敦兮其若樸，曠兮其若谷，渾兮其若濁。孰能濁以止？靜之徐清。孰能安以久？動之徐生。保此道者不欲盈。夫惟不盈，故能敝而不新成。	「豫兮若多涉川，猶兮若畏四鄰，儼兮若客，渙兮若冰之將釋。」魏源從陸希聲本去「兮」字，從王弼去「冰」下「之」字作「豫若多涉川，猶若畏四鄰，儼若客，渙若冰將釋。」 「孰能濁？以靜之徐清。孰能安？以動之徐生。」魏源從河上本作「孰能濁以止？靜之徐清。孰能安以久？動之徐生。」乃以「止」、「久」為韻。
第十五章	致虛極，守靜篤。萬物並作，吾以觀其復。夫物芸芸，各歸其根。歸根曰靜，靜曰復命，復命曰常，知常曰明。不知常，妄作凶。知常容，容迺公，公迺王，王迺天，天迺道，道迺久，沒身不殆。	致虛極，守靜篤。萬物並作，吾以觀其復。夫物芸芸，各歸其根。歸根曰靜，靜曰復命，復命曰常，知常曰明。不知常，妄作凶。知常容，容乃公，公乃王，王乃天，天乃道，道乃久，沒身不殆。	「迺」魏源作「乃」。

第十六章	太上，不知有之；其次親之譽之；其次畏之侮之。信不足焉，有不信焉！猶兮其貴言。功成事遂，百姓皆謂我自然。大道癈，有仁義。智慧出，有大偽。六親不和有孝子，國家昏亂有忠臣。絕仁棄義，民復孝慈；絕聖棄智，民利百倍；絕巧棄利，盜賊無有。此三者以為文不足，故令有所屬：見素抱朴，少私寡欲。	太上，下知有之；其次親之譽之；其次畏之，其次侮之。信不足，有不信！猶兮其貴言。巧成事遂，百姓皆謂我自然。大道癈，有仁義。智慧出，有大偽。六親不和有孝慈。國家昏亂，有忠臣。絕仁棄義，民復孝慈；絕聖棄智，民利百倍；絕巧棄利，盜賊無有。此三者以為文不足，故令有所屬：見素裏樸，少私寡欲。	「不知有之」魏源作「下知有之」。 「其次親之譽之；其次畏之侮之。」魏源作「其次畏之，其次侮之。」 「信不足焉，有不信焉」魏源去「焉」作「信不足，有不信」。 「功成事遂」魏源作「巧成事遂」。 「六親不和有孝子」魏源作「六親不和有孝慈」。 「抱」魏源用古字作「裏」。
第十七章	絕學無憂。唯之與阿，相去幾何？善之與惡，相去何若？人之所畏，不可不畏。荒兮其未央哉！眾人熙熙，如享太牢，如登春臺。我獨泊然其未兆，如嬰兒之未孩。乘乘兮若無所歸！眾人皆有餘，我獨若遺。我愚人之心也哉，沌沌兮。俗人昭昭，我獨昏昏。俗人察察，我獨悶悶。漂兮其若海，飂兮若無所止。眾人皆有以，我獨頑似鄙。我獨異於人，而貴食母。	絕學無憂。唯之與阿，相去幾何？善之與惡，相去何若？人之所畏，不可不畏。荒兮其未央哉！眾人熙熙，如享太牢，如登春臺。我獨泊然其未兆，如嬰兒之未孩。乘乘兮若無所歸！眾人皆有餘，而我獨若遺。我愚人之心也哉，沌沌兮。俗人昭昭，我獨若昏；俗人察察，我獨悶悶。忽兮若晦，飄兮若無所止。眾人皆有以，我獨頑似鄙。我獨異於人，而貴食母。	「我獨若遺」魏源多一「而」字作「而我獨若餘」。 「昏昏」魏源作「若昏」。 「漂兮其若海，飂兮若無所止。眾人皆有以，我獨頑似鄙。我獨異於人，而貴食母。」魏源合王弼、河上公、唐易州石刻與焦竑諸本文字裁減爲句作「忽兮若晦，飄兮若無所止。眾人皆有以，我獨頑似鄙。我獨異於人，而貴食母。」。
第十八章	孔德之容，惟道是從。道之爲物，惟恍惟惚。恍兮惚兮，其中有物；惚兮恍兮，其中有象。窈兮冥兮，其中有精；其精甚眞，其中有信。自古及今，其名不去，以閱眾甫。吾何以知眾甫之然哉？以此。	孔德之容，惟道是從。道之爲物，惟悅惟忽。忽兮悅，其中有象；悅兮忽，其中有物。窈兮冥，其中有精；其精甚眞，其中有信。自古及今，其名不去，以閱眾甫。吾何以知眾甫之然哉？以此。	「恍惚」王弼古本作「悅惚」，河上作「恍忽」，魏源作「悅忽」。 「恍兮惚兮，其中有物；惚兮恍兮，其中有象。窈兮冥兮，其中有精」魏源作「忽兮悅，其中有象；悅兮忽，其中有物。窈兮冥，其中有精」。 「以閱眾甫」魏源作「以閱眾甫」。
第十九章	曲則全，枉則直，窪則盈，敝則新，少則得，多則惑。是以聖人抱一為天下式。不自見故明，不自是故彰，不自伐故有功，不自矜故長。夫惟不爭，故天下莫能與之爭。古之所謂「曲則全」者，豈虛言哉！誠全而歸之。	曲則全，枉則直，窪則盈，敝則新，少則得，多則惑。是以聖人抱一為天下式。不自見故明，不自恃故彰，不自伐故有功，不自矜故長。夫惟不爭，故天下莫能與之爭。古之所謂「曲則全」者，豈虛言哉！誠全而歸之。	「不自是故彰」魏源作「不自恃故彰」。

第二十章	希言自然。飄風不終朝，驟雨不終日。孰爲此者？天地。天地尚不能久，而況於人乎？故從事於道者同於道，德者同於德，失者同於失。同於道者道亦得之，同於德者德亦得之，同於失者失亦得之。信不足焉，有不信焉。跂者不立，跨者不行。自見者不明，自是者不彰，自伐者無功，自矜者不長。其於道也，曰：餘食贅行。物或惡之，故有道者不處也。	希言自然。飄風不終朝，驟雨不終日。孰爲此者？天地。天地尚不能久，而況於人乎？故從事於道者同於道，德者同於德，失者同於失。同於道者道亦得之，同於德者德亦得之，同於失者失亦得之。信不足有不信。跂者不立，跨者不行。自見者不明，自是者不彰，自伐者無功，自矜者不長。其於道也，曰：餘食贅行。物或惡之，故有道者不處。	「同於德者德亦得之」魏源作「同於德者德亦德之」。 「信不足焉，有不信焉」魏源去「焉」作「信不足有不信」。 「故有道者不處也」魏源去「也」作「故有道者不處」。
第二十一章	有物混成，先天地生。寂兮寥兮，獨立而不改，周行而不殆，可以爲天下母。吾不知其名，字之曰道，強爲之名曰大。大曰逝，逝曰遠，遠曰反。故道大，天大，地大，王亦大。域中有四大，而王居其一焉。人法地，地法天，天法道，道法自然。	有物混成，先天地生。寂兮寥兮，獨立而不改，周行而不殆，可以爲天下母。吾不知其名，字之曰道，強爲之名曰大。大曰逝，逝曰遠，遠曰反。故天大，地大，道大，王亦大。域中有四大，而王處其一焉。人法地，地法天，天法道，道法自然。	「故天大，地大，道大，王亦大」魏源作「故天大，地大，道大，王亦大」。 「而王居其一焉」魏源從《淮南子》作「而王處其一焉」。
第二十二章	重爲輕根，靜爲躁君。是以君子終日行，不離輜重。雖有榮觀，燕處超然。奈何萬乘之主，而以身輕天下？輕則失根，躁則失君。	重爲輕根，靜爲躁君。是以君子終日行，不離輜重。雖有榮觀，燕處超然。奈何萬乘之主，而以身輕天下？輕則失根，躁則失君。	
第二十三章	善行無轍迹，善言無瑕謫，善計不用籌策，善閉無關鍵而不可開，善結無繩約而不可解。是以聖人常善救人，故無棄人；常善救物，故無棄物。是謂襲明。故善人不善人之師，不善人善人之資。不貴其師，不愛其資，雖知大迷，是謂要妙。	善行無轍迹，善言無瑕謫，善計不用籌策，善閉無關鍵而不可開，善結無繩約而不可解。是以聖人常善救人，故人無棄人；常善救物，故物無棄物。是謂襲明。故善人不善人之師，不善人善人之資。不貴其師，不愛其資，雖知大迷，是謂要妙。	「是以聖人常善救人，故無棄人；常善救物，故無棄物。」魏源從《淮南子》於兩故下加「人」、「物」二字作「是以聖人常善救人，故人無棄人；常善救物，故物無棄物。」
第二十四章	知其白，守其黑，爲天下式。爲天下式，常德不忒，復歸於無極。知其雄，守其雌，爲天下谿。爲天下谿，常德不離，復歸於嬰兒。知其榮，守其辱，爲天下谷。爲天下谷，常德迺足，復歸於樸。樸散則爲器，聖人用之，則爲官長，故大制不割。	知其雄，守其雌，爲天下谿。爲天下谿，常德不離，復歸於嬰兒。知其白，守其黑，爲天下式。爲天下式，常德不忒，復歸於無極。知其榮，守其辱，爲天下谷。爲天下谷，常德乃足，復歸於樸。樸散則爲器，聖人用之則爲官長，故大制無割。	「知其白，守其黑……復歸於無極。」與「知其雄，守其雌……復歸於嬰兒。」二句魏源次序與吳澄相反。 「不割」魏源從《淮南子》作「無割」。

第二十五章	將欲取天下而爲之，吾見其不得已。天下神器不可爲也。爲者敗之，執者失之。凡物或行或隨，或呴或吹，或強或羸，或載或隳。是以聖人去甚去奢去泰。	將欲取天下而爲之，吾見其不得已。天下神器不可爲也。爲者敗之，執者失之。凡物或行或隨，或呴或吹，或強或羸，或載或隳。是以聖人去甚去奢去泰。	。
第二十六章	以道佐人主者，不以兵強天下，其事好還。師之所處，荊棘生焉。大軍之後，必有凶年。善者果而已，不敢以取強。果而勿矜，果而勿伐，果而勿驕。果而不得已，是謂果而勿強。物壯則老，是謂不道，不道早已。夫佳兵者不祥，物或惡之，故有道者不處也。君子居則貴左，用兵則貴右。兵者不祥之器，非君子之器，不得已而用之。恬淡爲上，勝爲不美。美之者，是樂殺人	以道佐人主者，不以兵強天下，其事好還。師之所處，荊棘生焉。大軍之後，必有凶年。善者果而已，不敢以取強。果而勿矜，果而勿伐，果而勿驕。果而不得已，是謂果而勿強。物壯則老，是謂不道，不道早已。夫佳兵者不祥，物或惡之，故有道者不處也。君子居則貴左，用兵則貴右。兵者不祥之器，非君子之器，不得已而用之。恬淡爲上，勝而不美。而美之者，是樂殺	「恬淡爲上，勝爲不美。美之者，是樂殺人也。樂殺人者，不可得志於天下矣。」魏源作「恬淡爲上，勝而不美。而美之者，是樂殺人。夫樂殺人者，則不可得志於天下矣。」 「偏將軍處左，上將軍處右。」魏源改「處」爲「居」作「偏將軍居左，上將軍居右。」 「戰勝以喪禮主之」魏源作「戰勝則以喪禮處之」。〔註2〕

〔註2〕 此章乃合《老子》第三十章、第三十一章文句，古來即多論其中文字之錯亂。「物壯則老」十二字亦見《老子》五十五章，是否爲衍文，見仁見智。如朱謙之《老子校釋》所引姚鼐語：「『物壯則老』十二字衍，以在下篇『含德』章『心使氣曰強』下，誦者誤入此『勿強』句下。」（見《老子釋譯‧附帛書老子》（臺北：里仁書局，1985年3月），頁123。）

　　而王淮《老子探義》第五十五章案語則云：「此三句亦見本經三十章。彼就用兵言，此就養生言。皆所以戒剛貴柔，而欲人之服從於道也」。（見王淮：《老子探義》（台北：臺灣商務印書館，2001年6月初版12刷），頁124。）

　　至於「兵者不祥之器」下之文字，古來即多疑爲釋義纂入本文。然魏源以文句相沿已久而仍其舊，其於注文中云：晁氏說之曰：「王弼老子注，謂兵者不詳之器以下至末，皆非《老子》本文。」王氏道曰：「自兵者不詳之器以下，似經注相間，疑古之義疏，混入經文者。」姚氏鼐曰：「『物壯則老』十二字，當爲衍文。」以在下篇「心使氣曰強」之下，故誦者誤入此「勿強」句下也。源案：王弼此章句已闕，晁氏生宋初，故猶及見之。但文句相沿已久，今並仍其舊。（見《老子本義‧上篇》，頁33。）

　　對於「兵者不祥之器」下之文字，王淮先生就前人校定，將之刪定如下：「兵者不祥之器，不得已而用之。恬惔爲上，勝而不美，而美之者，是樂殺人。夫樂殺者，則不可以得志於天下矣。」（見王淮：《老子探義》，頁127。）欲使文意更顯清晰明白。然而郭店楚簡《老子》的出土卻又帶來了更新的證據，讓我們得以進一步明瞭其文句的組成狀態，在郭店楚簡《老子》丙本中此章則作：

　　君子居則貴左，用兵則貴右。故曰：兵者□□□□□，□得已而用之，銛䥍爲上，弗美也。美之，是樂殺人。夫樂□□□以得志於天下。故吉事上左，喪事上右。是以偏將軍居左，上將軍居右。言以喪禮居之也。故殺□□則以哀悲泣之，戰勝則以喪禮居之。（原始文字與相關考證可參丁原植：《郭店竹簡老子釋析與研

	也。樂殺人者，不可以得志於天下矣。吉事尚左，凶事尚右。偏將軍處左，上將軍處右。殺人眾多，以悲哀泣之，戰勝以喪禮主之。	人。夫樂殺人者，則不可得志於天下矣。吉事尚左，凶事尚右。偏將軍居左，上將軍居右。言以喪禮處之。殺人眾多，以悲哀泣之，戰勝則以喪禮處之。	
第二十七章	道常無名，樸雖小，天下不敢臣。侯王若能守，萬物將自賓。天地相合，以降甘露，人莫之令而自均。始制有名，名亦既有，夫亦將知止，知止所以不殆。譬道之在天下，猶川谷之與江海。	道常無名，樸雖小，天下莫能臣。侯王若能守，萬物將自賓。天地相合以降甘露，人莫之令而自均。始制有名，名亦既有，夫亦將知止，知止所以不殆。譬道之在天下，猶川谷之於江海。	「天下不敢臣」魏源從傅奕本作「天下莫能臣」。 「猶川谷之與江海」魏源作「猶川谷之於江海」。
第二十八章	知人者智，自知者明。勝人者有力，自勝者強。知足者富，強行者有志。不失其所者久。死而不亡者壽。	知人者智，自知者明。勝人者有力，自勝者強。知足者富，強行者有志。不失其所者久。死而不亡者壽。	
第二十九章	大道汎兮，其可左右。萬物恃之以生而不辭，功成而不居。衣被萬物而不為主。常無欲，可名於小矣；萬物歸焉而不知主，可名於大矣。是以聖人能成其大也，以其不自大，故能成其大。	大道泛兮，其可左右。萬物恃之以生而不辭，功成不名有。衣養萬物而不為主。常無欲，可名於小；萬物歸焉而不知主，可名於大。是以聖人終不自為大，故能成其大。	「功成而不居」魏源從王弼本改作「功成不名有」。 「常無欲，可名於小矣；萬物歸焉而不知主，可名於大矣。」魏源去「矣」作「常無欲，可名於小；萬物歸焉而不知主，可名於大。」 「是以聖人能成其大也，以其不自大，故能成其大。」魏源作「是以聖人終不自為大，故能成其大。」
第三十章	執大象，天下往。往而不害安平泰。樂與餌，過客止。道之出口，淡乎其無味。視之不足見，聽之不足聞，用之不可既。	執大象，天下往。往而不害安平泰。樂與餌，過客止。道之出口，淡乎其無味。視之不足見，聽之不足聞，用之不可既。	
第三十一章	將欲歙之，必固張之；將欲弱之，必固強之；將欲廢之，必固興之；將欲奪之，必故與之。是謂微明。柔勝剛，弱勝強。魚不可脫於淵，國之利器，不可以示人。	將欲歙之，必固張之；將欲弱之，必固強之；將欲廢之，必固興之；將欲奪之，必故與之。是謂微明。柔勝剛，弱勝強。魚不可脫於深淵，邦之利器，不可以借人。	「魚不可脫於淵」各本無「深」字，魏源加之作「魚不可脫於深淵」。 「國之利器」魏源從《韓非子》改「國」為「邦」作「邦之利器」。以正過去避漢諱之改字。

　　究》(臺北：萬卷樓圖書有限公司，1998 年 9 月初版)，頁 344～351。)
　可見所謂竄入的文字，實屬原始文本的一部分，反倒是「夫佳兵者不祥之器，物或惡之，故有道者不處也」的部分，可能是一後來加上的總論。在此並引之以為對照參考。

			「不可以示人」魏源從《說苑·君道篇》所引改「示」爲「借」作「不可以借人」。
第三十二章	道常無爲而無不爲。侯王若能守，萬物將自化。化而欲作，吾將鎭之以無名之樸。無名之樸亦將不欲。不欲以靜，天下將自正。	道常無爲而無不爲。侯王若能守，萬物將自化。化而欲作，吾將鎭之以無名之樸。無名之樸，夫亦將無欲。無欲以靜，天下將自正。	「無名之樸亦將不欲」魏源從王弼本作「無名之樸，夫亦將無欲」。 「不欲以靜」魏源作「無欲以靜」。
第三十三章	上德不德，是以有德；下德不失德，是以無德。上德無爲而無以爲；下德爲之而有以爲。上仁爲之而無以爲；上義爲之而有以爲。上禮爲之而莫之應，則攘臂而扔之。故失道而後德，失德而後仁，失仁而後義，失義而後禮。夫禮者，忠信之薄而亂之首也。前識者，道之華而愚之始也。是以大丈夫處其厚，不處其薄；居其實，不居其華。故去彼取此。	上德不德，是以有德；下德不失德，是以無德。上德無爲而無不爲；下德爲之而有以爲。上仁爲之而無以爲；上義爲之而有以爲。上禮爲之而莫之應，則攘臂而扔之。故失道而後德，失德而後仁，失仁而後義，失義而後禮。夫禮者，忠信之薄而亂之首也。前識者，道之華而愚之始也。是以大丈夫處其厚不處其薄，居其實不居其華。故去彼取此。	「上德無爲而無以爲」魏源從《韓非子》作「上德無爲而無不爲」。
第三十四章	昔之得一者：天得一以清，地得一以甯，神得一以靈，谷得一以盈，萬物得一以生，侯王得一以爲天下貞。其致之一也。天無以清將恐裂，地無以甯將恐發，神無以靈將恐歇，谷無以盈將恐竭，萬物無所生將恐滅。侯王無以爲貞而貴高，將恐蹶。故貴以賤爲本，高以下爲基。是以侯王自稱孤、寡、不穀。此其以賤爲本耶？非乎！故至譽無譽。不欲琭琭如玉，珞珞如石。	昔之得一者：天得一以清，地得一以寧，神得一以靈，谷得一以盈，萬物得一以生，侯王得一以爲天下貞。其致之，一也。天無以清將恐裂，地無以寧將恐發，神無以靈將恐歇，谷無以盈將恐竭，萬物無所生將恐滅。侯王無以貞而貴高，將恐蹶。故貴必以賤爲本，高必以下爲基。是以侯王自稱孤、寡、不穀。此其以賤爲本邪？非乎！故至數輿無輿。不欲琭琭如玉，落落如石。反者道之動；弱者道之用。天下萬物生於有，有生於無。	「侯王無以爲貞而貴高，將恐蹶。故貴以賤爲本，高以下爲基。是以侯王自稱孤、寡、不穀，此其以賤爲本耶？」魏源作「侯王無以貞而貴高，將恐蹶。故貴必以賤爲本，高必以下爲基。是以侯王自稱孤、寡、不穀，此其以賤爲本邪？」 「故至譽無譽。不欲琭琭如玉，珞珞如石。」句魏源從《韓非子》、王弼本改「譽」爲「輿」，從河上公本改「珞珞」爲「落落」，而作「故至數輿無輿。不欲琭琭如玉，落落如石。」 吳澄本章文句至「珞珞如石」斷章，魏源合「反者道之動；弱者道之用。天下萬物生於有，有生於無。」文句於此章。 魏源認爲吳澄以末四句通下二章爲一章，義雖可通，文殊不屬〔註3〕。

〔註3〕 《老子本義·下篇》三十四章下註解對此分章原因有所說明：

第三十五章	反者道之動；弱者道之用。天下萬物生於有，有生於無。上士聞道，勤而行之；中士聞道，若存若亡；下士聞道，大笑之。不笑不足以為道。故建言有之：明道若昧，進道若退，夷道若纇，上德若谷，大白若辱，廣得若不足，建德若偷，質真若渝，大方無隅，大器晚成，大音希聲，大象無形，道隱無名。夫惟道，善貸且成。道生一，一生二，二生三，三生萬物。萬物負陰而抱陽，沖氣以為和。人之所惡，惟孤、寡、不穀，而王公以為稱。故物或損之而益，益之而損。人之所教，我亦教之。強梁者不得其死，吾將以為教父。天下之至柔，馳騁天下之至堅。無有入於無間，吾是以知無為之有益也。不言之教，無為之益，天下希及之。	上士聞道，勤而行之；中士聞道，若存若亡；下士聞道，大笑之。不笑不足以為道。故建言有之：明道若昧，進道若退，夷道若纇，上德若谷，大白若辱，廣德若不足，建德若偷，質真若渝，大方無隅，大器晚成，大音希聲，大象無形，道德無名。夫唯道，善貸且成	「廣得若不足」魏源作「廣德若不足」。 「道隱無名」魏源作「道德無名」。
第三十六章	名與身孰親？身與貨孰多？得與亡孰病？是故甚愛必大費，多藏必厚亡。知足不辱，知止不殆，可以長久。	道生一，一生二，二生三，三生萬物。萬物負陰而抱陽，沖氣以為和。人之所惡，惟孤、寡、不穀，而王公以為稱。故物或損之而益，或益之而損。人之所教，我亦教之。強梁者不得其死，吾將以為教父。天下之至柔，馳騁天下之至堅。無有入於無間，吾是以知無為之有益也。不言之教，無為之益，天下希及之。	魏源本此章與吳澄本上章末相較「故物或損之而益，益之而損」魏源作「故物或損之而益，或益之而損」。
第三十七章	大成若缺，其用不敝。大盈若沖，其用不窮。大直若屈，大巧若拙，大辯若訥。	名與身孰親？身與貨孰多？得與亡孰病？是故甚愛必大費，多藏必厚亡。知	

　　河上本分瓊瓊落落以上為一章，反者四句為一章。今案後章言能受國之垢，是為社稷主。能受國之不祥，是為天下王。即繼之以正言若反。此章言侯王稱孤寡不穀。即繼之反者道之動。此語意相承之明證，而數與無與，即有生於無之旨，必合為一章而後義備。至吳氏澄以末四句通下二章為一章，義雖可通，文殊不屬。姚氏鼐又通此章及下章為一章。又移後章道生一至沖氣以為和二十五字於此章之首。而移此章貴以賤為本至非乎二十九字於後章人之所惡之上。謂皆錯簡，則臆斷無稽。且不明道德之本旨耳。（見《老子本義·下篇》，頁48。）

	躁勝寒，靜勝熱。清靜爲天下正。	足不辱，知止不殆，可以長久。	
第三十八章	天下有道，卻走馬以糞車。天下無道，戎馬生於郊。罪莫大於可欲，咎莫大於欲得，禍莫大於不知足。故知足之足常足。	大成若缺，其用不敝。大盈若沖，其用不窮。大直若屈，大巧若拙，大辯若訥。躁勝寒，靜勝熱。清靜爲天下正。	
第三十九章	不出戶，知天下；不窺牖，見天道。其出彌遠，其知彌少。是以聖人不行而至，不見而明，不爲而成。	天下有道，卻走馬以糞，天下無道，戎馬生於郊。罪莫大於可欲，咎莫大於欲得，禍莫大於不知足。故知足之足常足矣。	魏源本此章與吳澄本上章相較，「卻走馬以糞車」魏源以《淮南子》、《韓非子》無所引無「車」字，河上王弼諸本亦同而少一「車」改作「卻走馬以糞」。「故知足之足常足」魏源以《韓非子》有「矣」而多一「矣」作「故知足之足常足矣」。
第四十章	爲學日益，爲道日損。損之又損，以至於無爲。無爲而無不爲矣。取天下者，常以無事，及其有事，不足以取天下。	不出戶，知天下；不窺牖，見天道。其出彌遠，其知彌少。是以聖人不行而知，不見而名，不爲而成。	魏源本此章與吳澄本上章相較，「是以聖人不行而至」魏源從《韓非子》作「是以聖人不行而知」。
第四十一章	聖人無常心，以百姓之心爲心。善者，吾善之，不善者，吾亦善之。得善矣。信者，吾信之；不信者，吾亦信之。得信矣。聖人之在天下，歙歙焉，爲天下渾其心，百姓皆注其耳目，聖人皆孩之。	爲學日益，爲道日損。損之又損，以至於無爲。無爲而無不爲矣。故取天下者，常以無事，及其有事，不足以取天下。	魏源本此章與吳澄本上章相較，「取天下者」魏源作「故取天下者」。
第四十二章	出生入死。生之徒十有三；死之徒十有三；人之生，動之死地，亦十有三。夫何故？以其生生之厚。蓋聞善攝生者，路行不避兕虎，入軍不避甲兵；兕無所投其角，虎無所措其爪，兵無所容其刃。夫何故？以其無死地。	聖人無常心，以百姓心爲心。善者吾善之，不善者吾亦善之，德善矣。信者吾信之，不信者吾亦信之，德信矣。聖人在天下，惵惵爲天下渾其心，百姓皆注其耳目，聖人皆孩之。	魏源本此章與吳澄本上章相較，「得善矣」、「得信矣」魏源作「德善矣」、「德信矣」。「聖人之在天下，歙歙焉，爲天下渾其心」魏源作「聖人在天下，惵惵爲天下渾其心」。
第四十三章	道生之，德畜之，物形之，勢成之。是以萬物莫不尊道而貴德。道之尊，德之貴，莫之命而常自然。故道生之畜之，長之育之，成之熟之，養之覆之。生而不有，爲而不恃，長而不宰。是謂玄德。	出生入死。生之徒十有三；死之徒十有三；人之生，動之死地十有三。夫何故？以其生生之厚。蓋聞善攝生者，路行不避兕虎，入軍不被甲兵；兕無所投其角，虎無所措其爪，兵無所容其刃。夫何故？以其無死地。	魏源本此章與吳澄本上章相較，「動之死地，亦十有三」魏源作「動之於死地十有三」。「入軍不避兵甲」魏源作「入軍不被兵甲」。

第四十四章	天下有始以爲天下母。既得其母，以知其子，既知其子，復守其母，沒身不殆。塞其兌，閉其門，終身不勤。開其兌，濟其事，終身不救。見小曰明，守柔曰強。用其光，復歸其明，無遺身殃，是謂襲常。	道生之，德畜之，物形之，勢成之。是以萬物莫不尊道而貴德。道之尊，德之貴，莫之命而常自然。故道生之畜之，長之育之，亭之毒之，養之覆之。生而不有，爲而不恃，長而不宰。是謂玄德。	魏源本此章與吳澄本上章相較，「成之熟之」魏源作「亭之毒之」，乃據畢沅：「亭成毒熟，聲義相近。」
第四十五章	使我介然有知，行於大道，唯施是畏。大道甚夷，而民好徑。朝甚除，田甚蕪，倉甚虛；服文采，帶利劍，厭飲食，資財有餘，是爲盜夸。非道哉。	天下有始以爲天下母。既得其母，以知其子，既知其子，復守其母，沒身不殆。塞其兌，閉其門，終身不勤。開其兌，濟其事，終身不救。見小曰明，守柔曰強。用其光，復歸其明，無遺身殃，是謂襲常。	魏源本此章與吳澄本上章相較，「見小曰明，守柔曰強」魏源從《淮南子》作「見小曰明，守柔曰強」。
第四十六章	善建者不拔，善抱者不脫，子孫祭祀不輟。修之於身，其德迺眞；修之於家，其德迺餘；修之於鄉，其德迺長；修之於邦，其德迺豐；修之天下，其德迺普。故以身觀身，以家觀家，以鄉觀鄉，以邦觀邦，以天下觀天下。吾何以知天下之然哉？以此。	使我介然有知，行於大道，惟施是畏。大道甚夷，而民好徑。朝甚除，田甚蕪，倉甚虛；服文采，帶利劍，厭飲食，資貨有餘，是爲盜夸。非道哉。	魏源本此章與吳澄本上章相較，「唯施是畏」魏源作「惟施是畏」。 「資財有餘」魏源作「資貨有餘」。
第四十七章	含德之厚，比於赤子。毒蟲不螫，猛獸不據，攫鳥不搏。骨弱筋柔而握固。未知牝牡之合而峻作，精之至也。終日號而嗌不嗄，和之至也。知和曰常，知常曰明。益生曰祥，心使氣曰強。物壯則老，是謂不道，不道早已。	善建者不拔，善抱者不脫，子孫祭祀不輟。修之身，其德乃眞；修之家，其德乃餘；修之鄉，其德乃長；修之邦，其德乃豐；修之天下，其德乃普。故以身觀身，以家觀家，以鄉觀鄉，以邦觀邦，以天下觀天下。吾何以知天下之然哉？以此。	魏源本此章與吳澄本上章相較，「修之於身，其德迺眞；修之於家，其德迺餘；修之於鄉，其德迺長；修之於邦，其德迺豐；修之天下，其德迺普。」句魏源從《韓非子》、《淮南子》及傅奕本去「於」字，另外改「迺」爲「乃」作「修之身，其德乃眞；修之家，其德乃餘；修之鄉，其德乃長；修之邦，其德乃豐；修之天下，其德乃普。」
第四十八章	知者不言，言者不知。塞其兌，閉其門。挫其銳，解其紛，和其光，同其塵，是謂玄同。不可得而親，不可得而疏；不可得而利，不可得而害；不可得而貴，不可得而賤。故爲天下貴。	含德之厚，比於赤子。毒蟲不螫，猛獸不據，攫鳥不搏。骨弱筋柔而握固。未知牝牡之合而**峻**作，精之至也。終日號而不嗄，和之至也。知和曰常，知常曰明。益生曰祥，心使氣曰強。物壯則老，是謂不道，不道早已。	魏源本此章與吳澄本上章相較，「終日號而嗌不嗄」魏源少一「嗌」字作「終日號而不嗄」。魏源以爲「嗌」此字爲後人據《莊子》有嗌不嗄之語而增，《玉篇》引文亦作「號而不嗄」。

第四十九章	以正治國，以奇用兵，以無事取天下。吾何以知其然哉？夫天下多忌諱，而民彌貧；民多利器，國家滋昏；人多技巧，奇物滋起；法令滋章，盜賊多有。是以聖人云：「我無爲而民自化，我好靜而民自正，我無事而民自富，我無欲而民自樸。」其政悶悶，其民淳淳；其政察察，其民缺缺。禍兮福所倚，福兮禍所伏。孰知其極？其無正邪？正復爲奇，善復爲訞。民之迷其日固已久矣。是以聖人方而不割，廉而不劌，直而不肆，光而不燿。	知者不言，言者不知。塞其兌，閉其門。挫其銳，解其紛，和其光，同其塵，是謂玄同。不可得而親，不可得而疏；不可得而利，不可得而害；不可得而貴，不可得而賤。故爲天下貴。	
第五十章	治人事天莫如嗇。夫惟嗇是以早復，早復謂之重積德，重積德則無不克，無不克則莫知其極，莫知其極，可以有國。有國之母，可以長久，是謂深根固蒂，長生久視之道。	以正治國，以奇用兵，以無事取天下。吾何以知天下之然哉？天下多忌諱，而民彌貧；民多利器，國家滋昏；人多技巧，奇物滋起；法令滋章，盜賊多有。故聖人云：「我無爲而民自化，我好靜而民自正，我無事而民自富，我無欲而民自樸。」其政悶悶，其民淳淳；其政察察，其民缺缺。禍兮福所倚，福兮禍所伏。孰知其極？其無正邪？正復爲奇，善復爲訞。民之迷其日故久矣。是以聖人方而不割，廉而不劌，直而不肆，光而不燿。	魏源本此章與吳澄本上章相較，「吾何以知其然哉」魏源從焦竑本作「吾何以知天下之然哉」。 「夫天下多忌諱」魏源去發語詞「夫」作「天下多忌諱」。 「是以聖人云」魏源作「故聖人云」。 「其政悶悶，其民淳淳」魏源從《淮南子》、王弼古本作「其政悶悶，其民淳淳」。 「民之迷其日固已久矣」魏源作「民之迷其日故久矣」。 「光而不燿」魏源作「光而不燿」。
第五十一章	治大國，若烹小鮮。以道蒞天下者，其鬼不神；非其鬼不神，其神不傷人；非其神不傷人，聖人亦不傷之。夫兩不相傷，故德交歸焉。	治人事天莫若嗇。夫惟嗇是以蚤服，蚤服是謂重積德，重積德則無不克，無不克則莫知其極，莫知其極，可以有國。有國之母，可以長久，是謂深根固柢，長生久視之道。	魏源本此章與吳澄本上章相較，「治人事天莫如嗇。夫惟嗇是以早復，早復謂之重積德」魏源作「治人事天莫若嗇。夫惟嗇是以蚤服，蚤服是謂重積德」。 「是謂深根固蒂」魏源作「是謂深根固柢」。
第五十二章	大國者下流，天下之交。天下之牝，牝常以靜勝牡，以靜爲下。故大國以下小國，則取小國；小國以下大國，	治大國者若烹小鮮。以道蒞天下者，其鬼不神；非其鬼不神也，其神不傷人；非其神不傷人也，聖人亦不傷	魏源本此章與吳澄本上章相較，「治大國，若烹小鮮」魏源加「者」作「治大國者若烹小鮮」。

	則取大國。或下以取，或下而取。大國不過欲兼畜人，小國不過欲入事人。兩者各得其所欲，大者宜爲下。	民。夫兩不相傷，則德交歸焉。	「非其鬼不神，其神不傷人；非其神不傷人」魏源加二「也」作「非其鬼不神也，其神不傷人；非其神不傷人也」。「聖人亦不傷之」魏源改「之」爲「民」作「聖人亦不傷民」。「故德交歸焉」魏源「故」改「則」作「則德交歸焉」。以上字句皆魏源從《韓非子》改。
第五十三章	道者萬物之奧，善人之寶，不善人之所保。美言可以市，尊行可以加人。人之不善，何棄之有？故立天子，置三公，雖有拱璧以先駟馬，不如坐進此道。古之所以貴此道者何也？不曰求以得，有罪以免邪？故爲天下貴。	大國者下流，天下之交。天下之牝，常以靜勝牡，牝以靜爲下。故大國以下小國，則取小國；小國以下大國，則取大國。或下以取，或下而取。大國不過欲兼畜人，小邦不過欲入事人。兩者各得所欲，故大者宜爲下。	魏源本此章與吳澄本上章相較，「天下之牝，牝常以靜勝牡，以靜爲下。」魏源作「天下之牝，常以靜勝牡，牝以靜爲下。」〔註4〕「大者宜爲下」魏源作「故大者宜爲下」。魏源此章字句乃從王弼、河上公本，惟移「牝」字。
第五十四章	爲無爲，事無事，味無味。圖難於其易，爲大於其細。天下難事必作於易，天下大事必作於細。其安易持，其未兆易謀，其脆易泮，其微易散。爲之於未有，治之於未亂。合抱之木，生於豪末；九層之台，起於累土；千里之行，始於足下。夫輕諾必寡信，多易必多難，是以聖人猶難之，故終無難。大小多少，報怨以德。是以聖人終不爲大，故能成其大。民之從事，常於幾成而敗之。愼終如始，則無敗事矣。爲者敗之，執者失之。無爲故無敗，無執故無失。	道者萬物之奧，善人之寶，不善人之所保。美言可以市，尊行可以加人。人之不善，何棄之有？故立天子，置三公，雖有拱璧以先駟馬，不如坐進此道。古之所以貴此道者何？不曰求以得，有罪以免邪？故爲天下貴。	魏源本此章與吳澄本上章相較，「古之所以貴此道者何也」魏源作「古之所以貴此道者何」。

〔註4〕《老子本義·下篇》五十三章「牝以靜爲下」句下夾註對此分句原因有所説明：
舊牝牡二字連文。故焦竑謂一本作天下之交牝。無中間天下之三字。又一本無以靜爲下四字。吳澄則謂下牝字疑衍。案吳説得之而未盡，蓋下牝字當在牡字之下。乃倒文，非衍文也。陳象古讀牝常以靜勝斷句，牡以靜爲下斷句，亦非。首句傅奕作大國者天下之下流。五句作以其靜故爲下也。司馬本作以其靜爲之下。（見《老子本義·下篇》，頁71。）

	是以聖人欲不欲，不貴難得之貨；學不學，復眾人之所過，以輔萬物之自然而不敢為。		
第五十五章	古之善為道者，非以明民，將以愚之。民之難治，以其智多。故以智治國，國之賊；不以智治國，國之福。知此兩者亦楷式。能知楷式，是謂玄德。玄德深矣遠矣，與物反矣，迺至於大順。	為無為，事無事，味無味。大小多少，報怨以德。圖難於其易，為大於其細。天下難事必作於易，天下大事必作於細。是以聖人終不為大，故能成其大。夫輕諾必寡信，多易必多難，是以聖人猶難之，故終無難。其安易持，其未兆易謀，其脆易泮，其微易散。為之於未有，治之於未亂。合襄之木，生於毫末；九層之台，起於累土；千里之行，始於足下。為者敗之，執者失之。是以聖人無為故無敗，無執故無失。民之從事，常於幾成而失之。慎終如始，則無敗事，是以聖人欲不欲，不貴難得之貨；學不學，復眾人之所過，以輔萬物之自然而不敢為。	魏源本此章與吳澄本上章相較，二者雖皆是合河上公本六十三、六十四章為一章，但魏源本文句次序仍按河上公本王，吳澄本文句卻多有交錯顛倒。魏源雖同意吳澄合二章，但卻不贊同其任臆顛倒文句。〔註5〕「合抱之木，生於豪末」魏源作「合襄之木，生於毫末」。「則無敗事矣」魏源去「矣」字作「則無敗事」。
第五十六章	江海所以能為百谷王者，以其善下之也，故能為百谷王。是以聖人欲上人，以其言下之；欲先人，以其身後之。是以處上而人不重，處前而人不害。是以天下樂推而不厭。以其不爭，故天下莫能與之爭。	古之善為道者，非以明民，將以愚之。民之難治，以其智多。故以智治國，國之賊；不以智治國，國之福。知此兩者亦楷式。常知楷式，是謂玄德。玄德深矣遠矣，與物反矣，乃至於大順。	魏源本此章與吳澄本上章相較，「能知楷式」魏源作「常知楷式」。「迺至於大順」魏源改「迺」為「乃」作「乃至於大順」。
第五十七章	天下皆謂我道大似不肖。夫惟大，故似不肖。若肖，久矣其細。夫我有三寶，寶而持之。一曰慈，二曰儉，三曰不敢為天下先。夫慈故能勇，儉故能廣，不敢為天下先，故能成器長。今舍慈且勇，舍儉且廣，舍後且先，死矣！夫慈以戰則勝，以守	江海所以能為百谷王者，以其善下之，故能為百谷王。是以欲上民，必以言下之；欲先民，必以身後之。是以聖人處上而民不重，處前而民不害。是以天下樂推而不厭。以其不爭，故天下莫能與之爭。天下皆謂我道大似不肖。夫唯大，故似不肖。	魏源本章於「故天下莫能與之爭」之下合吳澄五十七章首三句「天下皆謂我道大似不肖。夫唯大，故似不肖。若肖，久矣其細也夫。」於此章。魏源本此章與吳澄本上章相較，「以其善下之也」魏

〔註5〕《老子本義‧下篇》五十五章下註解魏源對吳澄分章之評論：
河上本，分其安易持以下為一章。吳澄本合之是矣。而任臆顛倒其文，且不注明所以移置之意，一若原本如是者，殊不可訓。至姚氏鼐則又割取民之從事十久字。出之章末，別為一章。皆莫知其何意也。（見《老子本義‧下篇》，頁77。）

	則固。天將救之，以慈衛之。善爲士者不武，善戰者不怒，善勝敵者不與，善用人者爲之下。是謂不爭之德，是謂用人之力，是謂配天古之極。用兵有言：「吾不敢爲主而爲客，不敢進寸而退尺。」是謂行無行，攘無臂，執無兵，仍無敵。禍莫大於輕敵，輕敵幾喪吾寶。故抗兵相加，哀者勝矣。	若肖，久矣其細也夫。	源作「以其善下之」。「是以聖人欲上人，以其言下之；欲先人，以其身後之。是以處上而人不重，處前而人不害。」魏源作「是以欲上民，必以言下之；欲先民，必以身後之。是以聖人處上而民不重，處前而民不害。」而與吳澄五十七章首三句相比較，「久矣其細」魏源作「久矣其細也夫」。〔註6〕
第五十八章	吾言甚易知甚易行，天下莫能知莫能行。言有宗，事有君。夫惟無知，是以不我知。知我者希，則我貴矣。是以聖人被褐懷玉。	吾有三寶，持而寶之。一曰慈，二曰儉，三曰不敢爲天下先。慈故能勇，儉故能廣，不敢爲天下先，故能成器長。今舍其慈且勇，舍其儉且廣，舍其後且先，死矣！夫慈以戰則勝，以守則固。天將救之，以慈衛之。善爲士者不武，善戰者不怒，善勝敵者不與，善用人者爲之下。是謂不爭之德，是謂用人之力，是謂配天古之極。用兵有言：「吾不敢爲主而爲客，不敢進寸而退尺。」是謂行無行，攘無臂，執無兵，扔無敵。禍莫大於無敵，無敵幾亡吾寶。故抗兵相加，哀者勝矣。	魏源本此章與吳澄本上章相較，「夫我有三寶，寶而持之」魏源以爲本章首句作「吾有三寶，持而寶之」。「夫慈故能勇」魏源作「慈故能勇」。「今舍慈且勇，舍儉且廣，舍後且先」魏源作「今舍其慈且勇，舍其儉且廣，舍其後且先」。「仍無敵」魏源從王弼作「扔無敵」。「禍莫大於輕敵，輕敵幾喪吾寶」魏源從王弼注、傅奕作「禍莫大於無敵，無敵幾亡吾寶」。
第五十九章	知不知，上；不知知，病。夫惟病病，是以不病。聖人不病，以其病病，是以不病。	吾言甚易知甚易行，天下莫能知莫能行。言有宗，事有君。夫惟無知，是以不我知也。知我者希，則我者貴。是以聖人被褐懷玉。知不知上，不知知病。夫惟病病，是以不病。聖人之病病也，以其病病，是以不病。	魏源合吳澄五十八章、五十九章爲本章。「是以不我知」魏源作從《淮南子》作「是以不我知也」。「則我貴矣」魏源作「則我者貴」。「聖人不病」魏源作「聖人之病病也」。

第六十章	民不畏威，大威至矣。無狎其所居，無厭其所生。夫唯不狎，是以不厭。是以聖人自知不自見，自愛不自貴。故去彼取此。	民不畏威，大威至矣。無狎其所居，無厭其所生。夫惟不厭，是以不厭。是以聖人自知不自見，自愛不自貴。故去彼取此。	「無狎其所居」魏源作「無狹其所居」。 「夫唯不狎」魏源作「夫唯不厭」。
第六十一章	勇於敢則殺，勇於不敢則活。此兩者，或利或害。天之所惡，孰知其故？是以聖人猶難之。天之道，不爭而善勝，不言而善應，不召而自來，坦然而善謀。天網恢恢，疏而不失。民不畏死，奈何以死懼之？若使民常畏死而爲奇者，吾得執而殺之，孰敢？常有司殺者，夫代司殺者殺，是謂代大匠斲。夫代大匠斲者，希有不傷手矣。	勇於敢則殺，勇於不敢則活。此兩者，或利或害。天之所惡，孰知其故？是以聖人猶難之。天之道，不爭而善勝，不言而善應，不召而自來，繟然而善謀。天網恢恢，疏而不失。民不畏死，奈何以死懼之？若使民常畏死而爲奇者，吾得執而殺之，孰敢？常有司殺者殺，而代司殺者殺，是謂代大匠斲。夫代大匠斲者，希不傷其手矣。	「坦然而善謀」魏源作「繟然而善謀」。 魏源前四句從傅奕，末兩句從《淮南子》。
第六十二章	民之飢，以其上食稅之多，是以飢。民之難治，以其上之有爲，是以難治。人之輕死，以其生生之厚，是以輕死。夫惟無以生爲者，是以賢於貴生也。	民之饑，以其上食稅之多，是以饑。民之難治，以其上之有爲，是以難治。民之輕死，以其生生之厚也，是以輕死。夫惟無以生爲者，是賢於貴生焉。	「飢」魏源作「饑」。 「人之輕死，以其生生之厚」魏源改「人」爲「民」，加一「也」字作「民之輕死，以其生生之厚也」。 「是以賢於貴生也」魏源從《淮南子》作「是賢於貴生焉」。
第六十三章	人之生也柔弱，其死也堅強。草木之生也柔脆，其死也枯槁。故堅強者死之徒，柔弱者生之徒。是以兵強則不勝，木強則共。故堅強處下，柔弱處上。	人之生也柔弱，其死也堅強。草木之生也柔弱，其死也枯槁。故堅強者死之徒，柔弱者生之徒。是以兵強則不勝，木強則兵。強大處下，柔弱處上。	「草木之生也柔脆」魏源作「草木之生也柔弱」。 「木強則共」魏源以協韻從王弼本「共」作「兵」作「木強則兵」。 「故堅強處下」魏源作「強大處下」。
第六十四章	天之道，其猶張弓乎？高者抑之，下者舉之；有餘者損之，不足者補之。天之道，損有餘而補不足。人之道，則不然，損不足以奉有餘。孰能以有餘奉天下，惟有道者。是以聖人爲而不恃，功成而不居，其不欲見賢邪。	天之道，其猶張弓乎？高者抑之，下者舉之；有餘者損之，不足者補之。天之道，損有餘而補不足。人之道，則不然，損不足而奉有餘。孰能以有餘奉天下，惟有道者。是以聖人爲而不恃，功成而不處，其不欲見賢邪。	「損不足以奉有餘」魏源作「損不足而奉有餘」。 「功成而不居」魏源從河上公、王弼本作「功成而不處」。
第六十五章	天下柔弱莫過於水，而攻堅強者莫之能先，以其無以易之也。柔之勝剛，弱之勝強，天下莫知而莫能行。	天下莫柔弱於水，而攻堅強者莫之能先，其無以易之。柔之勝剛，弱之勝強，天下莫不知，莫能行。是以聖人	「天下柔弱莫過於水」魏源從王弼本首句作「天下莫柔弱於水」。

	是以聖人云：「受國之垢，是謂社稷主；受國之不祥，是爲天下王。」	云：「能受國之垢，是謂社稷主；能受國之不祥，是爲天下王。」正言若反。	「以其無以易之也」魏源作「其無以易之」。 「天下莫不知而莫能行」魏源去「而」字作「天下莫不知，莫能行」。 「受國之垢，是謂社稷主；受國之不祥，是爲天下王。」魏源從《淮南子》加二「能」字作「能受國之垢，是謂社稷主；能受國之不祥，是爲天下王。」 吳澄本移「正言若反」至下章章首，魏源不取〔註7〕。
第六十六章	正言若反。和大怨，必有餘怨，安可以爲善？是以聖人執左契，而不責於人。有德司契，無德司徹。天道無親，常與善人。	和大怨，有餘怨，安可以爲善？是以聖人執左契，而不責於人。故有德司契，無德司徹。天道無親，常與善人。	「和大怨，必有餘怨」魏源去「必」字作「和大怨，有餘怨」。 「有德司契」魏源從傅奕本加「故」字作「故有德司契」。
第六十七章	小國寡民，使民有什伯之器而不用，使民重死而不遠徙。雖有舟輿，無所乘之；雖有甲兵，無所陳之。使民復結繩而用之。甘其食，美其服，安其居，樂其俗。鄰國相望，雞犬之聲相聞，使民至老死不相往來。	小國寡民，使有什伯人之器而不用，使民重死而不遠徙。雖有舟車，無所乘之；雖有甲兵，無所陳之。使民復結繩而用之。甘其食，美其服，安其民，樂其俗。鄰國相望，雞犬之音相聞，民至老死不相往來。	「使民有什伯之器而不用」魏源從河上公本作「使有什伯人之器而不用」。 「雖有舟輿」魏源作「雖有舟車」。 「安其居，樂其俗」魏源作「安其民，樂其俗」。 「鄰國相望，雞犬之聲相聞，使民至老死，不相往來。」魏源作「鄰國相望，雞犬之音相聞，民至老死，不相往來。」
第六十八章	信言不美，美言不信。善者不辯，辯者不善。知者不博，博者不知。聖人不積。既以爲人，己愈有；既以與人，己愈多。天之道，利而不害；聖人之道，爲而不爭。	信言不美，美言不信。善者不辯，辯者不善。知者不博，博者不知。聖人不積。既以爲人，己愈有；既以與人，己愈多。天之道，利而不害；聖人之道，爲而不爭。	

〔註7〕《老子本義・下篇》六十五章下魏源註說：
　　　　吳氏澄姚氏鼐以正言若反四字，屬下章之首，謂反與善韻。今此四句，正承上文聖人云三字而言也。故不取。（見《老子本義・下篇》，頁91。）

參考資料

一、古籍與疏釋部分（含原典、集解、注釋，依原典時代先後排列）

（一）相關《老子》原典疏釋部分

1. （魏）王弼，《老子・附帛書老子》（臺北：學海出版社，1994 年 5 月再版本）。

2. （唐）陸希聲，《道德真經傳》（宛委別藏 096，臺北：臺灣商務印書館，1981 年 10 月初版）。

3. （宋）蘇轍，《老子解》（百部叢書集成之十八，寶顏堂秘笈，第十五函，臺北縣板橋市：藝文印書館，1965 年初版）。

4. （元）吳澄，《道德真經注》（臺北：新文豐出版公司，1987 年 6 月 1 版）。

5. （明）薛蕙，《老子集解》（北京：中華書局，1985 年，北京新一版）。

6. （明）焦竑，《老子翼》（臺北：廣文書局，1977 年 7 月再版）。

7. （明）釋德清，《老子道德經憨山註・莊子內篇憨山註》（臺北：新文豐出版，1996 年 4 月初版 4 刷）。

8. （清）王夫之，《老子衍》（臺北：河洛圖書出版社，1975 年 5 月臺景印初版）。

9. 朱謙之釋、任繼愈譯，《老子釋譯・附帛書老子》（臺北：里仁書局，1985 年 3 月）。

10. 高亨，《老子正詁》（臺北：新文豐出版公司印行，1983 年 2 月）。

11. 蔣錫昌，《老子校詁》（臺北：明倫出版社，1971 年 2 月初版）。

12. 嚴靈峰，《無求備齋老子集成初編》（臺北：藝文印書館，1965 年初版）。

13. 《老子達解》（臺北：華正書局，1983 年 8 月）。

14. 王淮，《老子探義》（台北：臺灣商務印書館，2001 年 6 月初版 12 刷）。

15. 陳鼓應，《老子今註今釋及評介》（臺北：臺灣商務印書館，1998 年 8 月二次修訂版）。

（二）其它古籍

1. （周）莊周著原典／（清）郭慶藩編，《莊子集釋》（王孝魚整理，臺北：群玉堂出版事業有限公司，1991 年 10 月初版）。

2. （周）列禦寇著原典／（晉）張湛注，《列子》（臺北：臺灣商務印書館，1968 年 3 月臺 1 版）。

3. （周）荀子著原典／李滌生集釋，《荀子集釋》（臺北：學生書局，1994 年 10 月第 7 次印刷）。

4. （周）韓非子著原典／（清）王先慎集解，《韓非子集解》（臺北：華正書局，1991 年 10 月初版）。

5. （秦）呂不韋編撰原典／陳奇猷校釋，《呂氏春秋校釋》（臺北：華正書局，1988 年 8 月初版）。

6. （漢）司馬遷著原典／（日人）瀧川龜太郎考證，《史記會注考證》（臺北：宏業書局，1990 年 10 月再版）。

7. （漢）劉安編撰原典／何寧集釋，《淮南子集釋》（北京：中華書局，1998 年 10 月 1 版 1 刷）。

8. （漢）劉向著原典／趙善詒疏證，《說苑疏證》（臺北：文史哲出版社，1986 年 10 月臺 1 版）。

9. （漢）鄭玄注、（唐）孔穎達疏，《禮記》，影印清嘉慶二十年阮元重刊宋本十三經注疏本，（臺北：藝文印書館，1997 年 8 月初版 13 刷）。

10. （漢）許慎著原典／（清）段玉裁注，《說文解字注》（臺北：黎明文化事業股份有限公司，1991 年 8 月增訂八版）。

11. （魏）王肅，《孔子家語》（臺北：黎明文化事業有限公司，1996 年）。

12. （魏）王肅著原典／（清）陳士珂輯，《孔子家語疏證》（臺北：文海出版社，1968 年 4 月初版）。

13. （魏）王弼著原典／樓宇烈校釋，《王弼集校釋》（北京：中華書局，1980 年 8 月 1 版）。

14. （宋）李昉等編撰，《太平御覽》（臺北：國泰文化事業有限公司，1980 年正月初版）。

15. （宋）王溥，《唐會要》（叢書集成初編，北京：中華書局，1985 年初版）。

16. （宋）朱熹，《四書集注》（臺北：世界書局，2004 年 10 月初版第 34 刷）。

17. （宋）釋普濟，《五燈會元》（臺北：文津出版社，1991 年 4 月初版）。

18. （宋）黎靖德編，《朱子語類》（臺北：文津出版社，1986 年 12 月）。

19. （清）王夫之，《讀通鑑論》（臺北：漢京文化事業有限公司，1984 年 7 月再版）。

20. （清）紀昀等編撰，《四庫全書總目》（臺北：藝文印書館，1989 年 6 版）。

21. （清）劉寶楠，《論語正義》（臺北：文史哲出版社，1990 年 11 月初版）。

22. （清）劉逢祿著／（清）魏源編，《劉禮部集》（《續修四庫全書》1501，集部別集類，續修四庫全書編纂委員會編，上海：上海古籍出版社，2002 年）。

23. （清）魏源，《古微堂內外集》近代中國史料叢刊第四十三輯 424（臺北：文海出版社，1976 年）。

24. （清）魏源，《魏源集》（北京：中華書局，1983 年 10 月二版二刷）。

25. （清）魏源，《老子本義》（北京：中華書局，1985 年 1 版）。

26. （清）魏源，《詩古微》何慎怡點校 湯志鈞審訂（長沙：嶽麓書社，1989 年 12 月 1 版）。

27. （清）魏源，《清經世文編》（北京：中華書局，1992 年 4 月一版一刷）。

28. （清）魏源，《書古微》（續修四庫全書 48，經部書類，續修四庫全書編纂委員會編，上海：上海古籍出版社，1995 年）。

29. （清）魏源，《元史新編》（續修四庫全書 314～315，史部別史類，續修四庫全書編纂委員會編，上海：上海古籍出版社，1995 年）。

30. （清）魏源，《聖武記》（續修四庫全書 402，史部紀事本末類，續修四庫全書編纂委員會編，上海：上海古籍出版社，1995 年）。

31. （清）魏源，《海國圖志》百卷本（續修四庫全書 743～744，史部地理類，續修四庫全書編纂委員會編，上海：上海古籍出版社，1997 年）。

32. （清）羅汝懷等編，《湖南文徵》（清同治十年長沙羅氏荷花池館刊本，國家圖書館善本書庫藏）。

二、近人專著部分

（依編撰者筆劃順序排列，各作者的著作則按出版年、月及版次排列）

1. 丁原植，《郭店竹簡老子釋析與研究》（臺北：萬卷樓圖書有限公司，1998 年 9 月初版）。

2. 丁原明，《黃老學論綱》（濟南：山東大學出版社，2000 年 10 月第 2 次印刷）。

3. 王邦雄，《老子的哲學》（台北：東大圖書公司，1991 年 4 月初版 7 刷）。

4. 王家儉，《魏源對西方的認識及其海防思想》（臺北：國立臺灣大學文史叢刊，1964 年）。

5. 王家儉，《魏源年譜》（中央研究院近代史研究所專刊 21，1967 年 11 月初版）。

6. 王家儉，〈魏源的史學與經世史觀〉（收於國立臺灣師範大學歷史學報 21 期，1993 年 6 月，頁 155～172）。

7. 王家儉，《中國歷代思想家》第十七冊中相關魏源部份（臺北：臺灣商務印書館，1999 年 10 月更新版）。

8. 王向清，〈魏源的經世致用思想論略〉（收於（大陸）《株洲師范高等專科學校學報》，1999 年 02 期，頁 60～62）。

9. 王向清，〈魏源的哲學思想与中國近代哲學革命〉（收於（大陸）《船山學刊》

2002 年 01 期，頁 30～33、38）。

10. 王向清、曾瑛，〈魏源認識論述評〉（收於（大陸）《湖南社會科學》，1994 年 01 期，頁 75～78、52）。

11. 王曉波，〈「崇本舉末」與「崇本息末」：王弼對老子哲學的詮釋〉（收於《中國經典詮釋傳統（三）：文學與道家經典篇》，臺北：國立臺灣大學出版中心，2004 年 6 月初版，頁 325～353）。

12. 中國社會科學院哲學研究所中國哲學史研究室編，《中國哲學史資料選輯——魏晉隋唐之部》（（大陸）中國社會科學院哲學研究所中國哲學史研究室編，北京：中華書局，1990 年 5 月 1 版）。

13. 方東美，《原始儒家道家哲學》（臺北：黎明文化事業公司，1985 年 11 月再版）。

14. 方東美，《生生之德》（臺北：黎明文化事業公司，1987 年 7 月 4 版）。

15. 方東美，《中國人生哲學》（臺北：黎明文化事業公司，1988 年 3 月 7 版）。

16. 方淑妃，《魏源史學研究》（國立高雄師範大學中國文學研究所 1994 年碩士論文）。

17. 尹振環，《楚簡老子辨析——楚簡與帛書《老子》的比較研究》（北京：中華書局，2001 年 11 月第一版）。

18. 孔繁，〈魏源對漢代今、古文經學之辨析〉（收於（大陸）《河北學刊》1998 年 06 期，頁 50～55）。

19. 古棣、周英，《老子通》（高雄：麗文文化事業股份有限公司，1995 年 7 月初版）。

20. 朱漢民，〈魏源論道〉（收於《中國文化月刊》255，2001 年 6 月，頁 61～79）。

21. 任繼愈主編、鍾肇鵬副主編，《道藏提要》（北京：中國社會科學出版社，1991 年 7 月）。

22. 牟宗三，《中國哲學的特質》（臺北：臺灣學生書局，1990 年 10 月再版 7 刷）。

23. 牟宗三，《才性與玄理》（臺北：臺灣學生書局，1997 年 8 月修訂 8 版）。

24. 牟宗三，《中國哲學十九講》（臺北：臺灣學生書局，1993 年 8 月 5 刷）。

25. 牟宗三，《現象與物自身》（臺北：臺灣學生書局，1990 年 3 月初版 4 刷）。

26. 安宇、劉旭，《魏源傳》（北京：團結出版，1998 年）。

27. 何信全，〈龔魏的經世思想〉（收於《近代中國思想人物論——晚清思想》，臺北：時報文化出版事業有限公司，1985 年 11 月初版，頁 171～192）。

28. 沈清松，《物理之後——形上學的發展》（臺北：牛頓出版社，1987 年 1 月初版）。

29. 沈清松，《現代哲學論衡》（臺北：黎明文化事業公司，1994 年 10 月四刷）。

30. 沈清松，〈郭店竹簡《老子》的道論與宇宙論——相關文本的解讀與比較〉（收於《哲學與文化》26 卷 4 期，1999 年 4 月，頁 298～335）。

31. 沈清松編著，《詮釋與創造——傳統中華文化及其未來發展》（臺北：聯合報系文化基金會，1995 年元月初版）。

32. 余英時，《歷史與思想》（臺北：聯經出版事業，1999 年 4 月初版第 21 刷）。

33. 余英時，《中國思想傳統的現代詮釋》（臺北：聯經出版事業，1987 年 3 月 1 版）。

34. 余培林，〈老子之弱道哲學〉（收於《國文天地》47 期，1981 年 4 月，頁 78～ 81）。

35. 吳澤，〈魏源的變易思想和歷史進化觀點〉（收於《中國近三百年學術思想論集》 二編，存萃學社編集，香港：崇文書店，1971 年 10 月初版，頁 81～107）。

36. 岑溢成，〈詭辭的語用學分析〉（收於《邏輯思想與語言哲學》，香港科技大學 人文學部主編，臺北：學生書局，1997 年 12 月初版，頁 59～80）。

37. 李柏榮著、陳新憲校點，《魏源師友記》（長沙：嶽麓書社，1983 年 8 月 1 版）。

38. 李瑚，《魏源詩文繫年》（北京：中華書局，1979 年 3 月 1 版）。

39. 李瑚，《魏源研究》（北京：朝華出版社，2002 年 5 月 1 版）。

40. 李勉，《老子詮證》（臺北：臺灣東華書局，1987 年 10 月 2 版）。

41. 李少軍，《迎來近代劇變的經世學人：魏源與馮桂芬》（武漢市：湖北教育出版 社，，2000 年 4 月 1 刷）。

42. 李漢武，《魏源傳》（長沙：湖南大學出版社，1988 年 1 版）。

43. 李承貴，〈《老子》「道」的境界意蘊〉（收於《中國文化月刊》269 期，2002 年 8 月，頁 1～10）。

44. 李杰，〈略論《周易》對魏源政治思想的影響〉（收於（大陸）《唐都學刊》1994 年 01 期，頁 41～43）。

45. 李占領，〈魏源文化思想析論〉（收於（大陸）《固原師專學報》1995 年 02 期， 頁 46～50、79）。

46. 李剛，〈魏源論《老子》〉（收於（大陸）《西安航空技術高等專科學校學報》2000 年 02 期，頁 18～21）。

47. 李喜所，〈魏源及其思想特徵評述〉（收於（大陸）《唐都學刊》2003 年 01 期， 頁 88～92）。

48. 林麗眞，《王弼》（臺北：東大圖書公司，1988 年 7 月初版）。

49. 林美蘭，《魏源詩古微研究》（東吳大學中國文學研究所 1993 年碩士論文）。

50. 林盛裕，《論魏源與佐久間象山的海防思想——兼論一九世紀中葉中日兩國的 海

51. 防暨海防思想》（淡江大學日本研究所 1986 年碩士論文）。

52. 林玲玲，〈魏源與清季經世致用之學〉（收於《黃埔學報》41，2001 年 9 月，頁 101～117）。

53. 武長德，《科學哲學——科學的根源》（臺北：五南圖書出版公司，1984 年 1 月初版）。

54. 胡楚生，《老莊研究》（臺北：學生書局，1992 年 10 月初版）。

55. 胡以嫻，〈老子道德經中「道」之意義之釐定〉（收於《中國文化月刊》43、44期，1983 年 5、6 月，頁 82～92、108～126）。

56. 胡以嫻，〈老子形上學之證成〉（收於《中國文化月刊》64、65 期，1985 年 2、3 月，頁 61～78、49～63。）

57. 唐君毅，《中國哲學原論·原道篇》（香港：新亞研究所，1980 年 3 月四版）。

58. 唐君毅，《中國哲學原論·導論篇》（香港：新亞研究所，1980 年 9 月五版）。

59. 唐明邦，〈魏源的經世思想与《周易》〉（收於（大陸）《船山學刊》1996 年 02期，頁 158～168）。

60. 桂遵義，〈試論魏源經世思想的演變和發展〉（收於（大陸）《安徽史學》，1997年 03 期，頁 45～50）。

61. 徐復觀，《中國人性論史——先秦篇》（臺北：臺灣商務印書館，1969 年版）。

62. 柴熙，《認識論》（臺北：臺灣商務印書館，1983 年 8 月臺 5 版）。

63. 翁瑞廷，《魏源的政治思想》（臺北：聯亞出版社，1983 年初版）。

64. 高虹，《放眼世界：魏源與《海國圖志》》（瀋陽：遼海出版社，1997 年 8 月 1版）。

65. 高海燕，〈魏源經世思想的歷史定位〉（收於（大陸）《江蘇社會科學》1998 年03 期，頁 123～128）。

66. 高齡芬，《王弼老學之研究》（臺北：文津出版社，1992 年 1 月初版）。

67. 夏劍欽，〈魏源研究百年回眸〉（收於（大陸）《求索》2004 年 07 期，頁 220～223）。

68. 孫功達，〈試論魏源哲學思想〉（收於（大陸）《蘭州教育學院學報》2000 年 03、04 期，頁 19～23、31～38）。

69. 孫功達，〈試論魏源的社會歷史觀〉（收於（大陸）《甘肅社會科學》2002 年 02期，頁 106～109）。

70. 袁保新，《老子哲學之詮釋與重建》（臺北：文津出版社，1997 年 12 月初版二刷）。

71. 袁保新，〈再論老子之道的義理定位——兼答劉笑敢教授「關於老子之道的新解釋與新詮釋」〉（收於《中國文哲研究通訊》26，1997 年 6 月，頁 145～159）。

72. 梁啓超，《清代學術概論》（臺北：台灣商務印書館，1994 年台二版一刷）。

73. 梁啓超，《中國近三百年學術史》（臺北：華正書局，1989 年 8 月初版）。

74. 韋政通，《中國十九世紀思想史》（臺北：東大圖書公司，1991 年 9 月初版）。

75. 陳鼓應，《老莊新論》（臺北：五南圖書出版公司，1995 年 4 月初版）。

76. 陳耀南，《魏源研究》（香港：乾惕書屋，1982 年 11 月再版）。

77. 陳麗桂，《戰國時期的黃老思想》（臺北：聯經出版事業公司，1991 年 4 月初版）。

78. 陳少明，〈魏源哲學思想剖析〉（收於《中國近代哲學史論文集》，中國社會科

學院哲學所，天津：天津人民出版社，1984 年 10 月 1 版，頁 229～249）。

79. 陳鵬鳴，〈魏源「聖武記」初探〉（收於《中國書目季刊》第 29 卷 2 期，1995 年 9 月，頁 47～55）。

80. 陳鵬鳴，〈試論今文經學對魏源思想的影響〉（收於《孔孟學報》34 卷 7 期，1996 年 3 月，頁 25～31）。

81. 陳俊輝，《哲學的基本架構》（臺北：水牛圖書出版事業股份有限公司，1996 年初版 2 刷）。

82. 陳振風，〈魏源學治合一的思想〉（收於《臺南女子技術學院學報》18，1999 年 8 月，頁 1～14）。

83. 陳祖武，《衰世風雷：龔自珍與魏源》（臺北：萬卷樓圖書公司，2000 年 7 月初版）。

84. 陳其泰、劉蘭肖，〈晚清社會危机中的學術轉向——魏源對「經世之學」義理的闡發〉收於（（大陸）《求索》2004 年 01 期，頁 224～228）。

85. 許抗生，《老子研究》（臺北：水牛圖書出版事業有限公司，1993 年 3 月初版）。

86. 許冠三，〈龔魏之歷史哲學與變法思想〉（收於《中華文史論叢》1980－1，上海：上海古籍出版社，1980 年 1 月 1 版，頁 69～104）。

87. 許冠三，〈關於《老子本義》成書年代問題〉（收於《中華文史論叢》1982－4，上海：上海古籍出版社，1982 年 11 月 1 版，頁 105～107）。

88. 黃麗鏞，〈魏源《老子本義》成書年代質疑〉（收於《中華文史論叢》1980－4，上海：上海古籍出版社，1980 年 10 月 1 版，頁 281～282）。

89. 黃麗鏞，《魏源年譜》（長沙：湖南人民，1985 年 1 月 1 版）。

90. 黃麗鏞、楊慎之，《魏源思想研究》（長沙：湖南人民出版社，1987 年 11 月 1 版）。

91. 黃肇基，〈魏源的經世思想〉（收於《建中學報》5，1999 年 12 月，頁 31～44）。

92. 黃公偉，《道家哲學系統探微》（臺北：新文豐出版公司，1999 年 12 月，初版 2 刷）。

93. 黃克武，《《皇朝經世文編》學術、治體部分思想之分析》（國立臺灣師範大學歷史研究所 1985 年碩士論文）。

94. 莊耀郎，〈試論道德經的生命進路：從道德經的語言形式談起〉（收於《中國學術年刊》8 期，1986 年 6 月，頁 125～140）。

95. 莊耀郎，〈王弼儒道會通理論的省察〉（收於《國文學報》23 期，1994 年 6 月，頁 41～62）。

96. 張起鈞，《老子哲學》（臺北：正中書局，1997 年 12 月初版 12 刷）。

97. 張心澂，《偽書通考》（臺北：臺灣商務印書館，1970 年臺 1 初版）。

98. 張揚明，《老子考證》（臺北：黎明文化事業，1985 年 5 月初版）。

99. 張春在，《清末的公羊思想》（臺北：臺灣商務印書館，1985 年 10 月初版）。

100. 張成秋，《先秦道家思想研究》（臺北：台灣中華書局，1975 年 4 月版）。

101. 張成秋，《老子王弼學》（臺北：中華民國老莊學會，1992 年 12 月）。

102. 張欽，〈魏源研究的新進展——紀念魏源誕辰 200 周年國際學術研討會綜述〉（收於（大陸）《歷史教學》1995 年 01 期，頁 54～55）。

103. 陸沉，〈郭店《老子》與「老子」公案〉（收於（大陸）《宗教學研究》2001 年 03 期，頁 129～136）。

104. 傅偉勳，《從創造的詮釋學到大乘佛學》（臺北：臺灣東大圖書公司，1990 年 7 月初版）。

105. 傅偉勳，《從西方哲學到禪佛教》（北京：三聯書店，1989 年 5 月版）。

106. 彭明輝，《晚清的經世史學》（臺北：麥田出版社，2002 年 7 月初版 1 刷）。

107. 馮友蘭，〈魏源底思想〉（收於《中國近三百年學術思想論集》二編，存萃學社編集，香港：崇文書店，1971 年 10 月初版，頁 75～80）。

108. 馮友蘭，〈魏源——十九世紀中期的中國先進思想家〉（收於黃麗鏞、楊慎之：《魏源思想研究》（長沙：湖南人民出版社，1987 年 11 月 1 版，頁 51～60））。

109. 馮友蘭，《中國哲學史新編》（臺北：藍燈文化事業有限公司。1991 年 12 月初版）。

110. 湯志鈞，〈魏源的「變易」思想和《詩》《書》古微〉（收於黃麗鏞、楊慎之：《魏源思想研究》（長沙：湖南人民出版社，1987 年 11 月 1 版，頁 170～190））。

111. 勞思光，《新編中國哲學史》（臺北：三民書局，1993 年 10 月 7 版）。

112. 賀榮一，《道德經註釋與析解》（臺北：五南圖書出版公司，1985 年 1 月）。

113. 賀廣如，《魏默深思想探究——以傳統經典的詮說爲討論中心》（臺北：臺大出版委員會，1999 年 6 月初版）。

114. 賀廣如，〈《老子本義》的成書時間〉（收於《暨大學報》第三卷第一期，1999 年 3 月，頁 77～98）。

115. 賀廣如，〈魏源的治經方法〉（收於《乾嘉學者的治經方法》（下） 蕭秋筆主編，中央研究院中國文哲研究所籌備處，2000 年 10 月初版，頁 731～786）。

116. 新文豐出版公司編輯部編輯，《正統道藏》（臺北：新文豐出版公司，1988 年 12 月再版）。

117. 楊晉龍，〈臺灣學者「魏源研究」述評〉（收於《中國文哲研究通訊》53，2004 年 3 月，頁 43～82）。

118. 楊晉龍，〈魏源研究與評價的反思〉（收於（大陸）《湖南大學學報》（社會科學版） 2004 年 7 月 18 卷 04 期，頁 54～56）。

119. 路新生，〈論魏源學風〉（收於《孔孟學報》70，1995 年 9 月，頁 271～296）。

120. 漢林，〈魏源研究的新進展——紀念魏源誕辰 200 周年國際學術研討會綜述〉（收於（大陸）《求索》1994 年 06 期，頁 116～118）。

121. 趙爾巽等著，《清史稿》（北京：中華書局，1994 年 2 月 1 版 4 刷）。

122. 齊思和，〈魏源與晚清學風〉（收於《近代中國思想人物論——晚清思想》，臺北：時報文化出版事業有限公司，1985 年 11 月初版，頁 193～242）。

123. 廖名春，〈魏源易學初探〉（收於（大陸）《清華大學學報》（哲學社會科學版），1995 年 01 期，頁 26～33）。

124. 熊鐵基，《秦漢新道家》（上海：上海人民出版社，2001 年 3 月 1 版）。

125. 熊鐵基等著，《中國老學史》（福州：福建人民出版社，1997 年 7 月 1 版）。

126. 鄭卜五，〈魏源「海國圖志」中崇本務實的經世主張〉（收於《海軍軍官學校學報》5，1995 年 10 月，頁 175～187）。

127. 鄭良樹，〈從帛書《老子》論嚴遵《道德指歸》之真偽〉（收於《古文字研究》（七）1982 年 6 月，頁 243—273）。

128. 鄭良樹，《續偽書通考》（臺北：臺灣學生書局，1984 年 6 月初版）。

129. 鄭吉雄，〈清代儒學中的會通思想〉（收於《中華學苑》55 期，2001 年 2 月，頁 61～95）。

130. 樊克政，〈魏源卒年考〉（收於《中華文史論叢》1984－1，上海：上海古籍出版社，1984 年 1 月 1 版，頁 105～107）。

131. 蔡仁厚，《中國哲學史大綱》（臺北：學生書局，1999 年 9 月初版 4 刷）。

132. 劉廣京，〈魏源之哲學與經世思想〉（收於《近世中國經世思想研討會論文集》，臺北：中央研究院近代史研究所，1984 年 4 月，頁 359～392）。

133. 劉笑敢，《老子》（臺北：東大圖書公司，1997 年 4 月初版）。

134. 劉榮賢，〈從郭店楚簡論「老子」書中段落與章節之問題〉（收於《中山人文學報》10，2000 年 2 月，頁 1～26）。

135. 劉榮賢，〈從郭店楚簡看老子思想及其書之起源〉（收於《靜宜人文學報》12，2000 年 3 月，頁 51～65）。

136. 劉福增，《老子哲學新論》（臺北：東大圖書公司，1999 年 3 月初版）。

137. 劉月霞、張建功，〈論魏源的辯証法思想〉（收於（大陸）《河北科技大學學報》（社會科學版），2002 年 02 期，頁 61～63）。

138. 劉蘭肖，〈魏源與佛學〉（收於（大陸）《學海》2003 年 01 期，頁 120～124）。

139. 劉蘭肖、陳其泰，〈晚清社會危机中的學術轉向——魏源對「經世之學」義理的闡發〉（收於（大陸）《求索》2004 年 01 期，頁 224～228）。

140. 劉蘭肖、謝恩廷，〈《老子本義》与魏源的社會改革思想〉（收於（大陸）《成人高教學刊》2003 年 04 期，頁 19～21）。

141. 劉冰清，〈論魏源的經世思想〉（收於（大陸）《船山學刊》2000 年 03 期，頁 27～30）。

142. 錢穆，〈讀古徵堂集〉（收於《中國學術思想史論叢》8，臺北：東大圖書公司，1980 年 3 月初版，頁 295～309）。

143. 錢穆，《中國近三百年學術史》（臺北：臺灣商務印書館，1987 年 3 月九版）。

144. 錢穆，《莊老通辨》（臺北：東大圖書，1991 年 12 月初版）。

145. 錢穆，《中國思想史》（臺北：臺灣學生書局，1995 年 8 月初版 9 刷）。

146. 謝朝清，〈老子對於無之體認及應用〉（收於《臺北師專學報》14 期，1987 年 9 月，頁 123～142）。

147. 謝恩廷、劉蘭肖，〈《老子本義》与魏源的社會改革思想〉（收於（大陸）《成人高教學刊》2003 年 04 期，頁 19～21）。

148. 魏元珪，《老子思想體系探索》（臺北：新文豐出版股份有限公司 1997 年 8 月初版）。

149. 魏元珪，〈老子道論的辯證──有關老子「道」内涵之系列探索〉（收於《中國文化月刊》175、176、177、178 期，2002 年 5、6、7、8 月，頁 10～38、9～24、6～32、5～32）。

150. 魏寅，《魏源傳略》（北京：光華書局，1990 年）。

151. 顏國明，〈朱子闢老子平議──以「老子即楊墨」與「老子是權謀法術」爲例〉（收於《國立臺北師範學院學報》14 期，2001 年 9 月，頁 365～398）。

152. 羅根澤編著，《古史辨》第四冊、第六冊（上海：上海書店，1992 年）。

153. 羅檢秋，〈從魏源《老子本義》看清代學術的轉變〉（收於（大陸）《近代史研究》1995 年 01 期，頁 75～87）。

154. 《近代諸子學與文化思潮》（北京：中國社會科學出版社，1998 年 6 月 1 版）。

155. （美）羅浩，〈郭店《老子》對文中的一些方法論問題〉（收於陳鼓應主編：《道家文化研究》第十七輯（北京：三聯書局，1999 年），頁 197～207）。

156. 嚴靈峰，《老莊研究》（臺北：中華書局，1966 年初版）。

157. 嚴靈峰，《老子研讀須知》（臺北：正中書局，1992 年 4 月臺初版）。

158. 嚴靈峰，〈嚴遵老子指歸中總序與説目的眞僞問題〉（收錄於《大陸雜誌》第 64 卷 2 期，1982 年 2 月，頁 36～40）。

159. 嚴靈峰編，《無求備齋老子集成初編》（臺北：藝文印書館，1965 年）。

160. 嚴靈峰編，《無求備齋老子集成續編》（臺北：藝文印書館，1970 年）。

161. 嚴靈峰編，《無求備齋老列莊三子集成補編》（臺北：成文出版社，1976 年）。

162. 顧頡剛編著，《古史辨》一～三冊（上海：上海書店，1992 年）。

三、西文譯作

1. Stephen W.Hawking 著／許明賢、吳忠超譯，《詮釋學》（臺北：桂冠圖書股份有限公司，1997 年 9 月初版三刷）。